本书为国家社科基金重大项目"广州十三行中外档案文献整理与研究"（18ZDA195）阶段性研究成果之一

广州十三行与海上丝绸之路研究

王元林　主编

社会科学文献出版社

目 录

明至清前期海上丝绸之路的高涨与十三行机制作用
………………………………………………………… 黄启臣 庞声秀 / 1
试论鸦片战争前中国行商制度的合理性…………………… 王明前 / 11
美国存款保险制度的中国渊源
——广东十三行联保制度风险管理机制研究……………… 何 平 / 18
十三行与虎门炮台………………………………………… 黄利平 / 36
从清宫档案探讨"十三行"名称的含义…………………… 章荣玲 / 44
十三行名渊源新考………………………………………… 谭元亨 / 54
广州十三行时期外销丝绣品……………………………… 白 芳 / 65
广州十三行历史街区巴洛克建筑脉源探析……………… 杨宏烈 / 83
伍崇晖后裔在澳大利亚
——记伍秉鑑第七位儿子………………………………… 伍凌立 / 96
清代皇帝的外贸观………………………………………… 潘刚儿 / 112
十三行泰和行创办人颜亮洲……………………… 颜志端 颜祖侠 / 121
清十三行时期在广东省城的徽州婺源商人……………… 胡文中 / 130
广州十三行商人的慈善义举考论………………………… 王丽英 / 138
广州十三行伍氏粤雅堂考………………………………… 黎润辉 / 148
清代广州十三行之福隆行补遗…………………………… 邢思琳 / 162
以广州十三行为中心的仄纸买卖………………………… 蒙启宙 / 176
乾隆末年（1794）的广州荷兰商馆……………………… 蔡香玉 / 195
清代中后期广州海幢寺的对外开放与中外宗教文化交流
………………………………………………………… 陈 芸 王元林 / 224
广州十三行与海上丝绸之路综论………………………… 冷 东 / 234

明至清前期海上丝绸之路的高涨
与十三行机制作用

黄启臣　庞声秀[*]

中国海上丝绸之路始于西汉元鼎六年至后元二年（公元前111～前87年）期间，汉武帝派遣属黄门（皇帝近侍）的译长组织官方船队，带着"黄金杂缯（丝绸）"，从今徐闻、合浦出发而开辟的远洋航线，后经唐、宋、元发展，明至清前期达到高度发展。本文拟就广州十三行在此海上丝绸之路高度发展时期所起的机制作用做一阐述。

一　中国是海上丝绸之路高涨的世界市场

15、16世纪是世界历史发展的重大转折时期。1405～1433年中国郑和七下西洋；1492年意大利人哥伦布（C. Colonbo）发现美洲；1498年葡萄牙人达·伽马（Vasco. Da. Gama）绕过好望角开辟欧洲到印度的东方航线；1519～1522年葡萄牙人麦哲伦（F. D. Magalhaes）做环球航行等航海活动的伟大壮举，从地理范围上使分散隔离的世界逐渐变成了联系为一体的世界，人类历史也在愈来愈大的程度上成为全世界的历史，为商品贸易全球化提供了人文地理条件。

但是，作为贸易全球化所赖以运转的基础即商品流通来说，则是有赖于中国强大的商品制造能力和生产出来的丰富商品。据史料记载，从世界经济发展史的经济规模上看，15世纪中叶（明中叶）至嘉庆二十五年

---

[*] 黄启臣，中山大学教授；庞声秀，中山大学教授。

（1820）期间，中国是世界上经济发达的国家。据统计，永乐二十年至嘉靖末年（1522~1566），中国的生铁产量达到 45000 吨，居世界第一位，而英国到 1740 年才达到 20000 吨。① 乾隆十五年（1750），中国工业总产量占世界工业总产量的 32%，而全欧洲仅占 23%；中国的国内贸易总值为 4 亿银两。② 直到 1820 年，中国的 GDP 仍占世界经济总量的 32.4%③，居世界第一位。所以，在近代以前时期"所有文明中，没有一个国家的文明比中国的更先进和更优越"④，"中国乃是一个伟大、富饶、豪华、庄严的国家"。⑤ 就是说，直到 1820 年前后，中国在世界经济史上仍占着首要地位，是世界经济的中心。当时中国的商品如生丝、丝织品、瓷器、茶叶、棉布、砂糖、粮食、药材等，在国际市场上享有很高的声誉，具有很强的竞争力。正如当时一位西方作家报道说：

> 中国人有世界上最好的粮食——米；最好的饮料——茶；最好的衣料——棉布、丝织品及皮货。拥有这些主要物品和数不尽的其它次要的物产。⑥

特别是中国丝货，外国商人更是赞叹不已：

> 从中国运来的各种丝货，以白色最受欢迎，其白如雪，欧洲没有一种出品能比得上中国的丝货。⑦

崇祯二年（1629），荷兰驻中国台湾第三任长官讷茨（Nuyts）在给其国王的一份报告书中说：

---

① 世界银行：《中国：社会主义经济的发展——主要报告》1981 年 7 月，第 7 页。
② 戴逸：《论康雍乾盛世》，2003 年 2 月 23 日北京图书馆举办的"省部级领导干部历史文化讲座"的讲稿。
③ Angus Maddison, *Chinese Economic Performance in the Long Run*, DECD Development, Paris, 1998.
④ 保罗·肯尼迪：《大国的兴衰》，蒋葆英译，中国经济出版社，1989，第 4 页。
⑤ 考太苏：《皮莱斯的远东概览》第 1 卷，序言。
⑥ Robert Park, *These Form the Land of Sinim: Essays on Chinese Questin*, p. 61c.
⑦ Geo Philips, *Early Spanish with Chang Cheow*.《南洋问题资料译丛》1957 年第 4 期。

中国是一个物产丰富的国家,它能够把某些商品大量供应全世界。①

确实如此。根据史料记载,16~18世纪,中国向全世界出口的商品约有236种之多,其中又以生丝、丝织品为大宗,其次是瓷器和茶叶等。

在这个时期,欧美各国由于"价格革命"的冲击,加上战乱、灾荒、瘟疫流行,经济日益萧条,各类商品极为匮乏。所以,这些国家根本没有什么民生产品可以打进中国市场。它们只好携带大量银子来中国购买货物贩回国内倾销。所谓夷船"所载货物无几,大半均属番银"。② 在道光十年(1830)以前,中国对外贸易经常是出超的时候,白银不断地从印度、不列颠和美国输入中国。据统计,1553~1830年,西方国家到中国贸易而流入中国的白银达5亿两以上。③ 1585~1640年日本因到中国贸易而输入中国的白银达到1489.9万两。④ 可见,直到鸦片战争前夕,中国在当时商品贸易全球化中,是遥遥领先于世界其他国家和地区的。⑤ 全世界很多国家都来中国购买价廉物美的商品,使中国成为海上丝绸之路上商品贸易的大市场。

二 广州是海上丝绸之路的中心市场

15~19世纪初叶,中国明清政府基本上实行时开时禁、以禁为主的海外贸易政策,基本上禁止沿海商人出海贸易。但是,对广东却实行特殊政策。嘉靖元年(1522),"遂革福建、浙江二市舶司,惟存广东市舶司"。⑥ 乾隆二十二年(1757),规定外国番商"将来只许在广东收泊交易"。⑦ 因此,自嘉靖元年至道光二十年(1522~1840),广州一直是中国合法对外贸易的第一大港,而且是"印度支那到漳州沿海最大的商业中心。全国水陆

---

① 厦门大学郑成功历史调查组编《郑成功收复台湾史料选编》,福建人民出版社,1989,第119页。
② 《福建巡抚常赉奏折》,《文献丛辑》第176辑。
③ 庄国土:《16-18世纪白银流入中国数量估算》,《中国钱币》1995年第3期。
④ R. C. Boxer, *The Great Ship from Amacon : Annal of Macao and the Old Japan Trade*, 1555 - 1640, Lisboa, 1963, pp. 47、61、64、128、138、144、147、153、157、164、169.
⑤ 贡德·弗兰克(Andrew Gunder Frank):《白银资本——重视经济全球化中的东方》(*Reorient, Global Economy in the Asian Age*),刘北成译,中央编译局,2000。
⑥ 《明史》,卷75,《职官四》。
⑦ 《清高宗实录》,卷550。

分两路的大量货物都卸在广州"。① 因此，全世界各国商人到中国贸易，都萃集广州。嘉庆三年（1798），瑞典人龙思泰（Anders Ljungstedt）就记述了外国商人来广州做生意的实况：

> 广州的位置和中国的政策，加上其它各种原因，使这座城市成为数额很大的国内外贸易舞台。……中华帝国与西方各国之间的全部贸易，都以此地为中心。中国各地的产品，在这里都可以找到；……东京、交趾支那、东方群岛、印度各港口、欧洲各国、南北美洲各国和太平洋诸岛等地的商品，都被运到这里。②

据不完全统计，从康熙二十年至乾隆二十二年（1685~1757）的72年间，到广州贸易的欧美各国商船有312艘；③乾隆二十三年至道光十八年（1758~1838）增至5107艘，④平均每年为63.8艘。

与此同时，中国各地和广东省内各地的商人也集中到广州进行进出口贸易，名曰"走广"。⑤崇祯二年（1629），荷兰驻中国台湾第三任长官讷茨（Nuyts）在给其国王的一份报告中也记述：

> 中国人把货物从全国各地运到他们认为最有现款购买他们货物的市镇和海港……后来他们运往广州市集上的货品的数量如此之大，以致葡萄牙人没有足够的资金购买……参加这些市集的商人们看到他们的货卖不出去，就用他们自己的船，责任自负地把货运往马尼拉、暹罗、望加锡等地去。⑥

龙思泰于嘉庆三年（1798）来到广州，也看到中国内地商人云集广州经商的情形：

---

① 考太苏：《皮莱斯的远东概览》第1卷，序言。
② 龙思泰：《早期澳门史》，吴义雄等译，东方出版社，1998，第301页。
③ 黄启臣：《清代前期海外贸易的发展》，《历史研究》1986年第4期。
④ 根据《粤海关志》卷24第34~40页的数字统计。
⑤ 胡宗宪：《筹海图编》卷12。
⑥ 转引自《郑成功收复台湾史料选编》，福建人民出版社，1989，第115、119页。

中国各地的产品，在这里（广州）都可以找到；来自全国各省的商人和代理人，在这里做着兴旺的、有利可图的生意。①

明清政府为了发展集中于广州的对外贸易，除了设置广东市舶司和粤海关进行管理外，还"官设牙行，与民贸易"②，以致后来发展成为专门从事对外贸易的商业团体"三十六行"和"十三行"，同外国商人直接贸易。

这么一来，16世纪中叶至19世纪初叶，世界各国和地区的商人都络绎不绝地前来广州做生意，使广州成为海上丝绸商品贸易全球化的中心市场，呈现出对外贸易一片繁盛的景象，正如时人赋诗称颂：

广州城郭天下雄，岛夷鳞次居其中。
香珠银钱堆满市，火布羽缎哆哪绒。
碧眼蕃官占楼住，红毛鬼子经年寓。
濠畔街连西角楼，洋货如山纷杂处。
洋船争出是官商，十字门开向二洋。
五丝八丝广缎好，银钱堆满十三行。③

十三行被美称为"金山珠海，天子南库"。全世界的首富商家也在广州，他就是怡和行商人伍秉鑑，他的全部家产达2600万两银子，相当于今天的50亿美元。他不仅在广州有大量房地产、店铺、茶山和巨款，还在美国投资铁路、证券、保险业务，致使美国有一艘商船下水贸易时竟以"伍浩官"命名而震撼美国。

16世纪中叶至19世纪初叶香港崛起之前的280多年，世界各个国家到中国和中国到世界各国贸易所开辟的海上丝绸之路航线就有8条之多。

1. 广州—澳门—果阿—里斯本欧洲航线

这是16世纪中叶通往欧洲的最长航线，全程为11890海里。从广州起航经澳门出口到印度果阿和欧洲的商品有生丝、各种颜色的细丝、绸缎、瓷器、砂糖、中药、手工制被单等，其中以生丝为最大宗。由里斯本经澳

---

① 龙思泰：《早期澳门史》，吴义雄等译，东方出版社，1998，第301页；*Chinses Repository*，Vol. 11，p. 289，1833年11月号。
② 王圻：《续文献通考》卷31。
③ 印光任、张汝霖：《澳门记略》上卷，《官守篇》；屈大均：《广东新语》卷15，《货语》。

门输入广州的商品有胡椒、苏木、象牙、檀香和银子,其中以银子为最大宗,仅1585~1591年,经澳门输入广州的白银就有约20万两。

2. 广州—澳门—长崎航线

这是葡萄牙人进入澳门后开辟的东方航线。葡萄牙人到广州购买中国的生丝、绸缎、砂糖、铅、棉线、中药等商品经澳门运往长崎,其中以生丝为最大宗,据统计,1578~1638年,运往长崎的生丝共11540担,丝织物21000多担。从长崎运经澳门入广州的商品主要是银子,据统计,1585~1640年,从长崎经澳门输入广州购买中国商品的银子达到1489.9万两。①

3. 广州—澳门—马尼拉—拉丁美洲航线

这是万历三年(1575)开辟的新航线。由广州经澳门至马尼拉中转,过太平洋直达墨西哥的阿卡普尔科(Acopulco)和秘鲁的利马(Lima),再往南到葡萄牙的殖民地巴西。从广州经澳门运往拉丁美洲的中国商品有生丝、丝织品、瓷器、铁锅、糖、棉布、中药等数十种,其中以生丝、丝织品为大宗。从拉丁美洲经马尼拉运回澳门入广州的商品有白银、苏木、蜂蜡、墨西哥洋红等,其中以白银最多,据统计,1586~1640年,运经澳门入广州的白银达到2025万比索。②

4. 广州—澳门—望加锡—帝汶航线

这是广州与东南亚国家贸易的老航线,明清时期进一步巩固和发展。当时葡萄牙人利用这条航线,主要是到帝汶岛购买檀香经澳门运入广州出售,然后购买中国的生丝和丝织品经澳门运往世界各国。葡萄牙人在广州做檀香的生意,利润达到150%~200%。③

5. 广州—澳门—纽约航线

这是1784年由美国人丹捏尔·巴驾(Daniel Paker)为首的一群纽约商人合资购买一艘定名为"中国皇后"号(The Emperss of China)的300吨木帆船,于1784年2月22日从纽约启航,8月23日到达澳门,办好入广州港手续后,于28日到达广州黄埔港,航程达13000英里。同年12月返航,次年抵达纽约。从纽约运来的商品是40多吨花旗参和一批皮货、羽绒、棉花、胡椒等商品,从广州采购运回纽约的是丝绸、茶叶和瓷器等。美国商人从

---

① 黄启臣:《澳门通史(远古—1998)》,广东教育出版社,1999,第48页。
② H-J de santos, Os Portugueses em solor, de 1555 al720.
③ 袁钟仁:《广州和美国的早期贸易》,《岭南文史》1989年第1期。

中赚到 30721 美元。这是中美直接贸易的开始。①

6. 广州—澳门—温哥华岛航线

乾隆五十三年（1788），英国船长詹米·美尔斯（James Meares）和詹米·哥尔纳特（James colnett）从加拿大到广州做毛皮贸易，在回船经澳门出海时，招雇了66名广东水手、航工、木匠和铁工到达属于英国殖民地的今天加拿大西部温哥华岛的努特卡湾（Nootka Sound）。从此，开通了广州到今天加拿大温哥华的航线。②

7. 广州—澳门—俄罗斯航线

中俄贸易历史悠久，双方贸易地点过去集中在北方陆地边界的恰克图。清代，俄国人感到仅靠恰克图一地很难满足贸易的需要。于是沙皇于嘉庆八年（1803）五月，以克鲁任斯泰伦为指挥官，率领商船"希望"号和"涅瓦"号作环球航行。这两艘商船从俄国的克隆斯达港启航，横越大西洋，绕过南美洲南端，经过合恩角，进入太平洋，然后朝西北方向航行，抵达夏威夷群岛，再横渡太平洋，于同年十一月抵达广州，把价值19万西班牙银圆的毛皮在广州销售，又在广州买进价值11万西班牙银圆的茶叶等中国货物，于1806年2月7日离开广州黄埔港经澳门返航。关于这次俄国商船来广州贸易的粗略情况，时人王之春做过记述：

> 乙丑嘉庆十年冬十二月，禁俄罗斯商船来粤互市。先是，有路臣国（即俄国）商船二来粤请互市，总督那彦成驳不许，监督阿克当阿不候札覆，遽令开舱卸货，有旨将阿克当阿同前监督延丰、巡抚孙玉庭议处。③

8. 广州—澳门—澳洲航线

嘉庆二十四年（1819），詹姆士·孖地臣从广州向澳大利亚（Australia）新南威尔士州的杰克逊口岸（Port Jackson）放出一艘装载茶叶的船只——"哈斯丁侯爵"（Marguis of Hasting）号，这是从加尔各答开来的鸦片船，正苦于找不到一种运回印度的有利的回程货。到1830年，当威廉·查顿的一个老船伴拉德（Ladd）船长在"奥斯丁"（Austin）号三桅船上装了茶叶和

---

① 亚历山大·贝格：《不列颠哥伦比亚史》，多伦多，1999，第25页。
② 王之春：《国朝柔远记》卷6，中华书局，1959。
③ 格林堡：《鸦片战争前中英通商史》，康成译，商务印书馆，1964，第86~87页。

生丝驶往贺伯特城（Hobart Town）和悉尼（Sydney）的时候，在这些口岸，就有了经常的代理人。他们每一个季度都要派出几条船到那里去，但是在这种贸易的进一步开展上有一重障碍，那就是在澳大利亚缺乏适当的回程货。① 魏源《海国图志》引《万国地理全图》也称：哈斯丁侯爵号"船只现赴广州府贸易矣"。

三 十三行机制推动海上丝绸之路的高涨

面对全中国和全世界的商人都来广州贸易的繁荣局面，清政府建立和实施一种"以官制商，以商制夷"的行商经营和管理制度，外国人称为"广州制度"。所谓行商，是指清政府特许的专门经营海外贸易的商人，亦称"洋商"，在广东俗称"十三行"。但"十三行"只是作为经营进出口贸易特有集团的统称，并不是说只有十三家。实际上，只有道光十七年（1837）刚好是十三家，即伍绍荣的怡和行、卢继光的广利行、潘绍光的同孚行、谢有仁的东兴行、梁承禧的天宝行、潘文涛的中和行、马佐良的顺泰行、潘文海的仁和行、吴天垣的同顺行、易允昌的孚泰行、罗福泰的东昌行、容有光的安昌行、严启昌的兴泰行。

福建的行商，康熙时有 Limia、Anqua、kimco、Shabang、Canqun 五家；雍正时有 Snqua、Cowlo、许藏兴数家；乾隆时有林广和、郑德林等数家；嘉庆时有洋行八家和大小商行三十余家。②

康熙五十九年（1720），洋行商人为了避免互相竞争，订立行规，组织垄断性的"公行"。之后，为了便于管理海外贸易，又于乾隆十年（1745），在行商中指定一家为"总商"，广东以伍绍荣和卢继光为"总商"；福建指定 Limia 为总商。③ 承充行商者必须是"身家殷实之人"，并由官府批准发给行帖，才能设行开业。行商又因"捐输得官"，称为"某官""某秀"。可见，行商承袭了历史上官商的传统，具有一定的独占权。它是以封建政权在对外贸易方面的代理人的身份出现的，具有半官半商性质。他们的主要职责如下。

（1）代纳关税。"凡外洋夷船到粤海关，进口货物应纳税银，督令受货

---

① 格林堡：《鸦片战争前中英通商史》，康成译，商务印书馆，1964，第86~87页。
② 周凯：《道光厦门志》卷5。
③ 梁嘉彬：《广东十三行考》，国立编译局，1937，第68页。

洋行商人于夷船回帆时输纳。至外洋夷船出口货物应纳税银，洋行保商为夷商代置货物时，随货扣清，先行完纳。"①

（2）代购销货物。"外番各国夷人载货来广，各投各商贸易。……准带来货物，亦令各行商公同照时定价销售；所置回国货物，亦令各行商公同照时定价代买。"② 不过，嘉庆二十二年（1817）后"已有多少变通，仅余少数货物如出口丝茶、人造生棉纺织品尚为公行行商一手操纵而已。其他商品各由外商船长与内地行栈私相交易之"。③

（3）代办一切交涉。"凡夷人具禀事件，应一概由洋商代为据情转禀，不必自具禀词。"④ 而清政府的官员也不能同外商直接会见，清政府的一切命令、文书均由行商向外商转达及监督执行。如"外国人想去澳门或者从澳门回到广州，必须通过行商请求当局发给护照"。⑤

（4）监督外商。行商要防止商馆的洋人在居住及外出时不遵守《管理夷商办法》，监视洋人游览时遵守八项规章中所列有关事项。

总之，举凡中外商品之交易，关税船课之征收，贡使事务之料理（包括招接、翻译、贡使护送及贡物接纳等项），外商事务之取缔（包括招接、翻译、约束、防范，以及传达政府的命令，调停中外纠纷等项）及商务、航线之划定，无不操之于行商之手。行商不仅垄断海外贸易，而且其他中外交涉事件，也由其居间经办，是外商与中国政府联系的媒介，实际上具有经营海外贸易和经办、交涉事务的双重职能。因此，外商与行商休戚相关，来往频繁。他们一到广州，第一件事就是选择和安排（或重新安排）"他们的保商，保商必是十三行中的一家"。⑥ 外商投行后，就住在该行商设立的商馆之内，贸易亦在商馆内进行。进出口贸易的经营权，亦由行商操纵。这个广州制度虽然有它封建垄断性的消极一面；但另一方面，它对当时的海外贸易也有积极的促进作用。首先，在当时外商对中国情况不熟悉，又不通中国语言的情况下，行商在外商与清政府之间提供联系，在外商与中国商人之间提供贸易方便，起了沟通的作用。其次，由于行商代洋商缴

---

① 梁廷枏：《粤海关志》卷二五，《行商》。
② 梁廷枏：《粤海关志》卷二五，《行商》。
③ H. B. Morse, *The Chronicles of the East India Company Trading to China*, 1635 – 1834, Vol. Ⅱ, p. 389.
④ 姚贤镐：《中国近代对外贸易史资料》第1册，中华书局，1962，第230页。
⑤ 姚贤镐：《中国近代对外贸易史资料》第1册，中华书局，1962，第193页。
⑥ 马士：《中华帝国对外关系史》第2卷，张汇文等译，三联书店，1952，第84页。

纳关税，外国商人免了报关缴税的麻烦，得以集中精力进行贸易活动。所以，清代前期，在中国仍是一独立主权国家的条件下，建立行商制度，是便利于海外贸易发展，促进海上丝绸之路的高度发展的，正如道光十年（1830）英国下议院对在广州进行贸易的商人进行调查后，得出结论：

  外国商人对于这整个广州制度（它在实践中经过种种修改）是怎样看待的呢？1830年英国下议院关于对华贸易中的极为重要的审查委员会会议中，几乎所有出席的证人都承认，在广州做生意比在世界上任何其他地方都更加方便和容易。[①]

除了其他原因之外，这同广东"十三行商"存在不无关系。以前曾有不少学者只看到行商垄断贸易消极的一面，把它看作是清政府实行"闭关锁国"政策的主要内容和标志，是值得商榷的。

---

① 格林堡：《鸦片战争前中英通商史》，康成译，商务印书馆，1964，第55页。

试论鸦片战争前中国行商制度的合理性

王明前[*]

史学界一般对作为中国外贸体制特色的行商制度持否定态度,认为该制度不适应世界经济格局的变化需要,其必然终结的命运不可逆转。[①] 笔者认为,行商制度在以农业为主体经济、对外贸易需要有限的中国,具有一定的合理性。行商制度反映了农业中国的有限通商要求,其实质是贸易特许制度。在行商制度的实际运作中,风险与巨额效益并存。与行商制度配套的粤海关,其关税收入与清朝财政制度的行政方向基本一致,也可证明行商制度的合理性。清政府也曾大力整顿行商制度。鸦片战争前,行商制度与英国的自由贸易要求之间矛盾已经十分尖锐。但是这种矛盾,其实只不过是两种贸易特许制度之间的利益冲突,并无性质优劣之别。笔者不揣浅陋,考察鸦片战争前中国行商制度的合理性,以期增加学术界对中国近代经济制度史的学术认知。

一 清朝行商制度的合理性

行商制度被史学界普遍定性为一种不合理的贸易制度,理由是不符合

---

[*] 王明前,厦门大学马克思主义学院副教授。
[①] 相关研究参见顾卫民《广州通商制度与鸦片战争》,《历史研究》1989 年第 1 期;郭华清、朱西学《十三行贸易体制与鸦片战争的关系》,《五邑大学学报》2010 年第 4 期;俞如先《鸦片战争前的行商》,《龙岩师专学报》1997 年 2 期;黄福才《鸦片战争前十三行并未垄断中外贸易》,《厦门大学学报》1988 年第 1 期等。

贸易自由原则，自身陋规烦琐而容易滋生腐败。笔者认为行商制度具有一定的合理性，而且清政府始终没有放弃对行商制度做改良努力。作为以农业为主体经济的中国，重农主义的经济思想始终占据主导地位，理所当然地与重商主义的西方经济思想有不同的利益考虑。一方面中国清政府限制对外贸易为几个口岸，甚至最后限制于广州一地，便是基于这种重农抑商的考虑；另一方面，行商制度被指责更主要是由于其贸易代理性质的间接贸易，有违所谓自由贸易原则，当时即被以英国商人为主的外商所抱怨，也是后世史学家诟病行商制度的主要理由。其实，行商作为获得政府特许专事对外贸易的商人集团，不仅行使着贸易中介的职能，而且承担着管理外商的担保责任，其行为超出一般商业流通意义，其商业利润理应包含一定合理的管理成本，不应一概视为过度勒索。如清朝主要税收收入田赋的行政管理费用占到税收总额的 1/5～1/4。① 因此行商索取一定规费，从行政成本角度考虑，尚属合理。更何况标榜自由贸易的英国，其对华贸易长期由东印度公司垄断，自由贸易身份的港脚商人的地位直到 1834 年东印度公司贸易垄断废除后才得以确立，又何必苛责农业中国贸易特许性质的行商制度为对外贸易垄断。

因此，行商制度反映了农业中国的有限通商要求，其实质是贸易特许制度。在行商制度的实际运作中，风险与巨额效益并存。《粤海关志》载行商制度渊源："国朝设关之初，番舶入市者仅二十余柁，至则劳以牛酒，令牙行主之。沿明之习，命曰十三行。舶长曰大班，次曰二班，得居停十三行。余悉守船，仍明代怀远驿旁建屋，居番人制也。"乾隆二十五年（1760），"洋商立公行，专办夷船货税，谓之外洋行"。洋商具有财产担保资格，"凡粤东洋商，承保税饷，责成管关监督于各行商中，择其自家殷实，居心笃诚者，选派一二人令其总办洋行事务"。由此可见，洋商具有官方特许资格，承担代表官府办理对外贸易的职能。在与外商交易过程中，行商负责代理外商向官方海关纳税。"凡外洋夷船到粤海关，进口货物应纳税银，督令受货洋行商人，于夷船回帆时输纳，至外洋夷船出口货物，应纳税银，洋行保商为夷船代置货物时，随货扣清，先行完纳"。② 行商的官方代理性质决定其在对外贸易中的流通枢纽地位。对外商而言，"行商是中国政府唯

---

① 王业健：《清代田赋刍论》，高风等译，人民出版社，2008，第 95 页。
② 中国史学会：《粤海关志》，《鸦片战争》一，上海书店、上海人民出版社，2000，第 179 页。

一承认的机构，因之通过行商可采办的货物，必须由行商抽一笔手续费，由行商出名报关。行商代洋商（指外商）购入蚕丝地毯绸缎夏布与其他许多次的物品。这些商品依照官定章，只是外侨个人的必需品。但是事实因大宗出口而发了大财"。而对中国官方而言，"行商对海关监督（通称户部）负责出入口关税，只有他们才能与海关官员办事，外人免了报关交税的麻烦"。由于行商对外商存在担保责任，因此"东印度公司购买货品时，依照股份，按比例分与行商"。行商的官方贸易特许资格是行商付出一定代价换取的，"商行的地位是由付给北京方面一大笔金钱而获得的"。贸易特许的回报也是丰厚的，"执照虽如此费钱，但领到准许，他们就可长期享受巨大经济利益"。但是贸易特许的政治风险也随之而来。"政府常向他们勒索巨款，迫使捐献，如公共建筑、灾区救济、江河工程等"。①

与行商制度配套的粤海关，其关税收入与清朝财政制度的行政方向基本一致，也可证明行商制度的合理性。清朝财政制度的特点是，"通过冬估、户部拨饷、春秋拨、奏销等财政制度的实施，外省正额钱粮的收支全部归由中央户部支配，地方官衙只是作为代理对收支进行保管而已"。② 粤海关关税的征收与放解符合上述特点，征收和上缴均属正规，符合清朝税收制度成例。"粤海关征收税课，均有户部办法商人亲填簿册，年终送部察覆。并广东督抚，亦每月造具货包清册，密行咨部覆对"。③ 清朝海关税执行严格报解制度。粤海关"征收正杂银两，向例一年期满，先将总数奏明，俟查核支销确数，另行恭疏具题，并分款造册，委员解部"。以嘉庆二十五年（1820）为例，"大关各口共征收银一百四十七万九千八百二十两一钱二厘，除征足钦定盈余八十五万五千五百两外，计多收银六十二万四千三百二十两一钱二厘"。税银具体分拨为，"酌拨湖北省辛巳年兵饷案内拨粤海关税银二十万两"。④ 这与清朝其他主要税收的报解形式相同。另道光十九年（1839），共征银一百四十四万八千五百五十八两九钱九分三厘，"实解户部银一百万二千七百九两八分八厘，实解内务府银四十一万两，又另解平余等银六千六百三十两二钱八分五厘，查此项平余等银可遵照户部奏准，

---

① 威廉亨德：《广州番鬼录》，林树惠译，《鸦片战争》一，第256~257页。
② 岩井茂树：《中国近代财政史研究》，付勇译，社会科学文献出版社，2011，第95页。
③ 《道光朝外洋通商案》，《鸦片战争》一，第67页。
④ 北京故宫博物院编《清道光关税案》，《鸦片战争》一，第191~192页。

历于每年奏销盈余折内按数剔除，入于本案报销，向不归并盈余项下"。①可见，户部仍然是海关税的最主要归宿，说明海关税仍然是清朝国家财政收入的重要来源之一。

二 清朝整顿行商制度的努力

为规避行商"勒索"，英商采取与中国商人合作投资方式，变相改变了清政府规定的以货易货贸易方式。两广总督、广东巡抚早在乾隆二十四年（1759）即上奏朝廷："夷商航海，前赴内地贸易，向来不过将伊带来之货物售卖，就粤贩买别货，载运回国。而近年交结夷商，多有将所余资本，盈千累万，雇请内地熟谙经营之人，立约承领，出省贩货，冀获重利。即本省开张行店之人，亦有向夷商借领本钱，纳利生理者。"②可见，英商借向中国商人投资打进中国内地市场，达到规避行商环节的目的。清政府严格限制行商的贸易行为，禁止行商接受外商投资。乾隆四十五年（1780），行商颜时瑛等违例吸收外商投资，因欠巨额债务而"任听夷人加利滚算"。广东巡抚李湖奉旨查办，"所有泰和裕源行两商资财房屋，交地方官悉行查明估变，除扣缴应完饷钞外，俱付夷人收领，期于银两，着联名具保商人潘文岩等合作十年清还，庶各行商人不能私借夷债"，并告诫外商"嗣后不许违禁放债，如有犯者，即追银入官，驱逐出国"。李湖分析债务问题的产生是由于"向来外番各国夷人载货来广，各投各商交易，行上惟与投本行之夷人亲密，每有心存诡谲，为夷人卖货，则较别行之价加增，为夷人买货，则较别行之价从减，只图夷人多交货物，以致亏本，遂生借饮子换票之弊"。行商虽为对外贸易代理，其实也是独立贸易主体，赚取商业利润本无可厚非，况且行商承担代理职能本身就存在风险。广东当局为规范行商行为，维护行商制度的正常运转，防止行商为外商操纵，决定"请自本年为始，洋船开载来时，仍听夷人各投熟悉之行居住，惟带来货物，令各行商公司照时定价销售，所置回国货物，亦令各行商公同照时定价代买，选派廉干之员，监看稽查……务使交易公平，尽除弊窦，所有行用余利，存贮公所，先定钞饷，再照分年之数，提还夷人"。③乾隆四十九年（1784）

---

① 军机处档案，《鸦片战争》四，第165页。
② 许地山辑《达衷集》，《鸦片战争》一，第35页。
③ 《粤海关志》，《鸦片战争》一，第180～181页。

更进一步规定外商当年交易完成即还清利钱："夷人回国时，亦止准于立定年限内，按本起利，如逾限托故不来，即停止利限，尤不得以利作本，违利滚剥。"① 嘉庆八年（1803），清政府重新整顿行商。粤海关监督德庆奏称："今欲整理关务，须察商情，欲除弊窦，须专责任，惟有于各洋商中，择其自家殷实居心公正者一二人，饬令总理洋行事务，率领各商与夷人交易货物，务照时价一律公平办理。"② 总之，仍以维护行商的代理性质为要务。但由于行商经营成绩不佳，到道光九年（1829），"止有闭歇之行，并无一行添设"。粤海关监督延隆认为，这是由于"从前开行，止凭二商保结，即准承允。今则必需总散各商，出具联名保结，方准承允，在总商等以新招之商身家殷实与否，不能调悉底里，未免意存推委，倘有一行不保，即不能事允"所致。在延隆看来，前任德庆的公推总商办法过于拘泥担保所需道德要求。他希望稍加变通，建议："嗣后如有身价殷实，具呈情愿充商，经臣察访得实，准其暂行试办一二年，果其贸易公平，夷商信服，交纳税项不致亏短，即请仍照旧例，一二商取保着充，其总散各商联名保结，应请终止，如此略为变通，于国课商情均有裨益。"③ 但直到嘉庆十七年（1812），两广总督邓廷桢会同粤海关监督文祥上奏仍称暂行试办办法也有"人心叵测，安知其不予试办一二年内巧作弥缝一求遂其承商觊法之计，迨至限期取法，漏卮已形"之弊，因此"仍请复归联保旧例"。④ 其实，寄希望于商家弃私为公，本来就是水中捞月，而以承包方式变通，又会有竭泽而渔之弊。作为贸易代理的行商，在公私之间自然难以两全。

清政府也曾酌情减少关税以利通商。道光五年（1825），浙江巡抚黄鸿杰奏称："今所征税银较多，罗呢增至五六倍，较哔叽缎增至十倍有余，税重利轻，是以报纳者甚少。此在从前刊定税则，自系因时制宜，而物价贵贱，既有今昔不同，亦宜量为比照酌减。应请将上等羽毛缎照多罗呢例，每丈作八尺九折，征税一钱八分，次下羽毛缎照哔叽缎例，每丈作八尺九折，征税一钱八厘，以期商通课裕。"此议获得朱批许可。⑤ 道光十年（1830），清政府再次降低关税。两广总督李鸿宾等奏称："各国夷船来粤，

---

① 《粤海关志》，《鸦片战争》一，第182页。
② 《粤海关志》，《鸦片战争》一，第188页。
③ 《粤海关志》，《鸦片战争》一，第198页。
④ 《粤海关志》，《鸦片战争》一，第189~190页。
⑤ 《道光朝外洋通商案》，《鸦片战争》一，第52页。

向照西洋船例，分三等征钞。康熙二十四年定为酌减二分。嗣奉部行西洋船照东洋船例酌减……请嗣后各国夷船进口规银，仿照康熙二十四年酌减洋船钞银二分之例，将一二三等各船规银，均减去十分之二，以昭公溥。"①

当然，由于清朝奉行重农主义经济政策，对外贸易需要有限，以至于部分清朝官员对对外贸易制度并不明了。如闽安左营都司陈显生便如是驳斥英国船主的入关要求："贵国体制亦有设立关口，遇有外来船只，亦不许轻易而入，必须请示贵国国王定夺，虽天各一方，而法度无二。"② 这些情况在所难免，不足以推翻上述关于行商性质的结论。

三 东印度公司垄断结束前后英国的所谓"自由贸易要求"

其实，从西方学者津津乐道的作为清朝行商制度对立面的所谓"自由贸易要求"角度，反而可以证明行商制度的合理性。

东印度公司垄断贸易时代，英国商业利益集团就向清政府提出规避行商"勒索"。1826年英国商务代表加拉威礼拜会广东巡抚董教增，转达英国方面对行商制度的不满和自由贸易要求。萧令裕《英吉利记》载："初粤人贪番人之财，横索欺凌，又长吏缙绅夷夏之辨太严，持之太过急，而视之甚卑。一买办，一仆使皆官为制置尺寸，不能逾越。夷性犷悍，深苦禁令之束缚，粤海关之官商吏胥，于归公规费之外，又复强取如故，或加甚焉。英吉利积不能平，故欲改图，请互市于宁波天津。"英商猛烈抨击行商的过度勒索："始时，洋商行用减少，与夷无大损益。今行用日伙，致坏远人贸迁，如棉花一项，每石价银八两，行用二钱四分，连税银约四钱耳。兹棉花进口，三倍于前，行用亦多至三倍，每担约银二两，即二十倍矣。"③ 行商事业风险巨大。中介贸易的性质使行商必须具备雄厚财力，一方面换取当局贸易许可，另一方面需要替外商以货易货的贸易方式预付资本，以保证贸易的顺利完成。道光九年（1829），行商流动资金链断裂导致信用危机，引起外商抗议。东印度公司大班部楼顿等，"以洋行连年闭歇，拖欠夷银，欲求整顿"，恳请"嗣后不用保商，不用买办，并在省城自租栈房，囤

---

① 《道光朝外洋通商案》，《鸦片战争》一，第78~79页。
② 许地山辑《达衷集》，《鸦片战争》一，第33页。
③ 萧令裕：《英吉利记》，《鸦片战争》一，第29页。

贮夷货"。①

道光十四年（1834）的律劳卑事件，是东印度公司垄断结束后，英国商人表达其"自由贸易要求"的集中表现。清政府当然也注意到"该国公司已散，即经饬商妥议，务使事有专责"的情势，但终究碍于"即使实系该国官员，亦不能与天朝疆吏书信平行，事关国体，未便稍涉牵就"的故例，最后认定"该夷目不遵传谕，声言伊系夷官监督，非搭班人等可比"为无理要求②，而断然拒绝其诉求。总之，广东官员不认可律劳卑的商务代表名分，要求"仍饬洋商，令该散商等寄信回国，另派大班前来管理方可相安"。③ 清朝经办官员对英商自由贸易要求置之不理，墨守行商制度故例。两广总督卢坤于道光十二年（1832）奏称：

> 近年以来，洋商与夷商买卖，一切出口入口，货价及核算行用等项，悉照旧章办理，历久相安。凡有交易，悉出彼此情愿，不能勉强成交。如各洋商中，偶有买卖不分，该夷商尽可不与成交，另投别行交易，且可随时禀管查究，何至窜往江浙山东洋面。④

可见，鸦片战争前，行商制度与英国的自由贸易要求之间矛盾已经十分尖锐。但是这种矛盾，其实只不过是两种贸易特许制度之间的利益冲突，并无性质优劣之别。

综上所述，行商制度在以农业为主体经济、对外贸易需要有限的中国，具有一定的合理性。行商制度反映了农业中国的有限通商要求，其实质是贸易特许制度。在行商制度的实际运作中，风险与巨额效益并存。与行商制度配套的粤海关，其关税收入与清朝财政制度的行政方向基本一致。清政府也曾大力整顿行商制度。鸦片战争前，行商制度与英国的所谓"自由贸易要求"之间的矛盾，其实只不过是两种贸易特许制度之间的利益冲突，并无性质优劣之别。

---

① 《道光朝外洋通商案》，《鸦片战争》一，第76页。
② 《道光朝外洋通商案》，《鸦片战争》一，第119~120页。
③ 《道光朝外洋通商案》，《鸦片战争》一，第132页。
④ 《道光朝外洋通商案》，《鸦片战争》一，第114页。

美国存款保险制度的中国渊源

——广东十三行联保制度风险管理机制研究

何 平[*]

根据 2014 年 10 月 29 日国务院第 67 次常务会议通过，国务院总理李克强 2015 年 2 月 17 日签署施行《存款保险条例》的《中华人民共和国国务院令》（第 660 号），我国于 2015 年 5 月 1 日正式实施存款保险制度。存款保险制度的建立是银行监管制度的重大改革。我国存款保险制度包括事前监管和事后处置两大主要内容。就事后处置而言，强制加入存款保险的我国所有商业银行等存款类金融机构，在出现倒闭的情况下，存款保险基金赔偿单一法人机构的存款者在该机构的存款，本利和最高限额为 50 万元人民币。存款保险制度是我国银行体系市场化的必然选择，它将淘汰劣质银行，并为存款者提供必要的保障。这是我们学习西方制度，特别是在借鉴美国存款保险制度基础之上，进行金融安全网建设的重要步骤。

我们知道，根据美国 1933 年银行法，美国于 1934 年建立的联邦存款保险制度，作为现代银行监管制度的主要模式，是现代美国金融安全网的重要一环。现在世界上 100 多个国家先后建立存款保险制度，已经成为世界各国普遍实施的银行监管模式。就美国的存款保险制度而言，是从州一级的实验开始的。纽约州于 1829 年实施的稳定基金（Safety Fund）制度，是人类历史上最早的存款保险制度实验，在随后的历史时期若干州相继推行类似制度的基础上，1933 年美国银行法才规定建立适用于美国全国范围银行的联邦存款保险公司（FDIC），建立起新型的银行监管制度。然而追根溯

---

[*] 何平，中国人民大学财政金融学院货币金融系教授。

源,存款保险的制度渊源来自中国,纽约州在1829年正是借鉴中国清朝广东十三行实施的联保制度,才建立起稳定基金制度。这是人类历史上制度互鉴的重要事例。

今天我们回顾历史,通过古今东西的比较,更加能够理解中西文明的各自优势,理解历史与未来的关联,为未来的发展提供经验。关于广东十三行与存款保险制度关系的研究,仅有近年波士顿弗兰克博士在博士论文的基础上出版的专著 *The Chinese Cornerstone of Modern Banking-The Canton Guaranty System and the Origins of Bank Deposit Insurance* 1780 – 1933[①]。国内文献仅有少量的一般性描述,迄今尚无深入的研究。[②]

从存款保险制度的现代内涵而言,它的基本精神是通过风险分担和风险削减两个手段来维护整个银行体系的运营稳定安全。关于十三行的研究,学者已经积累了丰硕的研究成果,本文拟就广东十三行在风险管理上的制度建设和运行实践,探讨美国存款保险制度对广东十三行联保制度的扬弃,并从现代实施的存款保险基本原则反观十三行风险管理的缺失,以就教于方家。首先,考察十三行风险的类别,主要考察个别风险和系统性风险的表现和形成机制。其次,考察十三行应对风险的措施和相关的制度建设。最后,考察美国是如何扬弃十三行的联保制度并吸收其合理内核为其所用的。

一 行商复杂的个别风险与风险防范制度的演进

十三行单个行商可能遇到的风险,主要可以分为几个方面。

第一,作为一个经济行为主体,行商在经营活动中由于市场价格因素、经营水平和自身的风险管理能力导致的与自身的对外贸易中介地位直接相关的经济风险。这里最为核心的是与外商的议价能力。

第二,是自身经营所处的国内整体经济和制度环境,也就是作为官商的行商,不仅面对国内特殊的税收缴纳义务,而且面对开办洋行的需索费用和洋行运行过程中税收外的各种经济负担(成为惯例的贿赂及临时的官方

---

① Frederic Delano Grant: *The Chinese Cornerstone of Modern Banking-The Canton Guaranty System and the Origins of Bank Deposit Insurance 1780 – 1933*, BRILL, 2014.
② 高淑娟、谢雪燕:《清朝"十三行"保商制度与美国存款保险制度的萌芽》,《唐宋变革与明清转型视角下的中国商业金融史国际学术研讨会论文集》,河北大学,2013年10月。

摊派)。必须面对的国内整体，是其他经济利益主体的分割因素带来的风险。

第三，是在国际形势变化下，其交易对象外商这一外部力量经营方式的转变和守法质量的降低引致的风险。行商具有管理外商遵守法规的职责，外商的犯法越轨行为将通过清朝官方的罚金对行商的经营带来根本的威胁。外商来华从事贸易活动作为资本主义国际市场开辟的一环，正值西方资本主义蓬勃发展时期，各种经济金融制度发生着根本的制度转换，将信贷活动和贸易活动相结合，侵蚀和剥夺行商的贸易收益。人们熟知的行商方面的对外欠款"商欠"和外商对广东行商的拖欠，面临不同的国内政府追索和担保能力。所以，外商的守法水平、非贸易的信贷侵蚀和贸易双方主权国政府的债务追索能力，构成引发行商风险的国际因素，同时，也显示出中国与西方的制度建设先进与落后的分别。

这三个方面，在传统社会走向近代化的过程中，都需要相应的制度建设和转换。

根据现有的研究，我们知道，行商在经营上出现的风险，主要表现为税饷的拖欠和对外商的"商欠"。但是，首先表现为行商的税饷拖欠。我们首先从洋行制度的建立和演进来看行商的职责和风险表现的演进。

广东十三行制度是在清朝初年的贡舶贸易、海上私人走私贸易、澳门陆路贸易基础上发展而来的。[①] 康熙二十二年（1683）取消海禁之后，清朝政府于康熙二十四年（1685）设立了闽、粤、江、浙四关。粤海关设立第二年的康熙二十五年（1686）春夏之间，建立"广东十三行"的洋行制度，广州成为最为重要的中西贸易口岸。乾隆二十二年（1757）清朝政府关闭江、浙、闽三关，广东十三行独立垄断清朝的对外贸易，广州成为唯一的中西贸易口岸。

开海从事海外贸易的目的，除了适应当地居民的实际生活需要之外，在清朝官方看来，主要是从国库的财政考虑。开海之初，康熙二十三年（1684）九月初一日，康熙在颁布的谕旨中称，"向令开海贸易，谓于闽粤边海民生有益。若此二省，民用充阜，财货流通，各省俱有裨益。且出海贸易，非贫民所能。富商大贾，懋迁有无，薄征其税，不至累民，可充闽粤兵饷，以免腹里省分转输协济之劳。腹里省分钱粮有余，小民又获安养，

[①] 参见彭泽益《清代广东洋行制度的起源》，《历史研究》1957年第1期。

故令开海贸易"。①

而从粤海关和十三行制度的创立来看，特定税收的征收和缴纳既是独立外贸机构建立的划分依据，又是其制度建立的目的（以征纳对外贸易税饷）。康熙二十四年（1685）四月，广东巡抚李士桢发布的文告《分别住行货税》，开始规划建立新的通商制度，主要包括国内商业和对外贸易税收的划分，从而把广东原有经营贸易的商人分为金丝行和洋货行两类。新建洋行乃由官府招商承充洋商。这都是为了保证当时对外贸易的顺利开展和海关征收关税的便利。文告称：

> 省城（广州）佛山旧设课税司，征收落地住税。今设立海关，征收出洋行税……如行、住二税不分，恐有重复影射之弊。今公议设立金丝行、洋货行两项货店。如来广省本地兴贩，一切落地货物，分为住税，报单皆投金丝行，赴税课司纳税；其外洋贩来货物，及出海贸易货物，分为行税，报单皆投洋货行。候出海时，洋商自赴关部纳税。诚恐各省运来商人，不知分别牙、行近例……除关部给示通饬外，合行出示晓谕。②

清代广东洋行制度的建立，第一次真正将广东洋货行商人从一般商人阵营内分离出来，并使洋商成为一个专门的行业，以便管理对外贸易的业务。这是清朝政府的一个创举。③

同时，文告还明确声明及时招揽殷实之家承充行商，以办理对外贸易。文告称："为此示仰省城佛山商民牙行人等知悉：嗣后如有身家殷实之人，愿充洋货行者，或呈明地方官承充，或改换招牌，各具呈认明给贴。即有一人愿充二行者，亦必分别二店，各立招牌，不许混乱一处，影射蒙混商课，俱有违碍。此系商行两便之事，各速认行招商，毋得观望迟延，有误生理。"可见殷实之家是承充洋行的基本队伍。同时，可以明了初始加入行商队伍的是直接与粤海关具结"认明给贴"，颁发特许权执照。④

---

① 《清圣祖实录》卷116，卷18。
② 李士桢：《分别住行货税》，《抚粤政略》卷6，康熙二十五年四月文告，第55页。载沈云龙主编《近代中国史丛刊三编》（第39辑），文海出版社，1988。
③ 参见彭泽益《清代广东洋行制度的起源》，《历史研究》1957年第1期。
④ 参见郭孟良《清代前期海外贸易管理中的具结现象》，《中国边疆史地研究》2002年第2期。

在管理外国人和商船方面，康熙二十四年议准，"番船贸易完日，外国人员一并遣还，不许久留内地"。同时议准，"贸易番船回国，除一应禁物外，不许搭带内地人口，及潜运造船大小铁钉油麻等物"。① 明确规定，外国商船回国不许私自运送人口和船料。"或因货物未销，或有欠项未清，准在海关请照住冬，于次年催令回国。惟澳夷（葡萄牙人）自明季听其居于濠境，无来去期限。"②

可见，粤海关初创时期制定出的相关制度，其重心在于税饷的缴纳与外国商船及外国商人的管理。在行商的营运过程中，其出现的风险首先主要表现为对官方的"欠税"，进而滋生出对外商的"商欠"，与此相应推进风险控制机制的建设。

1. 欠税与保商制度

按照规定，行商具有代纳外洋货税的职责。乾隆十年（1745），两广总督兼粤海关监督策楞由于部分行商资本薄弱，拖欠税饷，便设立保商制度。其办法是，由几家殷实的行商充任保商，保证进出口货税的缴纳。③ 所谓保商，就是保证税收缴纳的行商。在这一制度之下，不管货物是否由保商买卖，一律要负担完税责任。有时需要先行垫付税款，垫款经常难以按时收回。同时，监督等官员购办备贡的珍奇物品，"都指定要保商收购。保商通常只能收回这种货价的四分之一"。④在这种制度下，从维护清朝官方的税收缴纳出发，指定的殷实保商便成为经营不善、拖欠税饷的虚弱行商的税收担保。可见，最初单个行商出现经营风险体现在制度建设上的改进，不是从维护行业的整体安全稳定运营着眼，而是从税饷的足额按时缴纳为目标。

2. 商欠与临时摊赔

保商对经营失败商人负有无限责任，不堪重负，不得不走上对外商借债的道路，从而形成广东十三行的行商对外商的债务拖欠"商欠"。⑤

外商向行商放债的第一个事例，出现在康熙五十五年（1716）。当时一

---

① 梁廷枏：《粤海关志》卷17，禁令一，广东人民出版社，2002，第9页。
② 《道光广东通志》卷180，经政略23，第24页。
③ 《乾隆二十四年英吉利通商案·新柱等奏明李永标各款折》，《史料旬刊》第4期，第122页。
④ H. B. Morse, *The Chronicles*, Vol. 5, p. 10.
⑤ 关于"商欠"的系统考察，参见章文钦《清代前期广州中西贸易中的商欠问题》，《中国经济史研究》1990年第1期；《清代前期广州中西贸易中的商欠问题》（续），《中国经济史研究》1990年第2期。

些外商由于在广州市场难以购得黄金，就将资金留下"放债生息"①，此后成为一个普遍的现象。"商欠"怎样催生清朝的风险制度建设，我们首先来看清朝官方处理的第一个商欠案。

资元行商黎光华（Khiqua），父子相传数十年，号称殷实。在黎光华担任保商期间，历年备办贡物，挪用外商货款填补关税缴纳，负债日多。乾隆二十三年（1758）黎光华离世，出现进口税饷拖欠，粤海关勒令其他保商代赔缴纳。广东官吏只管欠税的催缴，对商欠不予处理。乾隆二十四年（1759），东印度公司大班洪仁辉赴天津呈控称，粤海关陋规导致对外商的欠款。乾隆皇帝接到洪仁辉的呈控，以为对外商的货款拖欠，"事涉外夷，关系国体"，即派钦差新柱、朝铨赴广东，会同总督李侍尧查办，将粤海关监督李永标撤职，从而开启第一个商欠案的处理。

清朝的处理办法是，查抄黎光华福建原籍家产抵偿商欠，其余部分按他身前所欠外商银数，"按股匀还，以示平允"。②"按股匀还"，究竟是在地方官员之间还是在行商之间进行，未具体说明。如果是地方官摊赔，最终也是落在行商身上。

商欠的严重性促使清朝当局加强行商对外商借贷的管理。总督李侍尧指出：

> 近年狡黠夷商，多有将所余资本盈千累万，雇请内地熟谙经营之人，立约承领，出省贩货，冀获重利。即本地开张行店之人，亦有向夷商借领本银纳息生理者。……嗣后，内地民人概不许与夷商领本经营，往来借贷。倘敢故违，将借领之人照交接外国借贷诓骗财物例问拟。所借之银，查追入官。③

但是，这种禁令并没有得到落实。行商在从事对外贸易的过程中，不断积累对外商的债务。首先，这与当时的经营活动方式有关。我们知道，行商作为中国市场和外商交易的中间人，从外商获得的货物是以约定的固定价格一次买断交易，属于货物包销的性质。如果国内市场价格下跌，行

---

① H. B. Morse, *The Chronicles*, Vol. 1, p. 157.
② 《乾隆二十四年英吉利通商案·新柱等奏明李永标各款折》，《史料旬刊》第4期，第119页。
③ 《两广总督李侍尧为陈粤东防范洋人规条事奏折》，乾隆二十四年十月二十五日，中国第一历史档案馆编《清代广东"十三行"档案选编》，《历史档案》2002年第2期。

商就必须承担市场风险。其次，与货款拖欠相联系的，是外商的不公平高利放贷，成为商欠重上加重的主要诱因。乾隆四十九年（1784），舒玺向清廷报告商欠的原因，在于外商于"回国时，将售卖未尽物件作价留与洋商代售。售出银两，言明年月几分起息……往往有言定一年，托故不来，迟至二三年后始来者。其本银既按年起利，利银又复作本起利，以致本利辗转积算，愈积愈多"。① 外商在股份制度发达的资本积累制度下，面对清朝行商封建官商传统的家族资本积累模式，进行在西方已经消失的高利贷掠夺，放大商欠的数额。

英国东印度公司 18 世纪 60 年代后占据对华贸易的首位，行商从公司进口的毛织品滞销，成为商欠的重要原因。乾隆三十三年（1768），行商赤官（Chetqua）由于承销毛织品份额过重，欠东印度公司借款 189500 两。乾隆四十一年（1776），东印度公司向清朝官府控追行商倪宏文（Wayqua），拖欠货款 11726 两。清朝官府的处理办法是，勒令其亲属代赔，不足之数由广东地方官吏摊赔；并且以倪宏文违禁出现商欠，发往伊犁充军。从此，开启了破产行商充军伊犁的刑事处罚。

商欠继续发展，在乾隆四十四年（1779）形成威胁整个行商团体的系统性风险。其具体情形我们在下一部分关于系统性危机和政府的责任里讨论。这次危机的处理，对于个别行商的困境，清朝政府除了继续行使当事行商本身的无限责任以外，由"联名具保"的其他行商分年清还，在行商之间开始行使无限连带责任。

清朝政府为了保证行商偿还商欠，乾隆四十五年（1780）经巡抚李湖奏准，建立"行佣"制度，要求由行商统一进出口货价，对外贸易中征收"行佣"，用来偿还破产行商的欠饷和欠债（商欠）。行佣的设立，是应对商欠的一个制度化建设。它是在承认商欠必然存在的基础上，让其他行商为破产行商的欠饷和欠债负连带责任。英国东印度公司大班鉴于清朝政府规定行商分摊债务，从而致使行商统一价格和提取行佣，给公司控制广州市场形成障碍，便利用外国散商及行商内部的竞争，破坏公行制度和行商之间的团结。

面对行商的破产，清朝政府继续实施行商摊赔的处置办法。1784 年义丰行破产，变卖其财产荷兰馆缴纳欠饷后，仍欠外商番银 166000 余两，让

---

① 梁廷枏：《粤海关志》，卷 25。

"出结之保商"等，按年照数分还。1790 年，承充行商仅仅四五年的吴昭平（Eequa），拖欠外商的棉花货款 25 万余元，充军伊犁。广东官府要求其他行商在五年内还清余款。在乾隆皇帝看来，"内地商人拖欠夷商银两，若不即为清欠，转至贻笑外夷"，便在第二年下令广东官府先拨出关税盈余清还，再令行商分期赔缴。①

乾隆六十年（1795），居行商第三位的而益行石中和（Shy Kinqua）破产。自 1793 年他与东印度公司大做毛织品生意，次年亏本负债达 625000 两，加上拖欠散商的债务共计 1244000 两。到 1795 年，他的负债总额仍达 1065790 两。其田地房产变抵后仍欠 598000 两，由其他行商分 6 年还清。石中和受监追屡受酷刑，病死狱中，其兄弟威官（Wyequa）充军伊犁。乾隆皇帝对此案十分震怒，硬性规定此后每年商欠数额"不得过十余万两"。

3. "总散各商联保"制度

继起的嘉庆时期是广州中西贸易的转折点。其核心因素和主要表现，一是鸦片贸易的发展改变了中西贸易的原有状态，中国从出超向入超转变，大量的白银流向英国和印度。二是美国商人迅速崛起，与英国商人共同控制广州市场。在这种形势下，商欠成为外商干预"广东十三行"行商制度的有力武器。外商利用商欠勾结殷实行商，挟制小行商，将独立执行清朝官方对外贸易垄断权的行商命运掌握在自己手中，使洋行开始走向衰落。

石中和案在这个时期继续发酵。嘉庆元年（1796）首席行商万和行蔡世文（Munqua）因欠债破产自杀身亡，成为十三行历史上绝无仅有的案例。究其原因，除了其自身经营中形成的债务外，石中和案的摊赔，加重了他的负担。同时，给官吏送礼也榨干了他的钱财。他欠英公司等外商及内地商贩债款达数十万两。次年以房产变抵之后，仍有欠款 50 万两。其亲属无力偿还，相继逃匿。外商的处理方法是，利用贸易份额的转移寻求新的债务承担者。蔡世文的债务大部分由广利行的卢观恒（Mowqua）承担，其贸易份额也相应由卢来继承，以此实现补偿。次年，行商中居第二位的源顺行祚官（Geowqua），欠公司及印度散商数十万元。公司大班不准印度散商报官控追，让其与行商私下解决。而对公司的欠款，则仿照蔡世文破产的方法，将其贸易份额转移给怡和行伍秉钧（Puiqua），相应的，债务记入怡和行的账户。

---

① 梁廷枏：《粤海关志》卷 25。

18、19世纪之交的10多年里，广州资金市场银根紧缺，行商的周转现银更趋短缺，不得不扩大对外商的"商欠"，拖欠货款，增加借贷。应付官吏的勒索和关税的缴纳这种非经营性因素起了重要作用，按期缴纳的关税必须用高利息的借款才能应对。外商的恶性金融渗透便乘机肆虐。英国散商积极放债，除了将自身的剩余资金用于放债之外，还将以有息存款集中的印度英商和船长提供的资金，投入向行商的放贷。转手之间，年利率就从10%提高到18%，最高达40%。嘉庆六年（1801），一家英国私商就以18%的年利率赚取近5000元。① 外商的贸易外放贷利率，完全超过了行商可能的收益率。行商对英国东印度公司的欠债也不断上升：嘉庆十年（1805）：253526两；嘉庆十二年（1807）：3500000两；嘉庆十三年至十五年（1808～1810）：2340000～2840000两。

由此酿成1809～1810年体现为商欠危机的第二次行商系统性风险。这次危机的处置，促成了清朝政府进行制度改进，建立起适用于所有行商的普遍联保制度。这也就是被美国纽约州参议员福尔曼所称道的中国行商联保制度的原型。

嘉庆十八年（1813），粤海关监督德庆奏准，在行商中设立总商，由身家殷实者一二人管理公行事务，率领各家行商与外商交易，统一交易，不得私议货价，争揽货物。在新加入行商的承充程序上，根本改变以前初始承充行商只需一二家行商进行担保的惯例，必须选择身家殷实者，由"总散各商"联保，实行广东十三行内部的行商全员联保制度。

但这种联保的责任压力却使得殷实之家望而却步，此后20余年，少有新加入的行商。这项后来在1829年被美国纽约州借鉴作为银行业整体稳定运行的制度，其自身在实践中由于无限责任的安排，却丝毫没有改善行业整体运行的功能，成为单个行商陷入困境的一项制度性负担。当然，在对外商债务的分担上，继续发挥着相互联保的作用。

这项制度没有改变行商的组成结构，留在行商团体的大多皆非身家殷实。当时的十家行商，只有三四家资财相对富裕，而其他"本非殷实"，只能靠对外商的"商欠"维持经营。在商欠的压力下，行商的经营行为变形，"既有夷账，即不能不赊客商之货以抵还夷人。迨至积欠愈多，不敷挪掩，

---

① 参见〔英〕格林堡（Michael Greenberg）《鸦片战争前中英通商史》（*British Trade and the Opening of China, 1800 – 1842*），康成译，商务印书馆，1961，第139～141页。

为夷商所挟制，是以评估货价不得其平，内地客商转受亏折之累"。行商在外商债务的压力之下，利用不合理的涨价转移到国内商人身上。嘉庆皇帝也明确注意到行商被外商挟制、扭曲内销价格的情形，嘉庆十九年（1814），他称，"闻近年以来，英吉利货船到粤，专与乏商交易，积欠夷账不少。该夷人所以愿将货物付与无力洋商者，利其多算价值，辗转取偿，因而夷欠愈积愈多"。① 这年，清朝政府试图通过清查商行账目，随时革除无力行商，但难以真正落实。

而在英国东印度公司和散商方面，自嘉庆十六年（1811）起，积极扶植无力小行商。在他们看来，如果任由这些行商破产，他们所欠外商的债务和税饷就全部要由其他行商分担，这样其他行商便没有多少人能够支持下去，而公行经常吸纳新的行商，难以指望他们能够做比倒闭行商应付他们的债务更多的事情，不如让他们继续营业，因为让这些无力商行倒闭，"对公司及私人债权人来说，是更为不便和有害的"。② 当时10家行商中，只有伍敦元（Howqua）、卢观恒、刘德章（Chunqua）三家有偿付能力。东印度公司决定向小行商提供贷款，用来应对税饷、行佣和其他用途，小行商必须用全部利润偿还"商欠"。东印度公司资金周转困难，又物色殷实行商伍敦元等担任公司的代理贷款人，由公司作保贷款给小行商，年利率10%~12%。1813年和1814年，所提供的贷款分别为231480两、178000两，加上利息，本利之和在1816年已达470393两。不完全的统计表明，嘉庆年间东印度公司与殷实行商对小行商的贷款达707万余元。③ 这样，殷实行商成为西方商人榨取自己同行利益的帮凶，而无力小行商受西方商人的挟制利用。

4. 取消总散各商联保，恢复"一二行商取保着充"旧例

道光年间"商欠"进入恶性发展的时期。乾隆五十八年（1793）英使马戛尔尼访华，嘉庆二十一年（1816）英使阿美士德访华，英国工业革命后，政府主导的海外市场的拓展步伐加快。英国在与清朝政府平等经济合约难以达成的情形下，寻求非常规贸易手段，鼓励外商在华强化经济掠夺活动。到了道光年间，贸易的主要内容从以互通有无的丝茶、棉花贸易为

---

① 梁廷枏：《粤海关志》，卷29。《清代外交史料》（嘉庆朝），第4册，第23~24页。
② Morse, *The Chronicles*, Vol. 3, pp. 111、183。
③ 参见章文钦《清代前期广州中西贸易中的商欠问题》，《中国经济史研究》1990年第1期；《清代前期广州中西贸易中的商欠问题》（续），《中国经济史研究》1990年第2期。

主，转变为鸦片走私贸易为主，大部分交易绕过广东十三行在广州口外进行，出现中国银两单向外流的情况。行商的信用难以维持，鸦片走私贸易又能够获取巨额利润，便促使外商的资金转移到鸦片贸易上，不再支持行商的传统贸易。而商行在此期间由于印度棉花滞销，大量资金积压在棉花上，遂造成行商的资金困境。但是，为了维持营运，有行商打破商业逻辑，利用贵买贱卖的办法，获取现金维持洋行的运转。比如，1822年，小行商用每一担高于市价2~3两购买棉花转售，"不顾牺牲的后果"，由此遭受巨大的损失。① 这便酿成19世纪20年代行商的又一次系统性风险。

在应对这次系统性风险之中，清朝政府对新充行商的招收、商欠及完纳税饷的期限进行了制度规定。其中，为了解决行商数目锐减、没有承充新商问题，道光九年（1829），经粤海关监督延隆奏准，停止嘉庆十八年（1813）由总散各商联保才能准许承充的规定，恢复只需一二行商取保着充的旧例，招徕新充行商。对于商欠，道光十一年（1831），总督李鸿宾在《防范夷人八项章程》里规定，严禁行商借贷及拖欠外商银两，违者照例问拟，银两查追入官。关于进口税银的缴纳，规定此后进口税饷，已卖之货由行商完纳，未卖之货由外商交饷，保商代纳。行商必须在验货之后三月内将进口税饷缴清。② 商欠的处理毫无成效，而税饷是清朝政府在行商任何经营状况下必须保证的。而关于行商之间的相互担保制度，在准入限制上又回到了部分担保的旧例。具有讽刺意味的是，美国纽约州议会正是在1829年通过决议实行基于普遍相互保证的十三行联保制度经验，建立起银行业的稳定基金制度，而清朝政府却放弃了商行全体相互联保制度。只是破产行商的债务处理，自始至终，均事实上在行商内部予以解决。正是基于这个事实，在外部世界看来，行商是通过群体的功能来维护对外信誉的。

清朝官方针对行商的个别风险的制度建设，经历了多次制度改进，但都难以应对行商的破产。这是与广东十三行的封建官商性质直接关联的，其制度建设从来与近代企业制度不相融合。鸦片战争爆发后，道光二十一年（1841），由怡和行伍绍荣居间作介，奕山与义律在广州订立城下之盟，以商欠的名义向英军交付600万元烟价款，由行商摊赔。道光二十二年（1842），中英《南京条约》取消了行商的对外贸易垄断特权，广东十三行

---

① 参见章文钦《清代前期广州中西贸易中的商欠问题》，《中国经济史研究》1990年第1期；《清代前期广州中西贸易中的商欠问题》（续），《中国经济史研究》1990年第2期。
② 梁廷枏：《粤海关志》卷15、25、29。

制度宣告结束。而行商的"商欠","今酌定洋银三百万元,作为商欠之数,准明由中国官为代还"。①

二 行商的系统性风险与清政府的政策措置

今天的存款制度安排主要在于解决整体金融运行稳定情况下的个别风险。系统性风险从来需要政府的政策支持,需要特别的政策安排和行业之外的财力安排。从系统性风险的处置方式,更能看清行业的个别风险及相应的风险管理制度所应发挥的功能及有效性。

在上节谈到的行商个别风险的应对方面,清朝政府进行了不断的政策调整。下面我们通过三次重要的行商系统性风险,来考察具体的风险管理制度和国家政策在其中的作用和位置。

(一) 1779 年的行商危机

广东十三行作为一个整体的行商遇到的第一次系统性风险,发生在乾隆四十四年(1779),体现为行商普遍性的商欠危机,威胁到行商整体的稳健经营。

在 8 家行商中,有 4 家对英商欠款达 3808076 元。这些债款拖欠时间在 1~11 年之间。其债务的形成,小部分是外商将进口货物高价赊销给行商形成,大部分是外商向行商放贷,利息既高,又加以复利,几年之间就由原来的欠款额 1078976 元增加了 3 倍。这四家行商的欠款情形如下:泰和行颜时瑛(Yngshaw)1354000 元;裕源行张天球(Kewsaw)483000 元;义丰行蔡昭复(Seunqua)222000 元;陈姓广顺行求官(Coqua)1100000 元(已倒闭两年)。

其余 4 家也有欠债。信用最好的行商首领潘振承(Puankhequa),也欠债 8 万元。英商要求的赔偿总额达到 4347300 元。英国东印度公司董事部训令广东大班极力催收这笔"国家财产",英国驻印度海军司令弗农也派出小战船,由船长带来信件通过广东巡抚和粤海关监督转交北京清廷,进行催缴。

对这次威胁行商整体经营的系统性危机,清廷没有在行商体系外采取

---

① 王铁崖:《中外旧约章汇编》第 1 册,三联书店,1957,第 31 页。

任何的援助和政策调整措施。清廷的处理办法是对破产行商进行充军的刑事处罚，同时未尝欠款在行商之中摊赔。具体处理是，颜时瑛、张天球因违禁借款形成债务，按照乾隆二十四年（1759）定例发往伊犁充军。所欠债务依据中国律例利息不得超过本银一倍，按照债务原本加一倍偿还。商欠的清偿除了两人的家产变抵之外，不足之数，让联名具保人潘文岩等分作十年偿还。①

这样，不仅没有利用政府的财力为行商团体的经营提供良好的环境，更为行商今后发展埋藏了祸根。此次危机处理创立的前述行佣制度，更加重了行商的经营负担。此次危机后行商只剩4家，在艰难的环境中继续维持清朝的垄断性对外贸易。

（二）1809~1810年的行商危机

在时隔30年的嘉庆十四至十五年间（1809~1810），出现了广东十三行历史上同样体现为商欠的第二次系统性风险。

行商在对外债务②的压力下纷纷破产。下面我们来看接连破产行商的情形。

——嘉庆十四年（1809），万成行沐士芳（Lyqua）由于拖欠印度散商货款破产。他的破产原因，可从他的经历看出。1804年承充行商，仅仅向粤海关监督送礼就用去近7万元，资本所剩无几。嘉庆十三年（1808），他接受印度散商的棉花等货物，双方的议定价银为247692两。由于市价下跌，经营亏本，无力归还货款。印度散商报官控追。第二年，将其货物及房产变抵，仅值2万余两。未清偿款项由其他行商以行佣分限摊赔，本人发往伊犁充军。

——嘉庆十五年（1810），会隆行郑崇谦（Gnewqua）因欠债过多破产。其主要原因是因进口货物滞销，以致亏本。在嘉庆十四年（1809），除了欠饷89000余两以外，欠东印度公司45万余两，欠散商及美国、瑞典商人52.9万两，无法归还。发往伊犁充军。

——嘉庆十五年（1810），达成行倪秉发（Pongqua）也因欠债破产。嘉庆十四年（1809）欠帕西商杜拉布吉债款24万两。次年官府清算时，欠

---

① 梁廷枏：《粤海关志》，卷25、26。
② 梁廷枏：《粤海关志》，卷25、26。

饷88000两，欠公司18万余两，欠散商和美国商人等23万余两。也被发往伊犁充军。

郑崇谦、倪秉发两家行商除了变抵家产外，其余部分由其他行商以行佣分10年还清。如前所述，这次事件促成了"总散各商联保"的制度。但是，这次系统性危机，仍然是在行商系统内部进行解决，清朝官方政府未有扫清行商稳定经营的道路，一是外商对于行商的要挟性贷款和不公平"包销"交易模式；一是行商合理成本外的贿赂需索等不合理支出。同时，仍然没有做出事关国家整体利益的制度性安排。

（三）1829年的行商危机

与其称作1829年的危机，不如称作19世纪20年代危机。这次系统性的风险起始于1824年，只是由于连续数年的危机导致了1829年清朝政府关于广东十三行的风险制度改革，放弃了行商相互间的普遍担保制度，同时，在1829年美国纽约州却通过了模仿十三行普遍联保制度建立银行业稳定基金制度的法律，强调1829年更能体现中外制度建设的反差。

如前所述，道光年间的行商危机是在英国工业革命完成之后，西方商人为了打破中西间的不平衡贸易局面，利用鸦片走私贸易进行的。靠执行清朝传统垄断贸易的行商，在西方商人打破贸易格局——自行扩大交易对象（行外商人）和改变交易内容（鸦片）——的情形之下，处境更加困难。行商要依赖东印度公司的预付现金来维持周转，从道光四年（1824）公司停止向小行商支付现款起，便形成行商的系统性风险。当时共有11家行商，4家殷实的行商和7家小行商。首先是7家小行商中的4家连续破产。

——道光四年（1824），丽泉行潘长耀（Conseequa）破产。他1796年充任行商。设行不久，生意兴隆，为粤海关监督所嫉恨。嘉庆五年（1800）港脚船"剌必臣"号由于走私羽纱48匹，1801年借其承保英商触犯法规罚饷100倍，达5万两。从此经营陷入困难。1813年之后，该行经常向东印度公司借款。1814年，因为历年将茶叶等剩余货物赊卖给美国商人，损失100万元。行主呈文给美国总统，并派代表赴美交涉，没有结果。1818年，他自报欠债22万两以上。他作为东印度公司的长期债务人，一直担任公司向国内商人推销羽纱的中间商，羽纱滞销，亏损181629两。外商瓦茨又反欠他的债款10万元，尚未偿还。道光三年（1823）潘长耀去世时，欠饷22528两，欠外商货款172207元，并欠东印度公司债务达308565两。次年破产，家产查抄变抵仅够用于偿还欠饷，商欠由行商分摊分 5 年偿还。①

——道光五年（1825）西成行黎光远（Pakqua）破产。道光二年（1822）他负担行佣 19 万两，并欠帕西商人 33 万两和美商 16 万余两货款。道光五年（1825），积欠关税及捐输银达到 149769 两，欠散商及美商 477216 两。宣告破产，被清朝政府变抵家产，欠款由行商摊赔。道光八年（1828），充军伊犁。

——道光六年（1826），同泰行麦觐廷（Poomequa）负债破产。

——道光八年（1828），福隆行关成发（Manhop）破产。1810 年他接办该行，就背负亏饷潜逃的前任行商邓兆祥的欠债，自此长期成为外商的债务人。1828 年宣布其欠饷 314311 两，欠外商货款 1099321 元。同时还欠中国债权人的大笔债款，导致东印度公司交给他的 3 万包棉花被私行运走。导致其巨额债务的原因，是与外商做了大规模的棉织品贸易。仅仅在 1826 年，他就承销英美等国进口的全部棉织品 24000 匹，招致严重损失。次年他被发往伊犁充军。

幸免的 3 家小行商如天宝行梁纶枢也陷入困境。4 家殷实行商，东生行刘承（Chunqua）道光十年（1830）宣告破产。广利行卢文锦（Mowqua），1829 年以后信用大减，1832 年欠中外债主 150 余万元，依靠鸦片贩子查顿、马地臣的放债维持运转。真正殷实者只有怡和行伍敦元和同孚行潘正炜（Tinqua）两家。这次系统性的危机，导致 1829 年行商由 11 家降至 7 家，次年又降至 6 家。在此情形下，1829 年清廷取消了总散各商联保的制度规定。

总观以上广东十三行系统性风险形成的原因和清廷的处置办法，明显地体现出清朝政府未从根本上免除系统性风险形成的制度缺陷。这些缺陷主要体现在以下几个方面。

第一，在行商的国内经营环境上，超越合理成本之上的行商负担是造成行商系统性风险的制度因素。这主要体现为非正式的税费和税费之外的各种需索。② 第二，在行商的国际贸易责任上，非经济经营行为外的负担，主要体现为对外商违法行为罚金的承担。这种安排完全否定了行商作为一个法人企业的性质。第三，对破产行商承担的事后无限连带责任的安排，不仅不能起到行商相互救助的作用，反而加剧行商的经营困境，使得个别

---

① 《清朝外交史料》（道光朝）第 1 册，第 1~2 页。《明清史料》庚编 8 册，第 774 页。
② 参见张忠民《试析广东十三行的企业制度特征》，《海交史研究》2017 年第 2 期。

风险转化为系统性风险。第四,在行商形成的对外债务"商欠"和外商对行商的负债处理上,清朝政府缺乏对等的原则立场。对"商欠"碍于国家体面,固守朝贡贸易时代的观念"怀柔远人",全数满足外商的控追,对外商向商行的负债没有丝毫的政策措置。这与资本主义发展过程中政府对民间企业和商人在海外经济活动的法律、政策支持甚至武力保障,形成根本的制度反差。

导致以上各种缺陷的核心因素,是清朝政府建立广东十三行的目标函数,仅仅在于维持皇室洋货享用和局部税饷的狭小目标,与交易对手所处近代化过程的制度转型形成时代的错位。

三 美国存款保险制度对广东十三行联保制度的扬弃

具有讽刺意味的是,当 1829 年清朝道光政府取消"总散各商相互连保"制度之时,远在美国的纽约州政府,却向州议会提出模仿广东十三行的相互联保制度,建立起银行业的稳定基金(Safety Fund)制度。这个提案的发起人是建立了美国雪城的纽约州实业家、纽约州参议员耶和华·福尔曼(Joshua Forman)。纽约稳定基金受到了中国广东十三行联保制度的启发,其确切的证据是时任纽约州州长范布伦(Van Buren)在 1829 年 1 月 26 日提交给州议会全体会议的提案报告。报告称:

> 让银行相互负责的合理性,是借鉴广东行商监管制度。在那里,那些获得了政府批准与外国人通商的特许行商,各自分别进行经营活动,然而一旦一家行商出现经营失败,要求他们全都要对其债务负责。我们银行的情形十分类似;他们共同享有为本州的人民制造纸币的特权,而同样的原则应当共同用于纸币的兑现。这个理论上合理的原则,构成这个制度的基础。它已经历过 70 年历史实践的检验。而且,在这个制度之下,行商群体已经在整个世界获得信用,没有被任何一个其他的稳定保障制度超越。经过改良适合我们共和制度的温和特征。[1]

---

[1] Van Buren, *Message of His Excellency Gov. Van Buren on the Subject of Banks*, p. 23. made to the Assembly, January 26, 1829. ALBANY: Printed by Croswell & Van Benthuysen, 1829. 并见于前揭 Frederic Delano Grant: *The Chinese Cornerstone of Modern Banking-The Canton Guaranty System and the Origins of Bank Deposit Insurance 1780 – 1933*. BRILL, 2014, pp. 218 – 219.

这个提案在3月获得纽约州议会的通过。关于其具体的制度内容和效果，哈佛大学商学院戴维·莫斯教授已经有清晰的论述①，此不赘述。这里仅就纽约州稳定基金制度对广东十三行制度的"改良"做一简要的评述，据此反观广东十三行制度的性质及其存在的问题。

首先，纽约稳定基金是作为一个独立的机构建立起来的，这与广东十三行的情形完全不一样。它有独立的雇员和官员来管理它自身的账户。

其次，纽约州通过基金委员会成员来进行被保险银行的日常运营安全监管。

最后，稳定基金如同中国模式一样提供无限的保险，但是，并不强制所有纽约州内的银行加入。

尽管纽约州的稳定基金制度在1838年被自由银行制度所取代，但是，它的基本精神仍然富有吸引力地流传下来。随后，在佛蒙特州、歇根州、印第安纳州、俄亥俄州和艾奥瓦州都建立了存款保险制度。1907年美国金融危机出现之后，全国性的存款保险制度建立的意见逐渐得到重视。借助1929~1933年经济大萧条的银行危机处置，全国性的存款保险制度终于建立起来。

即使从纽约州初始的存款保险制度实验来看，广东十三行联保制度的缺陷也是显而易见的。

第一，广东十三行"以官制商，以商制夷"的制度安排，使得行商失去了企业主体的特征。

保商制度实际上是清朝政府对行商和外商的双重约束。在对外商的责任方面，行商要保证在华经商的外商经营及个人行为符合规章，只要外商在这些方面违反了清朝政府的相关规定，行商均负有责任。"行商控制了广州口岸全部的对外贸易，每年总额为数百万元，受益固多，责任亦重。外国商人或其代理人如果违反了规条，俱由行商负责。"②"对于各国船只应纳之税额，固须负连带支付之责任，即船员水手之犯罪案件，亦须负责。"③

例如，雍正六年（1728），外国商船"哈里森"号不同意丈量，海关监督召集行商，限期三天内缴纳丈量费，否则将清退全体行商。

---

① 参见戴维·莫斯《别无他法：作为终极风险管理者的政府》，何平译，人民出版社，2014，第117~123页。
② 亨特：《广州番鬼录》，《旧中国杂记》，广东人民出版社，2009，第46页。
③ 梁嘉彬：《广东十三行考》，广东人民出版社，1999，第93页。

第二，从保商制度、行商摊赔制度、行佣制度及总散各商联保制度这些防范个别风险的制度设计来看，均只是满足清朝政府的税饷缴纳和对外商的"商欠"赔偿，其宗旨不是保证行商整体的良性运转。所以这些政府主导的制度安排，从来没有独立出来按照经济逻辑运行，也没有一个由行商群体形成的自律组织，只是官僚组织体系的一个组成部分。"行佣"用于各种需索，完全不同于稳定基金的保险功能。

第三，形成这些差异的根源，在于西方进入资本主义的各国处于近代财政国家的建设时期，不断进行制度的改进，实现诱致性的制度变迁。在此基础上，这些国家的商人，也就是广东十三行的交易对手，利用制度的优势（特别是民商法律）和国家战略支持，在对华贸易中获得优势，并为自己国家攫取利益。相反，清朝政府固守专制集权的封建制度，不顾世界形势的变化，既不能为行商提供基本的经营环境，也不能为行商整体的稳定发展建立合理风险制度的支持。中西制度的先进与落后，影响了历史的未来走向。所以，广东十三行的制度建设必须置于世界范围的整体变化中来考察。

总之，美国存款保险制度建立受到中国广东十三行联保制度的启发，是文明与制度互鉴的重要实例。更为重要的是，它对中国既有制度的扬弃，更是我们认清封建专制体制及其相关制度的落后，廓清制度的优劣，进行合理制度建设的重要借鉴。前面我们大量利用学者此前积累的研究成果，展示广东十三行在风险管理制度建设上的真相，正是作为一面镜子，说明引入美国存款保险制度重塑中国银行监管制度的合理性。[1]

---

[1] 吴庆提出我国不宜实施存款保险制度的历史举证，既错误地理解了市场与政府的合理关系，也缺乏对广东十三行联保制度的正确解读。参见吴庆《广州十三行连带互保制度的经验和教训》，国务院发展研究中心《调查研究报告》2007（61）。

十三行与虎门炮台

黄利平[*]

鸦片战争前夕，当广东水师要在虎门海口建设"金锁铜关"（即两道拦江铁链和靖远炮台）时，洋行伍绍荣等众商闻议，"即据情愿捐缴银十万两，以供要需"。[①] 广州行商捐资修建炮台由来已久。广州内河及虎门口的炮台建设资金主要依靠常年向行商征收的炮台预备工料捐项。嘉庆年间修建猎德和大黄滘炮台时就"于商捐预备工料项内动支兴建炮台"。[②] 此外还有经常的临时摊派，鸦片战争前，虎门一次添铸六千斤大炮二十位，八千斤大炮二十位并增建多座炮台时，所需的银两主要来自以十三行为首的粤海关商人，朝廷批复关天培的请示报告的"均准令粤海关商人捐办"[③]，即是证明。不但第一次鸦片战争前是如此，战后重建虎门及内河炮台的费用仍全部是由各绅士捐助，尽管其时新建炮台数量远多于战前之时。主持该项工程的两广总督祁𡋯上奏：

> 查自议筑虎门炮台以后，即据各绅士具呈捐台认修……合计先后所捐银钱数目已及二十八万两有零，尚微有不足。现在官绅士民仍陆续呈请捐赀，情形仍极踊跃，约计工费总可敷用，无须另行筹款。[④]

---

[*] 黄利平，广州市南沙区虎门炮台管理所研究馆员。
[①] 中国第一历史档案馆编《鸦片战争档案史料》第1册，天津古籍出版社，1992，第618页。
[②] 中国第一历史档案馆编《鸦片战争档案史料》第1册，天津古籍出版社，1992，第545页。
[③] 关天培：《筹海初集》卷2，刊本，1836。
[④] 中国第一历史档案馆编《鸦片战争档案史料》第7册，天津古籍出版社，1992，第9页。

十三行商及广州乡绅为何要向虎门及省河上的炮台修建工程捐款,二者之间有何关系,值得讨论。

一 虎门炮台促成"一口通商"政策落地广州

从广州出海必须要经过虎门,因此从事对外贸易的广州十三行与控制虎门的虎门炮台有着天然的关系。广州黄埔港到珠江口之间有着一段易于通航的宽阔的黄金水道。这条水道自黄埔港出来后,一路河道宽阔无险可守,但在虎门出海口河道收窄,形成束口,两岸对峙形势险峻。康有为有诗形容为:"白浪如山过虎门。"虎门就像大门一样,是黄埔港和粤海关的天然屏障和设置控制的最佳地点。"虎门距省百八十里,洋阔水深,乘潮驭风,不过一夜可到。十三行往来贸易,凡四十余国,莫不以虎门为总汇焉。"① 康熙二十三年(1684)清廷开放海禁,次年,设粤海关行署于澳门,闽海关于漳州(实在厦门),浙海关于宁波,江海关于云台山(镇江),以此江浙闽粤四海关负责清朝外贸事务,广州对外贸易逐渐形成。

初期的粤海关名义上是在澳门,实际货物装卸点是在广州黄埔村。因此外洋商船是要经过虎门到黄埔完成货物交接的。值得注意的是,与此同时清朝在虎门建造了这里最早的三座炮台,即南山、横档和三门炮台。可见虎门炮台的出现就与广州通商口岸相关。

粤海关下辖省城大关等7个总口,虎门口隶属于省城大关。按其职能之不同,粤海关各口可分为三种类型,即正税口、挂号口与稽查口。设在虎门横档炮台内的虎门口与黄埔村酱园码头的"黄埔挂号口"一样,是省城大关重要的挂号口,在此征收的挂号杂费每年约300两白银。② 外国商船在虎门,就要向横档炮台所在地横档岛上的粤海关虎门口税馆纳税,接受监管。横档炮台也因此被外国人称为"税馆台"。③

被控制起来的虎门海口使广州口岸从一开始就有别于其他三处通商口岸,安全管理独占鳌头,给以后广州独享一口通商打下了坚实的基础。在之后的实际通商贸易中,分布在虎门及珠江上的炮台保证了粤海关虎门口业务的正常开展,使广州口岸对进出口的商船形成了比较严密的管理体系,

---

① 仲振履:《虎门览胜》卷上,暨南大学图书馆藏本。
② 梁廷枏:《粤海关志》卷10《税则三》,广东人民出版社,2002,第207页。
③ 广东省文史研究馆编《鸦片战争与林则徐史料选译》,广东人民出版社,1986,第227页。

被清王朝认为是四大通商口岸中最安全的口岸。因此在雍正五年（1727），清王朝解除南洋贸易禁令时，在全国的海岸上只允许广东虎门等两处出口，其他口岸一概不准放行。也是同样的理由，在乾隆二十二年（1757）废除四口通商，选择了广州为全国一口通商之地，规定西洋商船只许在广州收泊交易。在四处通商口岸中，广州口岸非常明显的优势是"且虎门、黄埔等处在在设有官兵，较之宁波可以扬帆直至者，形势亦异"。① 有学者指出，广州胜出的原因"主要是因为多数官员强调海防安全，认为广州比宁波易于控制，政治压倒一切，海防安全比外贸利益更重要"。② 在这场事关前途发展的竞争中胜出的广州，从1757年到1842年《南京条约》开放五口通商的近百年间，成为中国唯一的法定对外通商口岸。众所周知，这也才给十三行的形成打下了基础、构筑了前提。

二 虎门炮台是控制洋船进出广州的关键，与十三行息息相关

虎门古称虎头门，泛指位于广州南沙区和东莞虎门镇之间的珠江水道，以突起于珠江口的大虎、小虎二山而得名，是广州出海的交通咽喉，粤省海防最重要的门户。康熙二十六年（1687），清政府在太平镇石旗岭建虎门寨，嘉庆十五年（1810）水师提督驻扎虎门。自康熙年间起，以迄鸦片战争前，在虎门口陆续建成由十余个炮台组成的三道防线，由广东水师提标中营、右营驻守。在战船配置方面，形成了有米艇、捞绘船、快蟹巡船交织的巡缉网络。

从乾隆九年（1744）起，依靠虎门炮台，清朝开始控制虎门海口进出船只。乾隆九年四月，广州府海防军民同知印光任鉴于过去对澳门管理和船舶出入，均无一定规章，特首定管理番舶及澳夷章程七条，其中第二条明确规定："洋船进口，必得内地民人带引水道，最为紧要。请责县丞将能充引水之人详加甄别。如果殷实良民，取具保甲亲邻结状，县丞加结申送，查验无异，给发腰牌执照准充，仍列册通报查考。至期出口等候，限每船给引水两名，一上船引入，一星驰禀报县丞，申报海防衙门，据文通报，

---

① 王先谦：《东华续录·乾隆朝》卷46。
② 王宏斌：《清代前期海防：思想与制度》，社会科学文献出版社，2002，第50页。

并移行虎门协及南海、番禺,一体稽查防范。其有私出接引者,照私渡关津例,从重治罪。"① 这里的"口"也就是"虎门口"。由此时开始,洋船进出虎门有了明确的规定,每艘来广州的外商船只先在澳门办理手续,再领取进港牌照,雇两名中国正规的引水(领航员)后才能进入虎门。两名领航员中一名领航,另一名去相关管理机构申报。不依此法进入虎门者,一律严加查办。"一体稽查防范"的职责由虎门协(炮台)与南海、番禺县共同承担。由此,虎门炮台明确成为广州黄埔港和粤海关管理海口、控制进出商贸船、查禁走私船的关卡,矛头直指十三行营销的核心——外洋商船进出广州。这种职能直到一口通商废止方才结束。

正如任何海关都有武装部队支撑一样,直到第一次鸦片战争之时,虎门炮台日常的主要职能之一就是粤海关的口岸管理。随着海上航运业进一步的发展,对虎门的管理力度也逐步强化。至迟在嘉庆初年虎门炮台已成为黄埔港和粤海关控制进港船只的第一道关口和出港船只的最后一道关口,承担起了对商船"验照放行"的关键职责。嘉庆十四年四月二十日(1809年6月2日),广东新拟定的《民夷交易章程》送京审批,其中第四条"夷船到口,即令引水先报澳门同知,给予印照,注明引水船户姓名,由守口营弁验照放行,仍将印照移回同知衙门缴销。如无印照,不准进口",② 明确规定对进出口夷船"由守口营弁验照放行"。这里所说的"口",就是虎门口;所谓"守口营弁"就是虎门炮台守军。而外国船只要离开广州港时,要先去粤海关领红牌,然后在通过虎门炮台时由"防弁验明印凭",才可放行。清朝广东当局屡屡用不给在黄埔的洋船发放出口红牌的办法来禁止其离去。在1810年的黄亚胜案中,粤海关监督常显就不给英船发放出口红牌,禁止其离去,以此来迫使其交出凶犯。嘉庆二十年(1815),广东当局明确规定:"货船领牌出口,由税口知会炮台验放,以免阻止。"③ 林则徐也曾下令粤海关不给外夷商船发放出虎门的红牌,以此逼迫他们交出鸦片。

随着进口商船越来越多,炮台对进入虎门口的外洋商船的管理也日益

---

① 萧治致、杨卫东:《西风拂夕阳——鸦片战争前中西关系》,湖北人民出版社,2005,第210~211页。
② 萧治致、杨卫东:《西风拂夕阳——鸦片战争前中西关系》,湖北人民出版社,2005,第284页。
③ 萧治致、杨卫东:《西风拂夕阳——鸦片战争前中西关系》,湖北人民出版社,2005,第291页。

严格，鸦片战争前甚至达到当外国商船进虎门后，是由虎门炮台派兵押送至黄埔。关天培曾说："向例夷商船只一进口门，沙角防弁即须禀报并知会前途。其镇远、横档弁兵即须轮流押送至黄埔交替。"① 第一次鸦片战争前夕、虎门海口战云密布之时，虎门炮台对进入虎门的洋船审查达到历史上最严厉的时期。时任两广总督邓廷桢上奏："虎门海口为粤海中路咽喉，通商番舶，络绎往来。现在筹议海口章程，自应妥为布置，以密巡防。"② "妥为布置"的方案就是将沙角炮台"改作号令炮台，此后遇引水引带番舶到口，防弁验明印凭，即放大炮一声，知会前途；一面开单报明提督。如无引带文凭，即系奸夷，则于台面高处插立大蠹一杆，知会大角弁兵立即开炮轰击。固不能截其不前，亦可挫其锐气，前路各台闻炮声联接一体预备。仍需派一兵飞报虎门接应。"③ 虎门海口被彻底管控起来，众所周知，第一次鸦片战争前夕爆发的中英穿鼻洋海战，就是因为虎门炮台的广东水师为了维持海口秩序，制止英国军舰"窝拉疑"号和"海阿新"号武力阻截英国商船"皇家撒克逊"号按规定报关入口而引起的。这样的"管理"对十三行生意的影响可想而知。

随着炮台在口岸管理中的职责越来越大的同时，一口通商导致的进出口商船大量增加，虎门管理任务也随之急速扩大，由此导致嘉庆、道光时期虎门口管理设施即炮台急骤增加。嘉庆时新建了沙角、新涌、崔门、镇远、横档月台、大虎台等炮台；道光时（第一次鸦片战争前）新建了大角、威远、永安、巩固、靖远台。三四十年间就在虎门海口形成了国内最大规模的海防炮台群并以之组成了三道防线。最极端时甚至在江上拉起了两条铁链以防范走私船只硬闯海口，目标直指外洋商船逃税。林则徐在视察虎门铁链后十分自豪，高兴之时不免说出如此大费周折的目的：

> 设有不应进口之夷船妄图闯入，虽遇顺风潮涌，驾驶如飞，一到排链之前，势难绕越。即谓夷船坚厚，竟能将铁链冲开，而越过一层，尚有一层阻挡。就令都能闯断，亦已羁绊多时。各台炮火连轰，岂有不成灰烬之理。似此重重布置，均极森严，闻黄埔及十三行出入夷人，

---

① 关天培：《筹海初集》卷1，刊本，1836。
② 中国第一历史档案馆编《鸦片战争档案史料》第1册，天津古籍出版社，1992，第619页。
③ 关天培：《筹海初集》卷1，刊本，1836。

行舟过此,皆懔然生悼心,于海防实属有益。①

到1839年时,十余座炮台和两道拦江铁排链已能将虎门水道口完全封锁,可以彻底截断船只的随意出入。可见清朝重点考虑的问题在于如何防止和阻击船只未经许可擅自通过、卡住商船和走私船随意进出海口,而不是抵御来自军舰的进攻。另外,虎门炮台的军队建设也体现出它的这种管理职能,日常训练主要集中在防止商船违例进出和走私船偷渡,而很少考虑抵御军舰火炮的攻击。道光十九年九月初五日(1839年10月10日)在虎门炮台林则徐观看广东水师的操练后上奏:

>所有九台大炮及施放各项火器,高低远近,悉依臣关天培所定尺寸施放,尚合准绳,各台炮火,夹攻靶船,辄被击中,将弁谙于号令,士卒习于波涛。维时进口夷船下碇远观,声势极为壮盛。又饬专管排链弁兵,分驾划船,将各排链按法启闭,较前愈为便捷。②

三 口岸管理职能削弱了炮台抵御进攻的能力

按照口岸管理要求迅速发展壮大起来的虎门炮台也确保了80多年"一口通商"的顺利进行,但由此也为它日后在面对跨海而来的英国军舰攻击时,连一天都无法支撑的惨败埋下了伏笔。后人在扼腕长叹之时,这些易于被忽视的原因,不可不察,应该给予充分的注意。

首先,由于炮台的任务自嘉庆后转向控制河道上外国商船的进出,因此炮台选址自然由清初海湾山顶转向航道水边。比如这时兴建的虎门炮台中的镇远、沙角、大角炮台选址都在"前临海面",或被认为"前临海港甚低"③的地方。第一次鸦片战争后重建炮台的两广总督祁𡎴就指出,时人"多谓旧台过低,防洋盗则有余,若夷船驶入,则彼船较高,我之炮台内情

---

① 中国第一历史档案馆编《鸦片战争档案史料》第1册,天津古籍出版社,1992,第545页。
② 中国第一历史档案馆编《鸦片战争档案史料》第1册,天津古籍出版社,1992,第706~707页。
③ 中国第一档案馆等编《明清皇宫虎门秘档图录》,人民出版社,2011,第132页。魏源:《海国图志》卷56,道光丁未古微堂本,第38页。

形彼皆一望而知"。① 很明显，建在海边的炮台既不利于防御军舰上火炮的攻击，也无法形成抵御步兵攻击的地形和建筑。

其次，为加强对河道中洋船的攻击和控制，清代中期铸造的火炮越趋笨重，为方便架设这些笨重的大炮和对河道中船只的攻击，嘉庆以后的炮台都是在边墙下部开有安置大炮的炮洞。以前炮台里的大炮是架在炮台墙头（与围墙联结的高台）上的，而这时是放在炮台墙下部基本与台内地面持平的"炮洞"中。"炮洞"成为此时炮台的标志，改变了原来城堡式炮台的封闭结构，降低了炮台反步兵攻击的能力。鸦片战争时期的两广总督琦善都看出虎门炮"台上炮眼，其大如门，几足以容人出入，迨被轰击，竟致无可遮蔽，故而全不得力"。②

最后，在作战方案的设计、平时军事训练中缺少对军舰攻击和陆军登陆抵御的演练。从广东水师提督关天培《筹海初集》可知，虎门炮台守军日常操练主要是对河道中敌船开炮的规定动作和提高"炮准"的训练。这是基于防止敌船通过虎门海口的一套作战方案而形成的，关天培在《创设秋操通行晓谕稿》③ 中描述了这个方案：当敌舰进入虎门时，先由沙角和大角炮台燃放大炮发出信号，使后面6台完成拦截攻击准备；主要拦截攻击点在饭箩排附近，即由威远、镇远、横档三炮台担任主要攻击任务（见图1）；如敌船通过这里还未被击沉，再由预先埋伏在上横档岛和大虎岛之间江面上的火船和舰船开始攻击；最后还有大虎炮台对漏网的敌船进行攻击，再加一层保险。

可见由于炮台的主要任务是管理海口商船和防止敌船的非法通过，因此在炮台的守军日常操练中是没有防御敌军舰火力攻击、抗击步兵登陆攻击的内容的，这也直接导致了第一次鸦片战争时在英军舰炮猛轰和步兵登陆攻击中，炮台守军无法抵御、迅速溃败的结果。

国际商都广州的口岸管理长期依赖虎门炮台是不争的事实，一口通商时期的虎门炮台绝不仅是一般意义上单纯的海防炮台，而是承担着广州口岸管理职能的关卡。也就是说，虎门炮台的主要任务之一就是管理进出虎门的外洋商船。羊毛出在羊身上，修建炮台的费用当然要由承包洋船商业

---

① 中国第一历史档案馆编《鸦片战争档案史料》第七册，天津古籍出版社，1992，第8~9页。
② 中国第一历史档案馆编《鸦片战争档案史料》第三册，天津古籍出版社，1992，第40页。
③ 关天培：《筹海初集》卷4，刊本，1836，第771~797页。

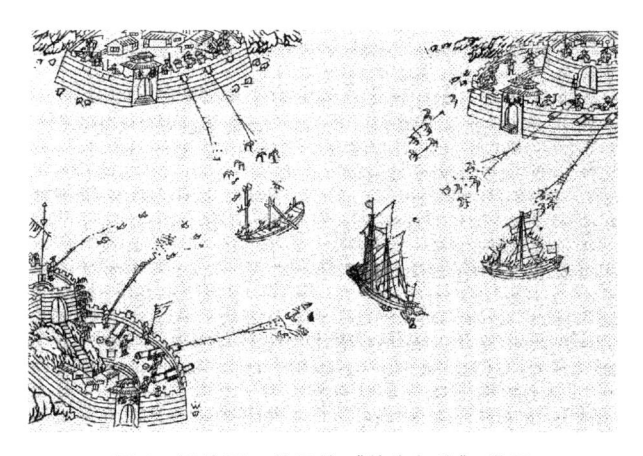

图 1　军演图：关天培《筹海初集》卷四

的十三行商来承担。当然，从另一面来看，广州之所以能够有别于其他沿海城市修建如此众多的炮台，与十三行的资金支撑也是分不开的。

从清宫档案探讨"十三行"名称的含义

章荣玲[*]

清代康熙年间，清政府在广州设立粤海关以后，十三行成为清政府设立的特许经营进出口贸易的洋货行。乾隆二十二年（1757）以后，直至1842年，广州十三行成为清政府唯一的对欧美海上通商特区，广州也成为中西文化交流的前沿城市。十三行是一项具有世界意义的历史文化遗产，是一个具有国际影响的学术研究领域。[①] 黄启臣《广州十三行研究刍议》[②]及赵春晨《有关广州十三行起始年代的争议》[③] 一文对于十三行的研究现状、各种观点及其主要依据进行了梳理，可见中外学者对十三行研究在不断深入，已取得诸多成果。

但"十三行"名称的含义一直是学术界颇有争议但又绕不开的话题。就目前争议的主要问题来看，"十三行"名称究竟是和行商、商馆数量有关，还是没有任何意义，不同意见非常多，但分歧的产生，主要还是受材料的限制而导致解读不同。本文试在以往研究的基础上，结合清宫档案及其他文献记载，来探讨"十三行"名称的含义。

---

[*] 章荣玲，广州十三行博物馆馆藏部文博馆员，硕士研究生。
[①] 章文钦：《广东十三行与早期中西关系》，广东经济出版社，2009，第226页。
[②] 广州大学十三行研究中心、中共广州市荔湾区委宣传部编《广州十三行研究回顾与展望》，广东世界图书出版公司，2010，第1~9页。
[③] 广州大学十三行研究中心、中共广州市荔湾区委宣传部编《广州十三行研究回顾与展望》，广东世界图书出版公司，2010，第169~178页。

一 目前研究十三行名称由来的主要文献依据

就已有文献的研究来看，在理解方面产生了很多重要分歧。现将主要文献依据梳理如下。

一是明末清初岭南三大家之一屈大均所著《广东新语》中收录的《广州竹枝词》一诗："洋船争出是官商，十字门开向二洋。五丝八丝广缎好，银钱堆满十三行。"这是迄今所能见到的最早提及"十三行"之名的文献。《广东新语》在如实反映当时的社会情况、记载物产民俗材料等方面，都是丰富翔实的，对于研究明清之际的文化史、经济史、风俗史等，都具有相当重要的价值。因此早在中外学者对十三行起源研究分歧特别大时，英国人摩斯、美国人亨特就认为十三行成立于康熙五十九年（1720），即广州洋货商人组织公行这一年。梁嘉彬先生撰写《广东十三行考》时就引用过屈大均的诗，确定至少在康熙二十六年以前即《广东新语》流行于世之前就了，并且推测十三行起源于明代，可能与三十六行有关。① 这是十三行起源研究的重大进步。后又有学者通过分析这首诗的写作年代，进一步推断十三行设立的具体年代，分歧较多，在此不一一列举。

二是清代梁廷枏《粤海关志》云："国朝设关之初……令牙行主之，沿明之习，命曰十三行。"大多数研究以《粤海关志》为信史，认为"沿明之习"即十三行名称在明代就有或指十三行起源于明代。但现有研究中，并没有发现任何明代文献有关于"十三行"的记载。仅允许外国人在一定区域居住，明代时已有，如怀远驿。明朝重视广东对外贸易，洪武三年（1370）在广州宋代市舶亭旧址，设置广东市舶司，专通"占城、暹罗、西洋诸国"。洪武七年（1374）市舶司一度被废，永乐元年（1403）重开，并在广州西南区即今十八甫建怀远驿，招待各国贡使和商贾。嘉靖元年（1522）曾罢浙、闽两市舶司，独留广东市舶司，自此之后，广东市舶司基本延续至明末。

三是清代昭梿《啸亭杂录》中一段关于吴兴祚事迹的记载："公历任至两广总督……又奏通洋舶，立十三行，诸番商贾，粤东赖以丰庶"，根据这段文字的记载和吴兴祚担任两广总督的时间推断出十三行是在康熙二十五

---

① 梁嘉彬：《广东十三行考》，广东人民出版社，2009，第50~51页。

年（1686）设立，也是在粤海关成立之后。①

四是康熙二十五年四月广东督抚公议决定，为建立洋货行招商承充和分别住行货税，颁发《分别住行货税》布告。② 从这个布告发布的时间和内容来看，在清政府设立粤海关之后的第二年，便正式设立了洋货行，专门从事进出口贸易。而此时便开始正式招纳承商，行商由此也成为官设行商，具有半官半商的性质。彭泽益先生在《清代广东洋行制度的起源》一文通过分析此文告，更加有力地证明了洋行制度早在粤海关设立第二年便开始建立了。

五是裴化行著、萧浚华译的《天主教十六世纪在华传教志》于1936年由上海商务印书馆出版。裴化行，法国人，耶稣会士，生于1897年，于20世纪20年代末来中国传教，精通汉语，在神学、宗教史、远东和中国传教史、中国哲学和传统，以及与教育有关的文学艺术和科学方面，有精湛的研究。本书中有一段关于明嘉靖年间"（中葡之间）商业的利源，是被原籍属于广州、徽州、泉州三处的十三家商号垄断着。他们不顾民众的反对，一味致力于发展外人的势力"的文字，文字提出十三行始于明嘉靖年间，且与"十三家商号"有关，但却没有提到任何依据，很有可能是作者本人的推测，因此有学者认为这本书不能作为信史来看待。

六是清代印光任、张汝霖《澳门纪略》的记载："国朝康熙二十四年，设粤海关监督。……岁以二十柁为率，至则劳以牛酒，牙行主之，命曰十三行，皆为重楼崇台。舶长曰大班，次曰二班，得居停十三行，余悉守舶，即明于驿（按即怀远驿）旁建屋一百二十间以居蕃人之遗制也。"《澳门纪略》是第一部澳门地方志。澳门是十三行贸易时期外国商船来华的第一站。因此十三行研究中很重要的一部分是澳门。这里记述十三行是设立于粤海关成立之后，由牙行演变而命名为十三行。这段文献中描述十三行"皆为重楼崇台"，可见此时十三行区域已兴建了不少建筑。《澳门纪略》成书于清乾隆十六年（1751）。作者印光任和张汝霖，生活在康熙乾隆年间，先后出任过澳门同知。乾隆九年（1744），清政府为加强对澳门的主权管理和海防防务，在香山县前山寨设"澳门海防军民同知"（简称"澳门同知"），印光任成为首任澳门同知。张汝霖，安徽宣城人，乾隆十三年（1748）出

---

① 彭泽益：《广州十三行续探》，《历史研究》1986年第4期。
② 李士桢：《分别住行货税》，《抚粤政略》卷6《文告》：第55页。

任澳门同知。印光任、张汝霖在任澳门同知期间，行使主权管理颇有建树，政绩突出，而且他们对澳门地方历史都非常关注。该书曾收入《四库全书》。彭泽益先生在《广州十三行续探》中认为，此书成书比《粤海关志》早90多年，且距洋货行即十三行初建时不过40多年，记事多得自亲历见闻，故较为翔实可信。此外，彭氏还在《清代广东洋行制度的起源》中考证得出十三行之名是广州专营对外贸易的洋货行的另一俗称，创始于康熙二十五年四月。

二　清宫档案关于十三行的记载

中国第一历史档案馆编《清宫广州十三行档案精选》①里，《两广总督邓廷桢关于恢复广州十三行保商制度的奏折》（1837年8月29日）以及道光十七年九月初一日（1837年9月30日）《道光帝关于恢复十三行旧例的上谕》，均提到与十三行有关的重要内容，尤其是将行商数限制在13家以内的规定。地方志文献以及清宫档案也是比较可信的研究依据，只是相关的内容比较少，因此并未得到太多的关注。现首先将两份材料全文抄录并作分析如下。

两广总督邓廷桢关于恢复广州十三行保商制度的奏折

道光十七年七月二十九日（1837年8月29日）［军机处录副奏折］

两广总督臣邓廷桢、粤海关监督臣文祥跪奏，为洋商已敷办公，请复承商旧例，用昭限制而祛流弊，恭折奏祈圣鉴事。

窃照粤东港口准予外夷通商，全在行商经理得人，方克仰副怀柔，俾梯航薄沾乐利，而杜私裕课均攸赖之于榷务，所关匪细。从前洋行共有十三家，因日久玩生，各商内即有以亏饷逋债治罪者，曾于嘉庆十八年经前监督德庆奏请设立总商，综理行务，并嗣后选承新商，责令总散各商联名保结。等因。钦奉上谕：据德庆奏查办关务情形一折，粤东洋商承保税饷，向来仅凭一二商人保承准充，旋因亏者疲乏，拖欠逋逃，弊窦丛滋。着照该监督所请，准于各行商中择身家殷实、居

---

① 中国第一历史档案馆、广州市荔湾区人民政府合编《清宫广州十三行档案精选》，广东经济出版社，2002，第226~227页。

心诚笃者选派一二人，令其总办洋行事务，率领众商公平整顿。其所选总商，先行报部存案，遇有选充新商时，即责令通关总散各商，公同联名保结，专案咨部。如有黜退，报明注销，并于每年满关日，将商名通行造册送部，以备稽考。该部知道。钦此。迨至道光九年，各洋行陆续闭歇，仅存怡和等七行，不敷经理。前监督延隆以招商不前，恐责令保结之总商意存推诿，又经议立变通章程，奏奉上谕：延隆奏请变通招募新商章程一折。粤省开设洋行，向来止凭一二商保结，即准承充。自嘉庆年间奏准设立总商经理，其选充新商，责令总散各商联名保结，该总商等往往意存推诿，以致新商惮于成例，不便着充。数年以来，夷船日多，行户日少，照料难周，易滋弊窦，自应量为变通。着照所请，嗣后如有身家殷实呈请充商者，该监督察访得实，准其暂行试办一二年，果能贸易公平，夷商信服，交纳饷项不致亏短，即照旧例一二商取保着充。其总散各商联名保结之例，着即停止。钦此。钦遵在案。自是此后，缺商随时招补，至今已复十三行旧观，照料无虞不足，而新充之仁和行商潘文海试办已届七年，屡催未据出结咨部，又孚泰行商易元昌、东昌行商罗福泰暨新充尚未列册达部之安昌行商容有光，试办或届二年，或逾一年不等。臣现已勒限一月，饬令赶紧遵照新例，出具一二商切实保结，咨部着充，以专责成。如逾限无商保结，即行咨销其名，仍查明试办有无经年未完，分别严追究办。

　　惟是制有端费，因时立法，尤致经久。现行延隆奏准新例，臣等公同悉心确核，有宜于昔不宜于今者，有弊生于法终于扞格难行者。盖粤省洋行十三家由来已久，每值船多税旺，从无承办不周之虞。延隆前因各行闭歇将半，是以权宜变通，听殷户自请充商，察访得实，即准其试办。其作何限制，并未议及。小民趋利乘便，设逐渐增多，伊于胡底？且商众则流品多杂，稽查难周。十余年来，纹银出洋、鸦片流毒以及走私漏税诸弊丛生，固由外匪因缘为奸，亦难保非裹从内出。即如本年三月拿获走私匪犯梁亚奇等案内，起有洋商罗福泰与逸匪郑永屏书信，因牵涉肇庆水师营守备罗晓风干预该商挂牌情事，经臣邓廷桢据实奏参，奉旨将罗晓风革职解回，提并审办。现在案虽未定，而该商资本不丰，交通匪类已可概见。当此查办吃紧之时，若不亟截其流，诚恐弊将滋甚。又试办一层，本为择商要术，无如人心叵测，安知其不于试办一二年内巧作弥缝，以求遂其承商觊法之计。迨至限满取结，厄漏已形，执法以从，公竟何补？是试办毫无足恃，亦有断然而无终者。至德庆奏准旧例，保商必通行出结，曹好曹恶一本大公，何等郑重。新例则虑其或涉推诿，改议一二商具保，递准承充，不知推诿致有延迟，其误尚小。若此一二商者，使非其亲昵，即事出贿通，驯至覆𬷕偾辕，为言乃大。况向办商欠之案，抄产不敷备抵，统派众商摊赔，今已援为成例，无论保商与否，不容稍事诿延。然与其所赔非所保之人输资，类难甘服，何如所赔即所保之人，滥充各生戒心之为愈也。臣等愚昧之见，窃以洋商既已招补无缺，足敷办公，即当明立限制。应请嗣后十三洋商遇有歇业或缘事黜退者，方准随时招补，此外不得无故添设一商，亦不必限年试办，徒致有名无实。其承商之时，仍请复归联保旧例，责令通关总散各商，公同慎选殷实公正之人，联名保结，专案咨部着充，毋许略存推诿之私，以绝其垄断之念。余俱循照旧例，一律妥为办理。如此立定限制，庶几简而不滥，充商者必挟重赀，责有攸归，保充者务求核实，于以裕饷课而杜朋奸，似亦不无小补矣。

臣等为整饬关务起见，是否有当，谨合词恭折具奏，伏乞皇上圣鉴训示。谨奏。

道光十七年九月初一日奉朱批。钦此。七月二十九日

这份奏折是由两广总督臣邓廷桢、粤海关监督文祥共同提交给道光皇帝的。可见从十三行在粤海关设立初各项制度由总督和监督共同设立直至道光年间并没有改变。嘉庆十八年（1813），由粤海关监督德庆奏设十三行总商。总商负责洋行事务，率领众商公平整顿。而且总商要报给朝廷备案，以后推选行商或行商黜退都要报朝廷登记备案。清政府对总商及承充行商的管理更加严格。但是到了道光九年，各洋行陆续倒闭歇业，仅存怡和等七行，因此又恢复到由一二行商担保即可选承新商，并且缺商随时招补，放宽了对承充行商的管理。

道光十五年（1835），邓廷桢任两广总督，鸦片早已由药材变为以走私买卖为主要形式的毒品，大量非法输入中国，造成国内烟毒泛滥，白银外流，严重危害着国计民生。他在奏折中还指出，出现了洋商与外国人勾结的情况，形势很严峻。因此，邓廷桢要求皇帝重新恢复由行商联保的旧例，

他在奏折中还数次提道："从前洋行共有十三家"；"粤省开设洋行，向来止凭一二商保结，即准承充"；"盖粤省洋行十三家由来已久"，明确提出对选充行商及数量要立定限制，只设 13 家行商，只有其中的行商遇到歇业或黜退，才可招补新的行商。仔细分析内容不难发现，十三行保商制度也由来已久。邓廷桢还在此份奏折中提道，"外夷通商，全在行商经理得人"，可见行商在清政府以商制夷的政策中发挥重要作用，具有官商的身份，因此清政府对行商的管理非常重视。

文祥，曾任粤海关监督。道光十七年倡议纂修关志，尝聘请学海堂学长曾钊主持其事。但由于时间较短，未能成书，但已为该志之编纂奠立了一定基础。

紧接着道光皇帝批准了这次奏请，见道光十七年九月初一日《道光帝关于恢复十三行旧例的上谕》（1837 年 9 月 30 日）：

> 粤东洋商自嘉庆年间设立总商经理，其选充新商责令总散各商联名保结，后因夷船日多，行户日少，照料难周易滋弊。实是以量为变通，准以散户自请充商暂行试办，停止联名保结之例。兹据该督等查明，现在招补抽缺商已复旧额，足敷办公，自应仍复旧例以示限制。嗣后该商遇有歇业或缘事黜退者方准随时招补。此外不得无故添设一商，尔不必限年试办以归核实其承商之时，责令通关总散各商公同慎选殷实公正之人，联名保结，专案咨部着充，并着该督等随时查察，毋许该总商等仍蹈从前推诿垄断恶习。俾保充者务求核实而走私漏税诸弊亦责有攸归以裕课饷而杜奸私，该部知道，钦此。

这道上谕表明，道光年间，清政府恢复在总商设立之前的旧例，对行商的数量必须控制，明确将行商的数量控制在 13 家，"不得无故添设一商"，只有行商歇业或者黜退才可以招补。

三　十三行名称的含义分析

一是文献记载中的十三行名称。首先从源头说起，以清宫档案为例来看，清康熙二十三年（1684），清政府设立粤海关作为海外贸易管理机构。康熙二十四年（1685），设粤海关监督一员。康熙二十五年（1686），广东巡抚李士桢颁布《分别住行货税》，"今公议设立金丝行、洋货行两项货店……其外洋贩来货物，及出海贸易货物，分为行税，报单皆投洋货行，候出海时，洋商自赴关纳税"。① 这篇公告正式把当时参加贸易的商行分为"金丝行"和"洋货行"两大类，"洋货行"专门负责外洋及出海贸易货物，应是"十三行"的正式名称。但"洋货行"并非官方机构，因此清宫档案及地方志文献中的记载名称都不一致。

《广东新语》是最早提及"十三行"之名的文献，据研究在康熙二十六年（1687）以前就已流行于世了，说明这时"十三行"的名称已经出现了，差不多在"洋货行"设立之后不久。

乾隆二十二年（1757）六月二十二日，浙江巡抚杨廷璋关于增加税收后英商船仍到浙贸易的奏折中称："粤省海关向为外番贸易市舶，设有监督、稽查周密，十三洋行世业克牙番情熟谙，交易颇属相宜，浙省既非市舶宁波地亦狭隘，并无殷实牙行惟思勾串渔利，防范稍疏难免滋事"②，这里的称呼为"十三洋行"。

据《粤海关志》记载，乾隆二十五年，洋商立"公行"，专办夷船货税，谓之"外洋行"。③ 这里的称呼为"外洋行"。

以地方志文献为例来看，清代中后期后提到"十三行"名称的较多，如道光《广东通志》关于十三行的记载，"谨案康熙二十四年开南洋之禁，番舶来粤者岁以二十余舵为率，至则劳以牛酒牙行主之，所为十三行也，皆起重楼台榭为番人居停之所"④，及光绪《香山县志》"夷人住省竟不回澳即在十三行列屋而居，危楼相望"，这里出现的"十三行"之名，已经有代表区域的概念了。同样是道光《广东通志》⑤云："自明季听其居于濠镜，无来去期限，每年租银五百两归香山县征收，不与十三行交接，自与香山县牙行互市"⑥，这里的"十三行"明显是指行商。

---

① 彭泽益：《清代广东洋行制度的起源》，《历史研究》1957年第1期。
② 中国第一历史档案馆、广州市荔湾区人民政府合编《清宫广州十三行档案精选》，广东经济出版社，2002，第103页。
③ 梁廷枏著、袁钟仁校《粤海关志》，广东人民出版社，2014年7月第2版，第496页。
④ 道光《广东通志》卷一百八十卷终，《续修四库全书》，上海古籍出版社，2003，第五〇页。
⑤ 光绪《香山县志》卷八，《续修四库全书 史部 地理类》，上海古籍出版社，2003，第一七八页。
⑥ 道光《广东通志》卷一百八十终，《续修四库全书 史部 地理类》，上海古籍出版社，2003，第五〇页。

综合以上文献分析，可大致理清十三行之名出现的时间顺序和各种不同的称呼，最早为"洋货行"，后又出现"外洋行""十三洋行"这样的称呼，但都与它的功能及性质并无关联，并未提及"十三"从何而来。

二是"十三行"中"十三"及"行"的由来。梁嘉彬在《广东十三行考》中提道："行商原为承保税饷而设。税饷有定额，故行商亦有定额。"①《两广总督邓廷桢关于恢复广州十三行保商制度的奏折》和道光皇帝的上谕也佐证了梁嘉彬先生的这种说法。广州十三家洋行由来已久的说法，并非指实际的行商数，而是指额设行商数量为 13 家这种制度。并且清政府严格控制"官充行商"数量，必须要身家殷实，可以承办中西贸易事务，由此不难推断出，清政府最初设立外洋行时，对承商的数量有限制，就是 13 家。因此，由以上材料分析得出，"十三行"之"十三"便是来源于此，而中国商业史上历来习惯用"行"字来形容各种行业，如三十六行、七十二行，甚至有三百六十行的虚指说法，那专门处理对西洋商贸的外洋行被称为"十三行"，便在情理之中了。

三是十三行的数量问题。"十三行"名称出现较早，其含义确实与后来文献记载的实际行商数没有太大关系。这是由于贸易形势的变化，清政府对行商的选充及管理也时紧时松，行商数量一直在变化，并未一直是 13 家，据不完全统计，最少时只有 4 家，最多时有 26 家。其中在 1813 年公行成立以及 1837 邓廷桢恢复承商旧例时，行商数都是 13 家，见历年广东洋行开业家数统计（表1）。所以一直以来对十三行名称的解读都认为与实际行商数量无关。

表 1　清代广东洋行制度的起源历年广东洋行数量统计

单位：家

年代	数量	年代	数量	年代	数量
1720	16	1791	6	1822	11
1727	16（17）	1792	12	1823	11
1729~1732	19	1794	10	1824	6（10）
1751	20	1795	10	1827	9
1757	26	1796	10	1828	7
1760	10（9）	1800	8	1829	7

---

① 梁嘉彬：《广东十三行考》，广东人民出版社，2009，第 315 页。

续表

年代	数量	年代	数量	年代	数量
1765	10	1801	8	1830	10
1775	8	1807	12	1835	10
1779	8	1808	11	1836	11
1781	4	1810	10	1837	13
1782	9	1811	10	1838	11
1786	7（20）	1813	13	1839	10
1790	5	1815	10	总计	404（421）

资料来源：据《广东十三行考》、《清代广东洋行制度的起源》。

综上，十三行之名，尤其是"十三"的由来，主要是由于清政府在设立外洋行时，额设了行商数量，且限定数量为13家而得名。而随着十三行对外贸易的兴盛，随之兴建的各国商馆区和街道也逐渐繁华兴旺起来，成为举世瞩目的"一口通商"区域，"十三行"的含义在不断地演变，从最初代表外洋行和行商，又逐渐代表商馆区、街道等，具有多重含义，甚至成为清代广州的城市坐标，在世界贸易史和中西文化交流史上都占有举足轻重的地位。

十三行名渊源新考

谭元亨*

中国传统文化中强调，名不正，则言不顺，此语出自《论语·子路》，乃孔子的格言，同篇中亦强调名分若用词不当，务必纠正之："子路曰：'卫君待子而为政，子将奚先？'子曰：'必也正名乎'。"正名，就得"循名责实"，被视为改革家的宋代名相王安石，也强调："询事考言，循名责实"，此语出自其《乞退表》中。同时代的诗人苏辙在《河南府进士策问三首》中，亦指出"习其名而来稽其实"，乃不可，一如其兄、大诗人苏轼《答毛滂书》所称："世间唯名实不可欺。"

这一观念，出自中国思想文化的源头先秦，庄子在《逍遥游》中就认为："名者，实之宾也。"墨子也在《经说上》中说："所以谓，名也；所谓，实也，名实耦，合也。"

名实相符，也便正名了。这里有深刻的思想，故自古以来，名实之辨，则是历代哲学家们所用功的地方，其间有众多的思想闪光。

正是这样的传统，几百年来，无论是史学家，还是经济学者，对"十三行"的来源，"十三行"的得名，写了不少文章，争论不休，至今，可以说，尚未有定论。而做一部十三行史，如果连名称也解释不清，也就"名不正，则言不顺"了。本文试图从十三行之名的解释，循名责实，探求十三行的历史来源，作一个科学、合理的阐释，来一个"正名"。

---

* 谭元亨，华南理工大学教授。

一

对"十三"的解释，几百年来，可能有上十种之多，各自引经据典，力排众议，以确定自身的认证无可非议。参与争论者，无疑有著名的大学者、史学家，也有刚刚崭露头角的新锐。论文林林总总，公说公有理，婆说婆有理，莫衷一是。为此，梳理一下这些论辩，尽可能归纳出相近的结论，方可找出历史的真相来。

根据所掌握的论文——这也许还有相当的遗漏，我们大致可分出几种。最主要的一种观点认为，"十三行"是一个地名。其依据不仅仅是广州西关当今还有一条"十行路"，而且找到了可以考证的史料，在李国荣、林伟森主编的《清代广州十三行纪略》一书中，第一章"开海贸易"的注4，用非常肯定的口吻称：

> 十三行是地名。此名明朝便有，但不是因有十三家洋行而得名。据《广东新语》一书，"货语"461条"赎货篇"载：广东琼州府领十三州县，各种推销货物集中于此地，又称十三行货，所以人们将此地称之为"十三行"。在清代，对外贸易的机构往往称为"洋行"，而在"十三行"一带开展对外贸易最多，于是人们将十三行"地名"与"洋行"混在一起，称之为"十三洋行"。其实十三行与洋行多少并无关系，洋行时多时少，最多时有几十家，有时刚好十三家，最少时只有几家，所以说，"十三行"只是地名。当时的十三行地区，在广州西城门外，即北到今天的十三行路，南至今天的西堤马路一带。①

当年的外国学者也这么认为。《广东十三行考》的作者梁嘉彬，在1981年为《中华百科全书》写的"十三行"词条中，引述道：

> 当葡萄牙人入居澳门之前，已有海道副使汪柏立"客纳"、"客纪"准备与葡人交易，以广人及徽、泉等商为之的纪录，盖因输出货大宗货为茶、丝、绢布、瓷器、漆器之故，不得不以徽州、泉州及广州商

---

① 李国荣、林伟森主编《清代广州十三行纪略》，广东人民出版社，2006，第21页。

人分别经纪其事，当时中国对外贸易已有集中于广州为输出入总口之势。近查萧濬华译《天主教十六世纪在华传教志》……可以看出当时已有十三家商号（行）在广州垄断贸易，葡人在嘉靖三十六年（1557年）入居澳门之前，已经和广州当局及商号有广泛的接触了。这些商号便是后来为世所熟悉的"广州（广东）十三行"。①

这更进一步确定商号有十三家，故所在地为十三行。

上述两部著作均出自史学权威之手，梁嘉彬已为众所熟悉，乃著名历史学家，广东十三行天宝行第六代梁经国的传人，1937年出版《广东十三行考》时，年仅27岁。李国荣为中国第一历史档案馆编辑部主任，林伟森为十三行所在地荔湾区档案局局长。而这一主张，更登载在诸如"百科全书"、历史"纪略"这样颇具典籍意义的书本上，可以说，是占了上风，为众多学者、专家认同。

作为地域名出现的，甚至在古代作品上。如著名诗人、顺德罗天尺，在其《冬夜珠江舟中观火烧十三行》一诗中，其序称："十三行在羊城太平门外，夷商贸易处也。洋货山积，中勾番楼，备极华丽。"这是乾隆八年（1743）的事，及至乾隆十五年（1750），香山张甄陶，在其著《论澳门形势状》中更有："近日宿冬，夷人住省竟不回澳，即在十三行列屋而居，危楼相望，明树番旗，十字飘扬。"② 这是中国人的记载。

外商也有类似的记载。瑞典教士彼得·奥斯贝克于乾隆十六年（1751）乘该国"查尔斯王子号"抵广州，在其日后所著的《中国和东印度公司旅行记》中，专门提及十三行：

> 商馆是对一批建在河岸边和河桩上的房子的统称，是欧洲商船在此停留时，中国商人出租给他们的……商馆楼只有两层楼高，但非常长，一头伸延到河边，另一头对着的是十三行街。十三行大街上有商铺，还有工匠，漆匠和做珠母的。③

---

① 《中华百科全书》第一册，台北，1981，第38~39页。
② 转引自梁廷枏、袁钟仁校注《粤海关志》，广东人民出版社，2002，第540页。
③ 彼得·奥斯贝克：《中国和东印度公司旅行记》，倪文君译，广西师范大学出版社，2006，第80~84页。

法国东印度公司的贡斯当，著有《中国 18 世纪广州对外贸易回忆录》中称：

> 欧洲产商行因其挂在高杆上的旗帜而与众不同……建筑，这些商行的地方叫做十三行，该街就被称之为"十三行街"。①

类似这些写法的还有很多，中外皆有，这里也就不一一列举了。

二

还有一种说法，也为不少人接受：十三行乃商馆之名。这便是视"十三"为实数，认为十三行因十三家商行而得名。而这也是有演变过程的，似乎也有道理，并且为后来不少学者所接受。

斐化行著的《天主教十六世纪在华传教志》上，是这么具体记载的：明嘉靖年间"商业的利源，是被原籍属于广州、徽州、泉州三处的十三家商号垄断着"。有人认为，十三行是由三十六行转化而来。吴仁安于《明代广东三十六行初探》一文里，在探讨明代海外贸易的变化时，对明万历年间（1573~1620）周玄暐著的《泾林续记》的一段话加以分析，这段话是"广属香山为海舶出入禁喉，每一舶至，常持万金，并海外珍异诸物，多有至数万者，先报本县，申达藩司，令舶提举同县官盘验，各有长例。而额外隐漏，所得不赀，其报官纳税者，不过十之二、三而已。继而三十六行领银，提举悉十而取一，盖安坐而得，无落书刑杖之劳"。据此，吴认为，明万历年间出现的三十六行，是由官牙转化来的承揽外贸的商业团体，而三十六行之名，"只不过是明代对'各行各业'的一种习俗的称谓"，是就其成数而言，由于行商数目长期"在十三家左右"，所以，"明末时期人们干脆把它称为'十三行'了"。②

其实，上述文字仅属推理，但"十三行商馆""十三行夷馆"种种说法亦纷纷见诸文字，如说某个时段，刚巧就有十三家行商，有名有姓有行号；也有列出十三个夷馆，大致也有国名什么的。一般认为，最早见诸文字的，

---

① 耿昇：《贡斯当与中国 18 世纪广州对外贸易回忆录》，《暨南史学》第二辑，2003，第 368~373 页。
② 吴仁安：《明代广东三十六行初探》，《学术研究》1982 年第 2 期。

则是在明末清初的岭南学者屈大均的《广东新语》中,尤其是其竹枝词里"洋钱堆满十三行",而这却写在康熙开海的 1684 年之前近 20 年,那时,并无十三家行商,更无十三夷馆,而屈大均是在经澳门去投奔抗清队伍,这十三行与十字门同在一首诗中,是宏观的描述,还是泛指什么?

这就带出了第三种说法。这便是,十三行是一种制度,一种外贸机制的代名词。

康熙开海之际,当是广东巡抚李士桢,两广总督吴兴祚,粤曲海关监督宜尔格图,发布了《分别住行货税》文告,规定国内贸易为"住"税,赴税课司纳税;对外贸易作为"行"税,赴海关纳税。因其将国内贸易称之为"金丝行",对外贸易则为"洋货行"——也就是十三行,故有"立十三行"之议。

既然行为外贸之税,十三行乃洋货行,可是在设立海关之前,屈大均诗中已有十三行,且在 20 年前了,又何以此时称"立十三行",那么,此外之"立"又是何意?显然,屈大均诗中的十三行是已存在的商行,那么,吴兴祚要立的十三行,其意义则不在指具体商行,亦有人认为,因为"开海"前,做外贸的商行不多,其义是要扩展到十三家,这未免就有点牵强了。

进而再议"沿明之习,命曰十三行"——这是梁廷枏的《粤海关志》的"行商"一卷中说的,前边是"国朝设关之初,番舶入市者仅二十余柁。至则劳以牛酒,令牙行主之"。外商来了,"得居停十三行,余悉守舶,仍明代怀远驿旁建屋居番人制也"。认真解读,当应理解这是设立一种外贸的制度,包括劳以牛酒,牙行主之,令外商居停十三行——这是明代沿袭下来的,在怀远驿建屋居番人制也。

在理解吴兴祚之《吴留村条》中:"郑氏既降,公又奏通商舶,立十三行,诸番商贾,粤东赖以丰庶"一语,其"立"字,当已不是屈大均诗中所指的所谓商馆的十三行,而有另一层意义了。

梁嘉彬是这么解读的:"十三行原为官设牙行(简称官行),其后权力逐渐扩充,乃成包办洋务(贸易与交涉)之团体(初称洋货行,后简称洋行)。"[①] 这无疑是一种制度性的,其功能特指的洋务团体。

这种解读,与指称地域之名,商馆之名相比,当更迫近了历史的真相。所以历史学家吴晗认为,十三行是早期欧洲人东来阶段广州商人中"一个

---

① 梁嘉彬:《广东十三行考》,广东人民出版社,2009,第 307 页。

新兴的商业资本集团"。① 这更扩大了十三行的内涵，进至金融资本的层面上。但这并未穷尽十三行的历史含义。尤其是"沿明之习"的理解，习是指这一集团制度的沿袭，还是一种传统，一种习俗或惯例。

我们终于进入到一个更深的层次。

三

这得追溯到"十三行"一词的来源。显而易见，从海南三十六行转化为十三行，有点强人就案，缺乏证据，推理也不充分，有点虚。毕竟，中国传统称的诸如"三十六行，行行出状元"，或者"三十六计""一百零八座次"等等，都是有特指的。而十三行仅指商馆、夷馆，同样牵强附会。至于是否特指的地域，我们重读屈大均的《广东新语》中"货语"的原文，却未必可作出前边《纪略》的现代文字的"翻译"。不妨一读：

> 东粤之货，其出于九郡者，曰广货，出于琼州者，曰琼货，亦曰十三行货。出于西南诸番，即来自欧洲等地的。

而这个"货"不等于行。那么，沿明之习，当怎么往前追溯。众所周知，在郑和下西洋之后，明朝实行了相当严厉的海禁。所以，葡萄牙人"租借"澳门之前，一直在福建、浙江沿海一带往复辗转，寻找落脚之处，传教、经商……直到1550年前后，才被赶回到浪白滘。这点，已在前边详述了。也就是说，广州十三行于1557年形成之前，葡萄牙人已经在闽浙有了自己的商贸基地。

我们从李远江的文章《海盗末路：开禁的徘徊与错失》中读到，几乎与广州对外贸易合法化的同时，迫于沿海走私贸易泛滥的压力，明代皇帝于1560年间，便下令有限地开放走私贸易中心——月港。这是月港之名首次出现在本文中。

月港，位于福建漳州南部内河，但沿河仅十来里，便是后来人们熟知的厦门岛了。也就是说，在广州对西方贸易合法化之际，早已是走私贸易中心的月港，也被"正名"了。当然，这仅是"于通之之中，寓禁之之

---

① 梁嘉彬：《广东十三行考》，广东人民出版社，2009，第407页。

法",并没改朝廷防范之初衷,李远江文中称:"月港的开放很快就带给明朝丰厚的回报,到1576年,月港的关税收入已超过万两白银,1594年则达到2.9万多两白银,一度被视为'天子南库'。"①

图 1 月港

那么,月港是何时成为对外走私贸易的中心了呢?

有关典籍介绍:月港,位于龙海市海澄镇,在漳州市东南25公里,龙海市区(石码)东南2公里处,地处九龙江下游,江海汇合,江面开阔,外通海潮,内接山涧,从海澄港口起,沿南港顺流往东,经厦门岛出海,"其一水中堑,环绕如偃月",故名"月港"。

海澄月港是明中后期,我国东南沿海的主要贸易港,是东南沿海与东西洋的贸易中心和交通中心,在世界对外贸易史和交通史上,都占有一定的地位。月港在明宣德年间(1426~1435),悄然而起。从正统、景泰年间(1436~1456),就"民多帆转,宝贿填舟,家家赛神,钟鼓响答……"沿海部分官员"不遵成宪",默许民间私商贩海。民间私商,开始在东南地区一带,突破"海禁",私造巨舰,岁出诸番贸易。我国土特产丝绸、棉布、瓷器、铁器、糖、果品、纸张等大量商品,实贩四方"以舶主上中之产,转盼逢辰,容致巨万"。成化—弘治年间(1465~1505),月港"人烟辐辏,商贾咸集"(《海澄县志》)。成为闽南大都会,有"小苏杭"之称。月港私人外贸海商,空前发展,"万商云集,中外驰声"。成为我国对外贸易第一大港。《漳平县志》亦有:"以东南溪河又月港回溯而来,曰有番货,则历华口诸隘,以达建延,率皆奸人要射,滋为乱耳。"② 由月港海商与海外商

---

① 唐建光主编《大航海时代》,金城出版社,2011,第92页。
② 曾汝檀:(嘉靖)《漳平县志》卷九,《武备志》,漳平图书馆1985年重刊本,第4页。

人，输出东南亚、日本、琉球各国和地区。海外贸易，大大超过福州港和广州港，外商商船很多，联翩而至，葡萄牙商船舶港，就有13艘之多，嘉靖三十年（1551）在月港设立靖海馆。嘉靖四十五年（1566），置海澄县。隆庆元年（1567），取消海禁，准许福建商人经营东西洋外贸易，成为合法外贸港口。外贸发展的高峰，盛况空前，"四方异客，皆集月港"。那时的月港，贾肆星列，居民数万家，俨然东南一大都会。到了嘉靖二十年（1541），在月港居留的葡萄牙人已达500余人。

随着月港商船穿梭外洋，漳州地区进入了资本主义的萌芽阶段。月港繁荣时，来自天南地北的上百种商品，包括海外的香料、珠宝、皮货、矿产，源源不断地运抵港口，等待聚散。十三行汇集着各国商人，通事和牙商，成为最忙碌的一群人，"番银"被视作当地硬通货……

万历后期至天启（17世纪初）年间，转入衰落，公元15、16世纪，西方资本主义逐渐形成。欧洲人继开拓陆路"丝绸之路"后，沿海商人就串通联结，反对海禁，要求"通番互市"。2008年，英国牛津大学鲍德林图书馆在清理馆藏时，意外发现了一幅古老的中国航海图，这幅绘制于16世纪末到17世纪初的中国明代绢本彩绘地图，大约在1654年被在英国议会负责海外贸易事务的律师约翰·雪尔登（John Selden）从英国东印度公司收购，5年后，由他捐赠给鲍德林图书馆。中国学者在经过研究后，确认它的成图时间应为明万历年间，即月港开市迎来海外贸易鼎盛的那个时期，将这幅地图命名为《明东西洋航海图》。

《明东西洋航海图》长158厘米、宽96厘米，绘制地域北起西伯利亚，南至印尼爪哇岛和马鲁古群岛，东达北部的日本群岛和南部的菲律宾群岛，西抵缅甸和南印度。图中标识22条航线，最远处到达忽鲁谟斯，即今天波斯湾霍尔木兹岛；阿丹，即今天红海口亚丁；法儿国，即今天阿拉伯半岛东南岸阿曼的佐法儿。这些航线的始发地，都是漳州月港。至今，月港古街还有商行几十家，如豆饼行、米行、药材行等。月港所在的海澄镇里，还保留了一些旧地名，如铸鼎巷、鱼市、十三行等。

上边引述的文字，似乎都在不经意间提到了"十三行"这样的字眼。显然，月港比1557年广州在海珠石上"准贩东西洋"进行"走私贸易"，要早上100多年，即明宣德年间（1426～1435）开始，那么，"十三行"一语，当在月港时已经有了。

十三行首富潘家，最早也是在月港打拼的。过去，没有人在意这一点，包括福建一方的学者也没过多地关注——当然有他们的原因。直到 2015 年底的月港研讨会，及 2016 年月港所在的海澄镇"旧城改造"，专家呼吁保护月港的古迹，这才逐渐为人所知。

记者在采访福州大学《闽商发展论》主编苏文菁教授时，苏文菁表示，在明清海禁时期，月港是个了不起的港口，它曾是中国唯一一个允许对外贸易的"特区"。明代以前，中国以铜钱为货币，从明代中叶开始一直到 1943 年，中国的货币则以白银为主，而月港就是一个重要的白银贸易港，也是中外商品交换的重要港口。从漳州月港出发，途经菲律宾的马尼拉，跨过整个太平洋到达美洲，这一条著名的"海上丝绸之路"，让中国在传统的东洋、南洋、西洋航线上，增加了跨越太平洋的航路，让中国海商与欧洲人一同编织影响至今的全球化网络。众所周知，正是明代，中国货币才转为银本位。她的说法是有依据的。

于是，笔者向她询问为何月港也有十三行？她的回答则是，这是闽南人的习惯或传统的说法了，凡是经营海货，即进行对外贸易的，皆称之为十三行，所以，月港作为对外贸易港口，有十三行就不足为怪了。如同我们传统称杏坛、梨园一样，大家都知道指的什么。我追问道，这么说，月

图 2　泉州古桥

港叫十三行的时间，比广州十三行还早，这种称谓是早已有之。她认为，广州十三行，刚开始就是以闽商为主，大抵也是从月港、泉州过去的。泉州早衰落，月港既兴，也几起几落，闽商也向外寻找商机。

于是，他们也就把"十三行"的名字带到了广州。我们现在还未能考证，月港之前，泉州在衰落之际，是否也曾有过十三行这一称谓？

四

重读古人的典籍："我穆庙时除贩夷之律，于是五方之贾，熙熙水国，刳舻艨，分市东西路。其捆载珍奇，故异物不足叙，而所贸金钱，岁无虑数十万，公私并赖，其殆天子之南库也。"[1] "富商巨贾，捐亿万，驾艨艟，植参天之高桅，悬迷日之达蓬，约千寻之修缆，筑天后之崇宫，建旗鼓之行列，启八窗之玲珑；乃涓吉日，祀阳侯，鸣金鼓，发棹歌，经通浦，历长洲……外域既至，相埠弯舟，重译入国，金弊通酋，期日互市，定侩交售……持筹握算，其利十倍，出不盈箧，归必捆载。"[2] 这似乎是写的后来广州十三行的盛况。

当然不是。

然而，我们相信，早先月港的"职能"，是与广州十三行一脉相承的，而作为闽南人的传统称呼"十三行"，也是自月港至广州承袭而来的。

来自月港所在的龙海市海丝文化研究会会长江智猛，在其论文《广州十三行潘氏同文行贸易特点与月港关系》中写道，在明朝中期，月港已有"洋市"。月港的七个街市散布数万商家，他们分别经营珠宝行、棉布行、瓷器行、丝绸行、箍（豆饼）行、铸鼎行、糖行、丝线行、鱼行、纸行、茶行、造船行等十三种行业，至今仍留有十三行地点。万历年间，杭州人口不过40万，小小月港竟汇集了20多万人口，留居月港的葡萄牙商人就多达500余人。停泊在月港水面的外国船只五颜六色，形态各异，有昆仑船、新罗船、百济船、大食船、波斯船、狮子船、婆罗门船、番船、蛮船、西域船等，简直是世界船只博览会。[3]

---

[1] 张燮：《东西洋考》（周起元序），中华书局，1981，第17页。
[2] 郑怀魁：《海赋》，见《古今图书集成》（职方典）卷1106。
[3] 江智猛：《广州十三行潘氏同文行贸易特点与月港关系》，引自中国海交史研究会、广州市社科联论文集《广州十三行与海上丝绸之路》，第251页。

这里讲的"十三行",是指的行业,且列出了十三个行业,自是一个出处。也可以这么理解,久而久之,此名带到了广州,也就约定俗成,成为专指与西洋贸易的商行了,而数字十三则不是特定要求的,后来,在清廷的奏、谕中,也曾因商行太少,仅4~6个,专门要求补充6~7个,达到"十三"之数,那是一种简单的理解,而事实上,当时也没到这个数,纵观十三行300年,真正有十三行行商记载的,也很少,多时还达到过二十四个呢。

它是专称一个行业,一种职能,即对外贸易特有的机制与行当。其意义,则超过地域名、商馆名、资本集团之名以及制度名,而是历史之名,传统的延续。只有这样理解,我们方可解释得通"沿明之习,命曰十三行"。也就是依明代的习俗、规矩,把广州这一特许的对外行业,命名为十三行。同样,也才可以理解"立十三行"之"立"的意义,包括恢复曾经在明代有过的行业、制度。

正因为闽南人对"十三行"一词习以为常了,所以,他们对这一称谓才不大关注。而在广东,却打了那么多的笔墨官司,不知十三行如何起源,又如何得名,其意义又在哪里,这样理解,也就名正言顺了。

历史,每每湮没很多的古迹,尤其是更多的古意,而这同样会在不经意间。或许,也会在不经意间得以找回。

广州十三行时期外销丝绣品[*]

白 芳[**]

中国是丝绸的发源地，丝绸通过陆上丝绸之路和海上丝绸之路传播到世界各地。世界了解中国，首先是从丝绸开始的，丝绸一度成为最昂贵的奢侈品，与黄金等价。广州地处南海之滨，是海上丝绸之路的发祥地，也是历两千年而不衰的贸易大港，尤其是清乾隆二十二年（1757）"一口通商"诏令的颁布，仅允许欧美商人在广州口岸从事通商贸易，广州十三行垄断中西海路贸易近一个世纪，是1757~1842年世界贸易体系的核心环节。在这一时期，广州不但是丝绸、瓷器、茶叶等中国大宗传统出口商品的集散地，更是世界奢侈品、时尚用品加工制造的重要产地，"广州制造""中国趣味"一度成为时尚的代名词风靡欧美。清代广州十三行时期的外销丝绣品，除生丝原料外，其品种主要包括成品织物、手绘丝绸和刺绣丝绸等三大门类。

一 成品织物

清代广州十三行垄断着丝、瓷、茶的贸易，丝绸是仅次于茶叶贸易的第二大宗出口商品。屈大均《广州竹枝词》云："洋船争出是官商，十字门开向两洋，五丝八丝广缎好，银钱堆满十三行。"就是对清代广州十三行时

---

[*] 该研究成果受《广州大典》与广州历史文化专题研究2017年度重点课题资助，项目批准号为2017GZZ06。

[**] 白芳，广东省博物馆研究员。

期广作外销丝织品贸易盛况的最佳描述。五丝、八丝又名五枚缎、八枚缎，是一种素缎织物，可以染成各种色彩。明代之前的缎织物均为五枚缎，从清代开始出现七枚缎、八枚缎甚至是十枚缎，这样的素缎，织物组织更加紧密，外观更加光亮，手感更加顺滑。广缎又称花缎，色彩较为丰富和热烈，图案以小巧细碎的满地花卉为主。伴随海上丝绸之路贸易的全球拓展，广东地区的丝织业早在明代其生产规模就已日益扩大，生产分工也日趋精细。明代中后叶，佛山丝织业有十八行：即丝缎行、什色缎行、元青缎行、花局缎行、纻缎行、牛郎纱行、绸绫行、帽绫行、花绫行、金彩行、扁金行、对边行、栏杆行、机纱行、斗纱行、洋绫绸行等。清雍正年间，广州还出现了专门的丝织业会馆——锦纶会馆。根据保存至今的碑刻记载，可知当时广州丝织业的管理机构和管理规章已经形成，留有店号名称的丝织业店铺就有四百多家，这都见证着广州丝织业的繁华。乾隆《广州府志》载："粤缎之质密而匀，其色鲜华，光辉滑泽"，"粤纱，金陵苏杭皆不及……故广纱甲于天下，缎次之"。① 屈大均也称："广之线纱与牛郎绸，五丝、八丝、云缎、光缎，皆为岭外京华，东西二洋所贵。"② 广东省博物馆收藏的清大红蝴蝶花广缎匹料（见图1），长408厘米，宽75厘米，以红缎为地，以繁密的蝴蝶花卉纹样满地装饰，质地紧密顺滑，色泽鲜华亮丽。这种广缎匹料既是广东进奉宫廷的特有贡品，也是风靡欧美的奢侈品。

二 手绘丝绸

手绘丝绸是中国历史最悠久、传承最古老的一种丝绸装饰工艺，它与传统绢本绘画同出一源。清代销往欧洲的丝织品中，绫罗绸缎等高档织物仅占很少的份额，更多的则是生丝原料和手绘丝绸、刺绣丝绸等丝绸装饰品。外销手绘丝绸的面料多为纱、缎、罗、绢等坯绸，底色以浅色或本色为主，纹样大多是花卉植物图案，或以欧洲人热衷的中国物品点缀其中，或直接按照欧洲流行的花样进行绘制。这些坯绸多在广州作坊内手绘加工，为了提高效率，绘制工艺上还采用了绢本绘画的粉本制作法。粉本即画稿，将画稿的轮廓转移到织物上，再由画工徒手描绘。外销手绘丝绸既有成匹

---

① 沈廷芳等：(乾隆)《广州府志》卷48《物产》。
② （清）屈大均：《广东新语》卷15《货语》，中华书局，2006。

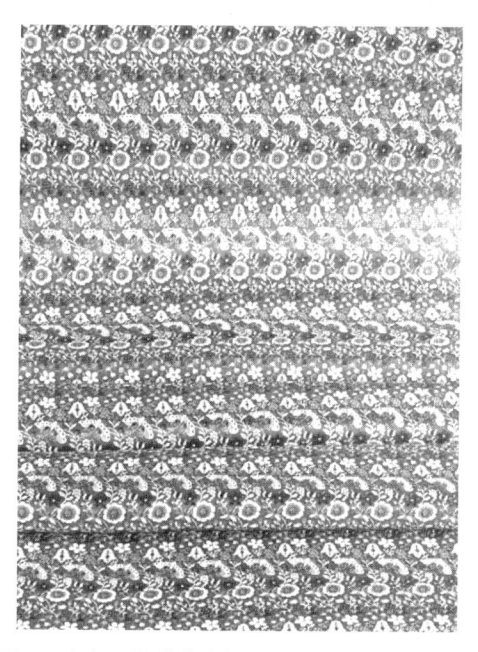

图1 清大红蝴蝶花广缎匹料，广东省博物馆藏

的匹料，也有服饰成品、宗教法衣，还有装饰欧洲家居的外销壁纸。广东省博物馆收藏的18世纪黄纱地彩绘花卉纹匹料（见图2），共2匹，宽74厘米，一匹长250厘米，另一匹长90厘米。以黄纱为地，用明亮多彩的矿物颜料绘制缠枝花卉，花卉生动写实，枝条妙曼舒卷，色彩过渡自然，具有浓郁的洛可可风格，类似风格的丝绸装饰品现保存于比利时18世纪庄园

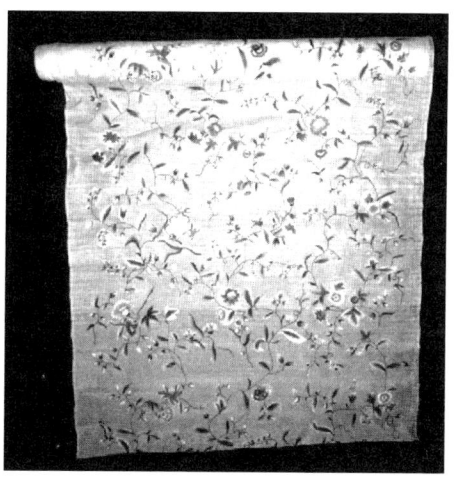

图2 18世纪黄纱地彩绘花卉纹匹料，广东省博物馆藏

的中国风房间中。

清丝绸手绘花鸟壁纸（见图3），横74厘米，纵222厘米，以米黄丝绸为地，彩绘柔软的树木枝条为骨架，其上装饰各式花卉，艳丽夺目的鹦鹉盘踞枝头，俯视地面，动感十足。近景处采用设色技法绘制草坪、假山、奇石，两只喜鹊成双成对，雀跃其间。远景处莺飞蝶舞，一派春意盎然的景色跃于眼前。欧洲人有用壁纸装饰墙面的传统，挂毯、刺绣、锦缎、天鹅绒及浅浮雕的皮革制品等都是装饰墙体的主要材料，由于这类材料价格昂贵，是只有上流社会才能拥有的奢侈品。17世纪，中国壁纸开始输入欧洲，其绚丽的色彩、精美的画面、完美的工艺，以及浓郁的东方情调，赢得了欧洲社会各个阶层的青睐。价廉物美的中国壁纸逐渐替代了欧洲昂贵织物的饰墙材料，成为欧洲社会上下通用的室内装饰品。中国外销壁纸有丝绸和纸本两种材质，通常以花鸟、风景、生产、生活等题材为主，成套制成，形成一系列连续的景象，可以贴满整个房间。一般每套壁纸25卷，

图3 清丝绸手绘花鸟壁纸，广东省博物馆藏

每卷大约12英尺长，4英尺宽。就时代特征而言，早期画面以花鸟题材为主，中后期以风景人物及中国传统手工业题材为主。就价格而言，花鸟题材的壁纸一般每码4先令，全景式的人物风景和传统手工题材的壁纸要每码7先令。就绘画技巧而言，外销壁纸与外销画没有太大区别，因此中国外销壁纸的画匠不应排除广州画匠绘制外销画的同时兼画外销壁纸的可能性。虽然外销壁纸不是西方买家在广州采购的大宗商品，但是价格低廉、色彩绚丽、极具东方情趣的中国壁纸仍被作为私人携带的商品，整箱整箱的装运上船。17世纪末一位作家在《世界报》中写道："中国壁纸在豪宅中极为流行，这些房子里挂满最华丽的中国和印度纸，上面满绘着成千个根本不存在的、想象出来的人物、鸟兽、鱼虫的形象。"1732年，瑞典"腓特烈国王"号首航广州，大班柯林·坎贝尔在其私人日记里记录的"腓特烈国王"号在广州逗留四个月中采购的回程货物有：151箱和1801捆瓷器，共计499061件，红、绿茶共2183箱，另有100件半箱装、6件小箱装、23件篮装、46件筒装以及422件罐装或盒装茶叶，丝织品23355件，棉织品633件。此外还有壁纸、家具、白铜、桌布、珍珠母等杂货。另据1775年的一份档案记载，一艘到达伦敦的东印度公司商船，一次就装载了2236件中国壁纸。

三 刺绣丝绸

广绣是对以广州为中心的珠江三角洲一带民间刺绣工艺的总称，它历史悠久、风格独特，是与苏绣、湘绣、蜀绣齐名的中国四大名绣之一。清代是广绣发展的全盛时期，随着海内外市场的开辟，广绣商品化生产得到迅猛发展。清乾隆年间，广州、佛山等地的绣坊、绣庄成行成市，仅广州就多达五十多家，分布在状元坊、新胜街、沙面一带，从业人员3000多人。[①] 清乾隆五十八年（1793），广州成立了刺绣行会——锦绣行，会址在杨巷瑞兴里，会名"绮兰堂"，行会的宗旨是保护本土绣业发展，遏制外来绣品的渗入，并对遍布城内的绣坊、绣庄进行管理，对绣品的工时、用料、图案、色彩、规格、工价等，都有具体规定。[②] 为满足海外市场的需求，有

[①] 龚伯洪：《万缕金丝——广州刺绣》，广东教育出版社，2010。
[②] 广州市地方志编纂委员会：《广州市志·工艺美术志》，广州出版社，1998。

的绣庄、绣坊自行设计图案,绣制样品,供外商选择;有的则按外商提供的图案或样品,专门加工定制。海外的来样加工定制,使得希腊神话、圣经故事、人物肖像、美术作品等都成为广绣的表现对象,极大地丰富了广绣的题材内容。由于西方构图注重光影变化和透视比例,为准确表现其神韵,广绣在色彩运用和物象的表现上,开始融合西洋的艺术风格,布局章法颇有油画韵味,配色协调且注重光影变化,注重强调物象的逼真和立体感。这种中西融合的广绣工艺品深合西方人的审美趣味,曾一度引领欧美的社会时尚。广东省博物馆收藏的清代外销广绣绣品以装饰品、日用品和服饰品为主。

1. 装饰品

据1913年《南洋劝业会报告》记载,清光绪二十六年(1990),经由粤海关输出的绣品价值在白银49.7万两,"吾国绣品外销洋者,广东最多"。"清代经粤海关出口的还有广绣外销绣画,是仿国画装裱成图轴、卷、围屏、联屏等,其中大幅绣画价格较昂贵,海关纳税要白银1.2两"。[①]

清广绣"白云晚望""金山古寺"图轴(见图4),纵128厘米,横41.5厘米,是清代羊城八景中的其中两处景致,绣品以工笔写实的手法将远山近景层次鲜明地表现出来。除采用铺针、直针、洒插针等传统针法外,还用网格针绣船篷,用扭针绣云纹水纹,画面中的远山云霭,层峦叠嶂,古刹院落,江水渔帆等细微之处,都通过不同的针法表现得淋漓尽致,各得其趣,颇具文人画的神韵。全图以棕色、褐色、驼色、香色为主色,以深绿、浅绿、蓝色等为配色,既典雅古朴又鲜丽明快,充分体现了广绣的配色特点。

清白缎广绣孔雀百鸟花卉插屏(见图5),通高110厘米,宽73厘米,屏心以白缎为地,施五彩丝线,运用扭针、续针、撕针、咬针、套针、勒针等多种针法,表现孔雀开屏,鹤舞松林,百花齐放,百鸟争鸣,展现出一派春光明媚,生机盎然的景象,与镶螺钿木质座屏相配,更显玲珑精巧。绣品巧妙利用丝质的光泽特点,将西洋画透视技法与传统工笔绘画结合,以光线的明暗表现其立体感,用透视法表现场景远近,设色艳丽明快,浓淡相宜,构图饱满,形象逼真。整件绣品针法细腻,针步均匀,光滑平整,水路清晰,纹法得当。

---

① 龚伯洪:《万缕金丝——广州刺绣》,广东教育出版社,2010。

图 4　清广绣"白云晚望""金山古寺"图轴,广东省博物馆藏

清广绣孔雀纹圆形座屏（见图6），高64.5厘米，宽54厘米，屏心以白缎为地施五彩丝线绣制而成。一开屏之孔雀傲立于棕蓝两色打子绣的平地之上，在盛开的牡丹映衬下更显华贵生动，又有鹦鹉、喜鹊等禽鸟或展翅或栖息于花枝之上，构成一幅百鸟争鸣、生趣盎然的图画。整件绣品构图疏朗有致，笔意清新，是粤绣常见题材。配红木镂雕勾连云纹底座，圆雕卧狮足。

清美国驻香港领事詹姆森·富勒广绣挂屏（见图7），纵150厘米，横78厘米，红色缎面上方彩绣双蝠一对，在双蝠拱映之下，采用平金、排金、钉金等技法绣制英文四行，To His Honour J. S. Fuller Esq. U. S. Acting Consul General From S. C. Lee and Y. C. Law，大意是中国的李某和罗某送给美国驻香港执行领事思图特·詹姆森·富勒的赠品。英文字体下方，彩绣美国十四州星条旗和清代黄龙旗，周围辅以梅、兰、竹、菊、仙鹤、鹌鹑、喜鹊、黄莺、绶带鸟等花鸟图案，寓意喜上眉梢，花开富贵。旗子下方居中处再次施以金线绣团寿图案，外围以同样技法绣花卉葫芦纹装饰，取万

图5　清白缎广绣孔雀百鸟花卉插屏，广东省博物馆藏

图6　清广绣孔雀纹圆形座屏，广东省博物馆藏

寿无疆，福禄万代之意。思图特·詹姆森·富勒1880年5月4日出生，1941年去世，1906~1910出任香港澳门领事。此挂屏款识确切，是清后期中美外交史上的重要实物见证，也是一件罕见的年份可考的广绣绣品。

图7 清美国驻香港领事詹姆森·富勒广绣挂屏，广东省博物馆藏

2. 日用品

18世纪，在法国、意大利等欧洲国家随处可以见到中国丝绸的踪影，广绣外销家居日用品被广泛地装饰在床、窗、桌、台等家居用品上。

18世纪杏黄色绸地广绣缠枝花卉纹床罩（见图8），长260厘米，宽208厘米，以杏黄色丝绸为面料，施五彩丝线彩绣缠枝花卉纹样。床罩居中处以双蓝丝线勾勒如意云头纹一周，内以粉、白、草绿、橙等色丝线绣西

图8 18世纪杏黄色绸地广绣缠枝花卉纹床罩，广东省博物馆藏

式花卉，花蕊中部再次运用双蓝丝线勾勒一周，配色呼应，浓淡相宜。床罩四角以四束枝蔓舒卷自如的缠枝花卉装饰，外围以橙色丝线勾勒矩形边框两周，边框内饰缠枝花卉纹，边框外以大朵的缠枝西番莲等花卉装饰。床罩四周缀以彩色丝穗围饰。整件绣品构图疏朗有致，纹饰花卉具有西洋特征，金碧辉煌的底色配以清新雅致的色调，使得绣品浓淡相宜，富丽堂皇。

19世纪米色绸地排金绣花卉百鸟图床罩（见图9），长240厘米，宽240厘米，采用排金绣和彩绣相结合的技法绣制，由内至外分三层纹样。居中处圆形开光内排金绣牡丹、荷塘、翠竹、梅花，五彩丝线绣孔雀、鸳鸯、白鹤、黄莺、翠鸟等珍禽构成"五伦图"。池塘水波之处用紫色丝线斜绣"卑爹累柯地"五字，是西方人名的译音，表明这是一件定制外销绣品。圆形开光外围自然留白一周，继而再以排金绣技法绣四束菊花纹均匀分布于床罩四角，辅以枝蔓舒卷的碎花铺满整个空间，每一束花丛中又有五彩丝线绣制的仙鹤、黄莺、蝴蝶、螳螂等穿飞其间。花束外围再次自然留白一周后，再以排金绣缠枝花卉纹带装饰一周。床罩四周缀与面料色彩一致的米色丝穗。整件绣品金碧辉煌，针法细腻，配色雅致，构图繁复，层次分明，是一件史料价值极高的外销绣品。

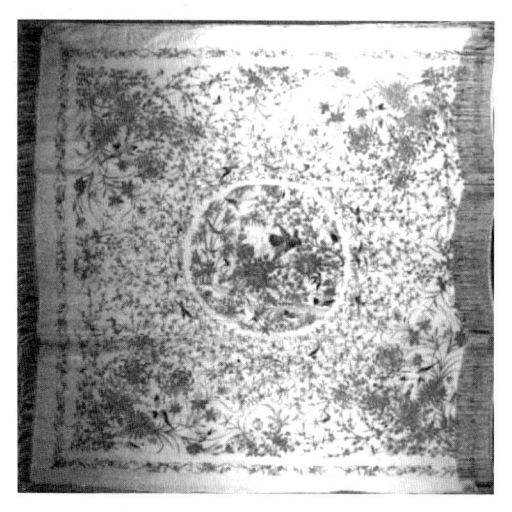

图9　19世纪米色绸地排金绣花卉百鸟图床罩，广东省博物馆藏

19世纪石青缎"宝生昌"款广绣花鸟大挂帐（见图10），长382厘米，宽231厘米，以石青缎为地，画面满工绣画眉、翠鸟、喜鹊、绶带鸟、雉鸡、鹧鸪等珍禽45只，绣茶花、桃花、玉兰、牡丹、菊花、兰花等花卉数十种，可谓百鸟争鸣、百花齐放，挂帐左下方绣店号"宝生昌"三字。此大挂帐构图饱满，层次丰富，针法繁复，配色华美。中国外销艺术品罕有店号匠名流传，此"宝生昌"号大挂帐对研究19世纪广式外销艺术品具有重要的史料价值。

图10　19世纪石青缎"宝生昌"款广绣花鸟大挂帐，广东省博物馆藏

19世纪米色地"宝生昌"款广绣花鸟纹窗帘（见图11），纵360厘米，横120厘米，以米色绸缎为地，五彩丝线绣制，图案相近，纹饰相对。主体纹饰绣岩石牡丹，锦鸡雄踞于岩石之上。上方不远处枝干横斜的桃枝上桃花朵朵绽放，自然流畅地铺满上半部整个画面。一只锦鸡栖息枝头，双燕对飞，蝴蝶起舞，构成一幅春意盎然的自然美景。左下方以棕色丝线斜针绣"宝生昌"三字。主体纹饰外围自然留白一周，再以五色丝线绣折枝牡丹、兰花、海棠、梅花等四季花卉带装饰。绣品尺幅广大，色彩明亮，针法多变，层次分明，成对出现，甚为难得。

19世纪米色绸地广绣荷塘鸳鸯纹台布（见图12），纵138厘米，横135厘米，米色绸缎为地，五彩丝线绣荷塘清趣图案。纹饰由内至外分三层装饰，居中处以荷叶、荷花、芦苇、翠鸟、鸤鹉等纹样，簇拥成团花状。外围三边以绿、紫双色海草，棕、紫双色荷叶，粉、白双色荷花装饰，四只

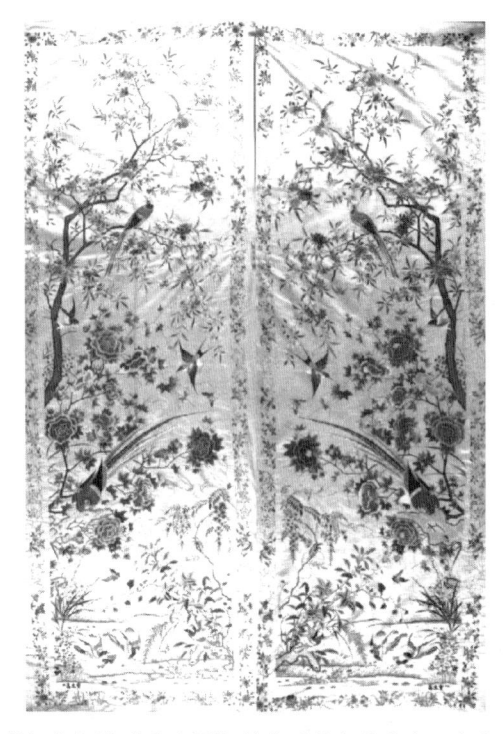

图 11　19 世纪米色地"宝生昌"款广绣花鸟纹窗帘，广东省博物馆藏

珍禽穿飞于海草间，以白色丝线顺续针技法绣制的水波纹铺地。最外围以水波海草带状纹围饰一周。台布周边缀以与面料同色的网格纹和丝穗。整件绣品清新雅致，色彩亮丽，构图繁密却层次分明，是一件精美的外销艺术品。

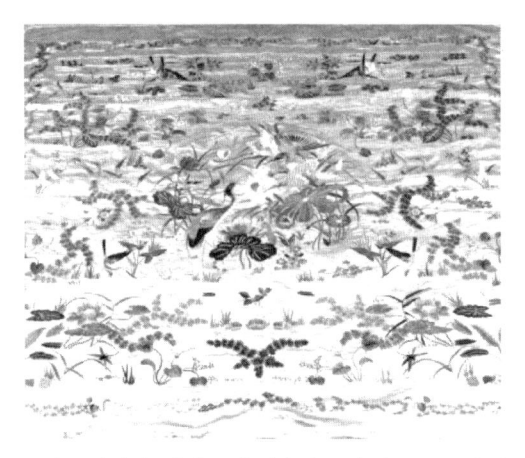

图 12　19 世纪米色绸地广绣荷塘鸳鸯纹台布，广东省博物馆藏

3. 服饰品

《十八世纪中国出口艺术品》称："18世纪，英国贵妇们使用着中国刺绣艺人绣的双面围巾。还有一些时髦的贵妇与小姐将设计、剪裁好的服装、名片，通过东印度公司运送到中国，请中国刺绣匠师刺绣。"法国路易十四时代，宫廷男女服饰都以刺绣、折裥、蝴蝶结做装饰，贵妇高跟鞋的鞋面也是用中国丝绸、织锦为面料，上面绣着象征吉祥如意的麒麟、龙凤等精美的中国图案，有些贵妇甚至穿着中国刺绣的服装、披着中国刺绣的围巾、口袋装着中国刺绣的手帕，将自己打扮成中国传统的大家闺秀模样而大肆炫耀。

20世纪初黑绸地广绣亭台人物纹长上衣（见图13），袖长146厘米，身长101.5厘米，西式长款女上衣，以黑色丝绸为面料五彩丝线绣制。领面绣篱笆花卉，驳头与衣襟满地彩绣欧式亭台人物纹，纹饰相同，图案相对。两袖及背部装饰以相同纹样，袖口、下摆、衣襟对边彩绣花卉、篱笆、穹顶阁楼等图案，花卉外围再以波浪线勾边，巧妙地重新组合成蝴蝶纹样。此女服构图巧具匠心，纹饰繁缛，层次分明，针法复杂多变，针脚细密工整，纹饰取自欧洲盛行的"中国风"题材，是中西方物质文化交流融合的一件重要物证。

图13　20世纪初黑绸地广绣亭台人物纹长上衣，广东省博物馆藏

披肩是欧洲女性服饰必不可少的装饰物。17世纪时，欧洲人喜好黑色和深色的披肩，18世纪中叶，又开始流行白色和色彩鲜艳的披肩。因广绣艺人能够及时地适应欧洲人的审美时尚，故披肩销量与日俱增。1772年前后，广绣披肩在欧洲的销量达 8 万条，其中法国占 1/4。到 1776 年销售量又有所增加，仅英格兰公司一家就输入了 104000 条。① 广东省博物馆收藏的各式外销披肩 20 余件，有长方形和方形两种款式。清米色绸地广绣百花图长披肩（见图 14），长 256 厘米，宽 63 厘米，以米白色丝绸为面料，运用同色丝线以直针、斜针、续针、捆插针、扭针等多种针法绣百花图案，分内外两层装饰。内层纹饰左右对称，居中处大面积留白，外围以同色丝线满地绣百花锦地装饰。披肩上下两端缀以与面料同色丝线编缀的网格纹和流苏。整件绣品针脚细腻平齐，纹饰若隐若现，产生织造的错感，由此可见绣工的精湛技艺。

图 14　清米色绸地广绣百花图长披肩，广东省博物馆藏

清黑绸地广绣斗牛图披肩（见图 15），长 130 厘米，宽 130 厘米，以黑

图 15　清黑绸地广绣斗牛图披肩，广东省博物馆藏

---

① 利温奇：《十八世纪中国和欧洲的接触》，商务印书馆，1991。

色绸缎为地，白色丝线绣制，由内至外分三层装饰。主体纹饰以折扇为元素构图，纹饰四角相同且对称。披肩中部扇面随形组成菱形开光，满工绣制西式楼阁花卉。折扇的大骨和小骨绣花鸟纹样，扇面居中处采用平针、续针、插针、扭针、辅助针等多种技法施白色丝线绣一体格健硕公牛，前方一位着紧身衣的西方斗牛士右手持剑，左手挥巾，目光凝聚，严阵以待。不远处西式亭台楼阁掩映在枝繁叶茂的花草树木之中，两位西装革履的西方绅士气定神闲，凭栏观赛，两只燕雀盘旋上空。主体纹饰外围自然留白两周，分别以缠枝花卉带和凤穿花纹饰带装饰。最外层的纹饰带，采用传统中式构图，牡丹花卉饱满绽放，凤凰展翅，凤尾飘逸，灵动十足。整件绣品针法多变，针脚细腻，构图繁密，层次分明，透视法和光影技法运用纯熟，是西方来样定制的一件代表作品。

  民国黑绸地双面广绣庭院人物纹披肩（见图16），长150厘米，宽150厘米，以黑色丝绸为地施五彩丝线双面绣制。披肩分内外两层装饰，均以庭院人物花鸟纹装饰。内层主体纹饰四角对称，密不露地，共出现40多位服饰、动作、神态各不相同的男女人物形象，30余座不同建筑风格的亭台楼阁，冰裂纹、网格纹、回纹、条纹等篱笆不拘一格，芭蕉、茶花、翠竹、树木、雀鸟在其掩映之下，生机盎然，情趣横生。外层自然留白一周后，再以同样纹饰图案围饰一周。披肩外围编缀与面料色彩一致的网格纹和长流苏。整件绣品构图繁缛，密不见地，针法多变，工精技巧，充分展现了绣工巧夺天工，巧具匠心的高超技艺。

图16　民国黑绸地双面广绣庭院人物纹披肩，广东省博物馆藏

  扇子被欧洲女性视为服装必不可少的点缀品，是优雅时尚的体现，也是社交礼仪中的必需品。因价格昂贵，欧洲宫廷贵妇往往以拥有一柄奢华

精美的扇子作为炫耀攀比的资本。1699 年英国东印度公司商船首次在广州定制了 8 万件外销扇，这些扇子一抵欧洲市场，就备受青睐。欧洲的宫廷贵妇都竞相以拥有一柄精致华美，充满异国情调的广州外销扇为最新时尚。19 世纪，在美国东部海岸城市，几乎没有一位女士不拿着一把来自广州的扇子出现在夏日晚会或时装舞会上。① 清道光象牙骨缎面广绣花鸟纹折扇（见图 17），纵 27.8 厘米，横 49.5 厘米，由 16 档象牙扇骨组成，大骨剔地浮雕柳亭人物，小骨劈丝锦地，浅浮雕通景庭院人物花卉纹样。米色缎扇面，双面五彩丝线广绣花鸟纹，以平针、咬针、插针绣花卉、续针、扭针绣花枝，渗针、舒针、转纹续针、洒插针、勒针绣飞禽，绣画中的花卉设色淡雅，珍禽羽翼用色艳丽，画面清静中又多几分活泼。在绸缎纱绢罗等质地上织绣花鸟图案是中国传统团扇常见的装饰技法，广州制扇艺人针对海外市场需求，在融合广雕和广绣精湛工艺的基础上，创造性地把织绣工艺装饰在开合自如的折扇之上。

图 17　清道光象牙骨缎面广绣花鸟纹折扇，广东省博物馆藏

19 世纪黑漆描金柄绣绘人物纹八角团扇（见图 18），通长 41.8 厘米，宽 25.2 厘米，由八角形丝质扇面与木质黑漆描金扇框、扇柄组成。扇柄中部做海棠形开光，外绘花草、人物，八角形扇面，绣绘结合，扇面主体双面彩绘《红楼梦》人物故事图景，彩色绒线绣山石、花草、树木，突出立体质感。此扇集漆、绣、绘技艺于一体，画工细腻，构图饱满，层次分明，色彩亮丽。

在欧洲，不但贵族以穿戴中国丝绣的服饰为荣，就连教会的神职人员

---

① Carl L. Crossman, Fans for a Western Market, The Decorative Arts of the China Trade, the Antique Collector's Club Ltd, 1991.

图 18　19 世纪黑漆描金柄绣绘人物纹八角团扇，广东省博物馆藏

也竞相以中国的丝绸制作法衣和教堂里的饰物。这件 19 世纪黑缎广绣"IHS"徽章纹天主教神甫帽（见图 19），在黑色绸缎上以排金绣、平绣、打籽绣、套绣等针法满地绣花鸟、山石、天主教堂及"IHS"徽章等纹饰，

图 19　19 世纪黑缎广绣"IHS"徽章纹天主教神甫帽，广东省博物馆藏

绣品色泽艳丽又不失庄重，构图饱满却繁而不乱。IHS，即拉丁语"耶稣，人类的救世主"的缩写。此纹章流行于15世纪，最早为葡萄牙商人定制，1634年正式作为耶稣会的标志。

  清代广州工匠为满足海外市场对中国丝绣品的热切渴望和需求，凭借自身精湛的技艺，不断创新，勇于变革，创作出了大量融贯中西艺术风格的提花织物、手绘丝绸和刺绣丝绸，这不但促进了以广州为中心的岭南丝织业的发展，中国丝绸贸易网络的确立，更重要的是中国丝绣品和生丝原料大量涌入西方社会，深受西方社会的欢迎，引发了西方"中国风"的热潮，也刺激了欧洲丝织业织造技术的进步。正如利奇温所言："18世纪末，法国丝业在美术及技术方面的欣欣向荣，实出于17世纪中国材料不断输入的刺激。"[①]

[①] 利温奇：《十八世纪中国和欧洲的接触》，商务印书馆，1991。

广州十三行历史街区巴洛克建筑脉源探析[*]

杨宏烈[**]

一 巴洛克建筑艺术具有普世价值规律

一般定义18世纪的巴洛克艺术风格：按基本的建筑力学与美学原理，将有起伏变化、配合空间尺度扭曲成形、具有奇异造型和装饰构件或图案，最先用在建筑上的艺术手法。构图可能使不习惯的现代人眼花缭乱：强调明暗对比、喜好动感强烈的S形、波浪形放射性的构图要素，既是文艺复兴的最后阶段，又具有早期浪漫主义作风。公元1600~1700年的巴洛克（Baroque）建筑常有间断山花、敞开的波浪形正立面；展现出强烈的个人风格、大胆、富丽、引人注目、求变求动的社会时尚。

历史事实证明，巴洛克建筑给人的观感具有清秀娇丽之美、令人惊叹究读的细部魅力无穷。其构图应该说是错落有致，并没造成"不整齐"的美学败笔；其姿态轮廓像卷草植物一样舒展、像水一样流淌，并非扭曲令人难受；具有可资联想（类中国牛腿、雀替雕刻艺术）的动感构件，并非奇形怪状不可思议的累赘。正是由于强调个人特色，才使作品具备创意个性。如"断山花"更是具有艺术功能的一种设计手法或创新点。通过山花的间断、弯曲、开放掉底、层次镶套等处理，可起到调节高度、宽度、适

---

[*] 本文为广州市社科联2016年委托重点项目"广州十三行历史街区文商旅发展研究"部分研究成果。

[**] 杨宏烈，广州大学建筑与城市规划学院教授。

宜面积大小、协调顶柱关系、实现特殊构图等要求。

巴洛克（Baroque）一词源于西班牙语及葡萄牙语"变形的珍珠"（barroco）。作为形容词，有"俗丽凌乱"之意，欧洲人最初用这个词泛指"缺乏古典主义均衡特性的作品"。这是崇尚古典艺术的人们，以此对 17 世纪不同于文艺复兴风格的艺术品给予一个带贬抑的称呼。随后这个词就失去了原有的贬义，仅指一种艺术风格而已。如果说 1：0.618…的矩形是直线黄金比之美，扭曲的涡卷——如水、如云、如（花）草、如螺、如珠、如龙——难道不是一种曲线之美？

至于"过分讲究装饰，显得过于繁琐"那可是"洛可可"的作风，当然可以批判。18 世纪起源于法国的洛可可艺术原意是"螺贝"。造型上善用蜷缩的线条和繁杂的装饰，只受上流社会支持，古典精神完全被丢弃。洛可可常采用大量半抽象题材、光亮华丽的抹灰近似阿拉伯的"满装饰"。①

洛可可到此为止，巴洛克却继续在流传。巴洛克风格打破了对古罗马建筑理论家维特鲁威的盲目崇拜，也冲破了文艺复兴晚期古典主义的种种清规戒律，反映了向往自由的世俗思想。因巴洛克风格的教堂富丽堂皇，亦可造成相当强烈的庄严气氛，符合天主教会炫耀财富和追求神秘感的心理要求，致使巴洛克建筑从意大利发端后，不久即传遍欧洲，远达美洲，东达南洋澳洲。本文总结其艺术特征有以下五点。②

（1）它是一种激情的艺术，它打破理性的宁静和谐，具有浓郁的浪漫主义色彩，非常强调空间艺术的想象力；

（2）它极力强调运动，运动与变化可以说是巴洛克艺术的灵魂；

（3）巴洛克艺术很关注作品的空间感和立体感；

（4）强调艺术形式的综合手段，吸收了文学、戏剧、音乐、宗教等领域里的一些巴洛克艺术要素，建筑上重视与雕刻、绘画的综合；

（5）它有"先富起来"的自诩心态，具有豪华、富泰、富丽的特质。

某些国人说巴洛克杂乱、奇异、不规则、流于装饰，这只是对曾"闯关夺路"的巴洛克风格一个带贬义的称呼。尽管巴洛克最初给人的印象不是"高大全"，实质上的巴洛克现象仍具某种历史的进步意义。从 18 世纪被诅咒到 19 世纪几乎风行全球，不得不承认它有合乎美学规律的艺术感染

---

① 汤国华：《广州沙面近代建筑群》，华南理工大学出版社，2004，第 6~7 页。
② 参见庄裕光《风格与流派》，百花文艺出版社，2005，第 51~52 页。

力。只因缺少一个"正面的名字",多年来令中国人想爱而不敢说爱。

后来的西方学者也清楚这个名称的不合理性,便以"约定俗成"一语搪塞了之,避免因此动摇了文艺复兴的理论基石,由此而影响对"中世纪"改革之成就。如果将变革性、灵活性、大众性作为一个完整体系来考察,巴洛克亦即广义的文艺复兴运动,且是启蒙主义的先行者。从语源学上讲,"变形的珍珠"也是珍珠,它的主流方式还是进步性的。似乎就是不为"正统""主旋律""严谨规范"的所谓知识精英意识赏识,而受市民大众所欢迎。它以世俗的、温和的、改良的、渐进的姿态,寻求新时代和传统的结合,谱写了历史、创造了辉煌。

由此可见,"巴洛克"这个名称是由一时的主观性批判而产生的,并不是客观历史事实的反映。它留下了时代的印记,用事实批评了某种根深蒂固的思维定式。将这个名称保留在世界建筑史里,自有它的地位和价值。后来的人们为了叙述的方便,姑且"借用"至今,而不妨流遍全球。

二 广州十三夷馆巴洛克之风的滥觞

巴洛克建筑于 16 世纪末、17 世纪初就随着商业文化的交流传入中国,与中国传统建筑合流,生成了所谓"中华巴洛克"。① 在中国传统建筑向近现代转型的过程中,巴洛克调和了若干冲突。具有早期巴洛克风格的澳门大三巴教堂,是随着葡萄牙商人来华的耶稣会士的传教活动而兴建的。耶稣会教堂常以罗马维尼奥拉(G. B. Vignola,1507 – 1573)设计的一座教堂为蓝本。② 外国商人正式进入中国大陆营商是康熙二十四年(1685)开放海禁之后,因限制巴洛克艺术得不到传播和推广。外国商人租赁居住广州早期商馆——是由垄断外贸的行商建造的中式地域性的砖木瓦顶建筑。中国大陆最早出现西式建筑风格的商馆大约为乾隆八年(1743)大火之后。中国传统木构架房屋极易发生火灾。重建商馆时外国商人可以先租地,然后按本国建筑风格进行设计改造。也可能出现这样的情况:中国行商沿十三行路建完大部分主体建筑后,剩下最南面的一进房屋只能向南、向珠江滩边推进,由外商另建、改建或加建成西式风貌。

---

① 西泽泰彦:《哈尔滨近代建筑的特色》,《中国近代建筑总览·哈尔滨篇》,中国建筑工业出版社,1992,第 15 页。
② 朱永春:《巴洛克对中国近代建筑的影响》,《建筑学报》2000 年第 3 期。

乾隆十六年（1751）瑞典传教士画家彼得奥斯伯克（Peter Osbeck）记述了对商馆风格半中半西的印象。①1793年英国特使马嘎尔尼（Macartney）使团回国后出版的访华见闻录讲道：广州"有很多华洋杂处的特色。华丽的西式建筑上面悬挂着各国国旗，与中国建筑相映，增添了许多特殊风趣。"②1798年到达广州的瑞典人龙思泰曾描述丹麦馆用因压仓从国外运来的花岗石，砌筑了西式券拱门窗。可见1822年火灾前就开始了群体西化。

18～19世纪英国佐治亚时期建筑样式对中国的影响，首先由外商带到了广州十三行，并通过几次大火（包括战火）的更新换代，客观上留下了一条发展的印记。1830年行商伍受昌曾向官府禀报"公司馆系洋商建造"。这意味着西人可自带图纸或自行设计，指挥中国工匠施工。如果不涉及意识形态上盲目排外思想，夷馆的西化则是顺其自然的事了。日本的田代辉久先生研究了鸦片战争前夷馆风格变化的情况（见表1）。

表1 外销画中所见夷馆建筑特色历时演变情况

夷馆名称	历时演变情况			
新英国馆 （New English）	1750年 一个柱距阳台	1760年 三个柱距阳台	1833年 三层	1842年独立柱 三层均为阳台
丰太馆 （Fung-tai）	有中式外廊	1807年 同旧英国馆	1842年 四层有角石	
旧英国馆 （Oid English）	1750年 一层窗拱帕拉 第奥主义		1815年 大拱形开口 与人形山头	1842年三层
帝国馆 （Imperial Factory）	1750年同瑞典馆 二层拱间设柱 有外廊			1842年 独立支柱外廊三层
美国馆 （American Factory）		1784年 外廊中洋折中	1820年 新古典主义	1842年三层
万源行 （Ming Qua's Factory）		1795年西式 阳台二层拱窗		
西班牙馆 （Spanish Factory）		1800年 中国式	1808年 西洋式	新古典二层

---

① 香港艺术馆：《珠江风貌——澳门·广州及香港》，香港市政局，1996，第144页。
② 〔瑞典〕龙思泰著，章文钦校注《早期澳门史》，吴义雄、郭德焱、沈正邦译，东方出版社，1997，第317页。

续表

夷馆名称	历时演变情况		
丹麦馆 (Danish Factory)		1795年西洋式 帕拉第奥主义 三层有阳台	

资料来源：据〔日〕田代辉久《广州十三夷馆研究》（见马秀芝《中国近代建筑通览·广州篇》，中国建筑工业出版社，1998，史瑛制表）。

夷馆区也是鸦片战争的战场，形势动乱和战后使用情况的变化均会导致夷馆建筑的扩建改造或破坏，于是留下了一轮一轮历史风格的印证。多列柱支撑外廊，是受摄政时期开朗古雅灵活的特色影响。显然英国很少用外廊样式，是为"输出"殖民地异化的结果。英国样式经过南亚、印度，再到广州亚热带地区，气候变迁引起建筑风格的嬗变（这是一种进步设计作风）。英国当时也通过大量业余的贵族考古学家的交流活动出现过希腊复兴式，且不分段。

从18世纪30年代的帕拉第奥主义到19世纪新的摄政风格，是英国的一个建筑风格周期时段。从英国传到中国十三夷馆，中间存在一个时间差。18世纪50年代十三夷馆受帕氏主义影响，到19世纪40年代十三夷馆受摄政风格的影响，差30~40年。19世纪30年代仿钱纳利手法的外销画，较为细致地刻画了商馆细部。[①] 这是新古典主义影响波及的实事，"日不落帝国"的神话可能也表现在这里。

鸦片战争以后，十三夷馆又进行了一定规模的复建或改建。对比前后的外销画景观，可以看出后者的规划布局一改过去"竹筒屋"的排列模式，遵循了基本的建筑间距规范，无疑更有利于防火通风要求。夷馆外环境设计了西式花园绿地，并建有一个小教堂，取到园林重心点景作用。

十三行夷馆建筑的巴洛克手法主要表现在外部南立面和内部装饰设施两个方面。建筑表面用灰浆、石材等饰面，如支撑新英国馆阳台的柱子的饰面就是大理石。这些工法和材料很适合表现西方的建筑风格样式。摄政王时期英国典型的中上层阶级居住的房屋大多也是砖造，灰泥或彩绘石膏作外涂层。18世纪50年代表现了用柱式把拱券夹住，这是典型的新古典主义特征。这一时期的新英国馆和荷兰馆，他们的立面构图与帕拉第奥主义

---

① 李世庄：《中国外销艺术的十三行商馆图像之演变》，冷冻编《广州十三行文献研究暨博物馆建设》，世界图书出版广东有限公司，2014，第286页。

相关，馆前入口长廊分别有 3 个和一个拱门。支撑伸出的阳台是帕拉第奥擅长的主题，流行于 1715~1760 年间，即以柱式把威尼斯式窗户夹住。

新英国馆、丹麦馆的一层窗户周围的装饰就是帕拉第奥在蒂邪内邸（PALAZZO TIENE）中喜欢采用的方法。在此以后（1800 年前后）出现的西班牙馆、法兰西馆、美国馆也极力学习这种式样而形成新古典主义风格。摄政时代的建筑风格如此流行是因为具有内在的典雅，是因为它运用了希腊和罗马的建筑哲学和传统图案。夷馆立面造型的建筑构件要素是精致的廊柱（巨柱）、玻璃窗户、栏杆、浮雕、天台、壁炉烟囱等，以及山墙上的帝国徽记、文字格言、红白黄等多种色彩。室内空间变化多样，英国馆内有图书馆、礼拜堂、宴会厅，其中还陈设有广州最大的自鸣钟，装饰及功能极具西化。[①]

三 沙面建筑巴洛克艺术的西人运作

因清政府的禁令，夷馆区不能得到有效扩展，国人也不得建筑西式房屋。相对处于中国建筑汪洋大海中的夷馆孤岛，沙面作为西方文化在广州这个古老城市的一块飞地，相对要开阔一些。在那个特定时期，西方人按自己的理念和生活方式，塑造了一个完全供自己居住的社区。"沙面虽小，天地很大"的气势，体现了土地利用的公益观念和民生意识。其建筑所含巴洛克艺术反映了西方 19 世纪末期折中主义的文化艺术趣味[②]。

沙面，除中心区和公共建筑外，另划分 12 个地段，先后建有 18 家银行（属英、法、美、日、德、荷、葡、丹麦、瑞典、伊朗、阿富汗……）及各国驻广州的领事、使馆区。近百年来，世界各国的领事馆几乎都设在这里。沙面原有各西洋楼房 150 多栋，居住着世界各地来华的黑白棕黄各色人种，杂谈着各种不同语言，按各自生活方式生活着，可以说是近代广州的"世界之窗"。[③]

十三行时期的"广州制度"是不容许中西建筑文化自由开放交流发展

[①] 〔美〕威廉·亨特：《广州"番鬼"录》，冯树铁、沈正邦译，广东人民出版社，1993，第 33 页。
[②] 钟俊鸣：《沙面》，广东人民出版社，1998，第 32 页。
[③] 《广州史志丛书》编审委员会：《近代广州口岸经济社会概况——粤海关报告汇集（1860 - 1949）》，暨南大学出版社，1996，第 35 页。

的，且人为地设置了许多障碍。嘉庆十九年（1814）粤省政府重申："其住居澳门及省城十三行之贸易夷人不得搭盖夷式房屋。"① 沙面的规划与建筑，比十三行夷馆能更深刻、更方便地促进影响广州西关的城市建设和建筑技术的进步发展。沙面全面展现了当时西方的建筑文化与风采，使中国人大开眼界。我们不得不承认西方建筑的进步，在比较中激发了中国建筑文化的创新因素。② 建筑是"不会说话的历史"，它可以诠释某一地域、某一时代的社会现象、哲理思想、审美爱好和生活时尚。

近代是广州历史上发展最快，最繁荣的时期。建筑品种类型之多样，样式风格之不同，功能内容之庞杂，前所未有。沙面作为租界，以其独特的自然环境和营构条件，形成了一个独特的建筑博物馆群。沙面建筑主要属于西方古典式风格，是由许多个体建筑与自然环境组合而成的一种文化风貌街区，多种西洋风格和谐共存、空间协调统一，丰富多彩而又相得益彰。有中心，有轴线，有秩序，有轮廓，有合理的功能布局及深刻的文化意向。沙面建筑群的历史、艺术、科学价值应充分估量。③

沙面建筑的主要设计是外国人，施工者主要是中国工人。建筑的新材料，新设备是从国外输入的，一般材料就地取材。设计是认真的，工艺是精湛的，无论是石刻、意大利批档、木作、线脚、山花、柱式、穿窿小品等都一丝不苟，博大精深，反映出当时的物质文明和精神文明，这对中国岭南建筑的发展起着良好的影响。建筑技术的进步直接影响建筑艺术的进步。沙面建筑科技成就基本代表了当时世界建筑技术的成就，沙面建筑所用的钢材、水泥、马赛克、玻璃是外来的；所用的厕浴设备、上下水设备和结构是先进的，其通风采光防潮的观念是科学的；其规划平面和景观空间是合理的。④

如果对沙面建筑从不同的时空标准来定义其"风格"，冠以"古典主义""折中主义""亚洲殖民地式""法国乡村别墅式""英国维多利亚式""混有巴洛克风格的折中主义式"……⑤都是无可非议的。但其中广泛混有

---

① （清）梁廷枏：《粤海关志》卷二十五，《行商》，广东人民出版社，2002，第559页。
② 〔日〕田代辉久：《广州十三夷馆研究》，载马秀芝编《中国近代建筑通览·广州篇》，中国建筑工业出版社，1998，第65页。
③ 黄爱西东：《老广州》，江苏美术出版社，1999，第32页。
④ 黄佛颐：《城市规划志》，《广州市志（卷三）》，广州出版社，1995，第635~637页。
⑤ 汤国华：《广州沙面近代建筑群》，华南理工大学出版社，2004，第23页。

的"巴洛克风格"却是值得我们注意的。广州素有开放兼容精神,纳百川于海的气魄。沙面建筑艺术被中国工匠借鉴吸收,广泛运用到了广州的西关大屋、竹筒屋、骑楼、商场、别墅、邮局、银行、海关、宾馆、碉楼、园林、陵墓等建筑上。相比十三行时期,广州乃至全国尚没出现模仿夷馆建筑的现象,因清政府不容许。

四 广州外滩西濠巴洛克的东方智慧

中国近代建筑艺术是伴随着封建社会的解体,西方建筑的影响而形成的。广州近代建筑的发展与每一阶段的生产、生活方式和审美趣味有着直接的联系。从建筑艺术美学的角度看,颇有"巴洛克"艺术之精神。其特点如下。

(1)工艺水平低于江浙的传统木构建筑,在数量上仍占主导地位,但建筑风格和技艺手法有所变化。古代的西关大屋、竹筒屋由传统模式演变为中西艺术手法相得益彰的景观。

(2)近代工商业生产和以公共活动为主的社会生活,产生了新的建筑类型,具有一定的开放性。新工业建筑的出现与遍布全市的商住骑楼建筑使新建筑运动出现了一个高潮。新材料、新工艺、新结构产生出了新形式。

(3)封建等级制度的废除,社会体制的变革,要求创造出新鲜活泼、适应新的社会功能的建筑。西堤的许多新建筑则体现了这一新的审美功能要求。

广州西堤(包括长堤)近代出现的新类型建筑早期大都是直接参考西方类似建筑,有的直接请外国人设计,影响效果至今仍很大。因为单从艺术的角度来讲,它们是永远不过时的。如何保护和运用这些建筑与我们的现实生活又是紧密相联系的。西堤的标志性建筑是商业繁荣金融权威的象征,是艺术完美的结晶。西堤与长堤是一个有机整体,一起勾画出广州生机勃勃的江岸天际轮廓线,除了爱群大厦、三元酒家、新亚酒店等高层外,海关大楼、邮政大楼、南方大厦等多栋建筑物是令人震撼和诱人欣赏的。从历史照片上仔细观察,人民南路的骑楼建筑迎街立面极有个性,总体格调又是和谐统一的。连续性的街道立面构成了街道空间的动态美,不仅是视觉上的,还有心理学上的、社会学上的美,市场经济学的美。它们之间有"异质同构"的机理。

广州骑楼街是由西关大屋→竹筒屋→原生骑楼→多元化衍生骑楼发展而来的。一般平面布置为纵向排列：面街商铺之后，接着二进、三进……延伸。开间分单开间、两开间、三开间……街立面一般可分楼顶、楼身、骑楼廊道三部分。随着近代公共建筑类型功能要求的增加，骑楼的平面布置、整体结构也相应地发生了变化。有些骑楼不再是早期的"竹筒屋"式的平面布置延展状态，能灵活地与新建筑功能相适应，从多侧面留出骑楼的柱廊式空间。建筑高度不再限于低层，多层，高层建筑也与"骑楼"结缘。广州最早的"第一高层"——长堤爱群大厦也是以骑楼的型制引领时代（近代）之潮流数十年。骑楼建筑的功能属性主要是商－住，百米之内必有饮食小吃，故餐饮业建筑也利用了骑楼形式。电影业的发展，电影院建筑也采用了骑楼；酒店、宾馆也可采用骑楼……骑楼建筑具有新的、广阔的运用领域。

一般骑楼的共同艺术特色不言而喻。骑楼商铺是南欧建筑通过南洋登陆广州，结合岭南气候特点而创作的产物。骑楼骑跨人行道、相互连接成自由步行长廊和店面，既遮阳、又避雨，利于逛街购物，富于人本艺术，具有无限情趣。

鳞次栉比的骑楼建筑因地制宜"度身"定造，高宽低瘦各有奇妙。连排骑楼街有连排的山花女儿墙，有罗马柱满洲窗，让人有阅读不尽的文化韵味。"山花"是立面上一种"山墙"式装饰构图，有时也用到门窗洞口组件之上，这是典型的西方建筑元素。在此基础上千变万化，形态无一雷同。女儿墙又称压檐墙，往往成为山花两边延伸的艺术性短墙。来源于西关大屋的"满洲窗"，五颜六色的"彩玻"与妙趣横生的花格窗花，更为骑楼带来内在的涵养。

太平南路（今人民南路）是1919年广州拆鸡翼城后填平了西濠修筑的，由于位于广州城太平门之南，故名。该路北接丰宁路（今人民中路）南抵珠江，长820米、宽32米，为当时广州最宽的马路之一，两旁高敞的骑楼建筑和悠闲的行人，颇有步行街的意味。沿路的新亚大酒店，中央大酒店、冯强鞋店等都是盛极一时的名号，集中体现了20世纪广州街道的辉煌。

骑楼与巴洛克的文化心态高度一致。从建筑艺术风格上看骑楼，它们是最有世界性品牌效应的建筑文化实体。150多年的十三行时期，因专制制度广州没有一栋房子是"敢"模仿商馆"洋楼"的。只有进入近代，始于商业建筑的近代骑楼才开始普遍"洋"为中用。骑楼的建筑设计与施工过程是一个中西文化交汇的历史变革过程。分析某些典型的骑楼,可以探索到整个骑楼的艺术特色。

五 民间巴洛克建筑的民主开放精神

在中国大地上,有一个短暂的大规模公开批判封建专制主义的时期,于是也给中国的城市近代化以有力的推动。广州传统建筑的演变与转型可用一条"双轨制"路线图表示(见图1),两"轨"之间当然有一定的交割:即本体的进化与相应的巴洛克化。

```
                ┌─ 竹筒商馆 ─── 骑楼建筑 ─── 公共建筑 ─┐
传统民居             │                                      │    传统特色
(西关大屋) ─┤                                       ├─  现代建筑
                └─ 早期商馆 ─── 晚期商馆 ─── 沙面建筑 ─┘
```

图1 广州十三行中西合璧建筑文化脉络

当沙面按规划建筑已满额,有些公共建筑建在西堤,于是西堤出现了"体现国家政府"意志的巴洛克式的公共建筑。这些种类不同的公共建筑——如粤海关大楼、邮电大楼、百货公司南方大厦,等等,均为20世纪初所建,可说是体现国家意志的一类建筑。在当时世界建筑发展趋势影响下,基本上是外国人设计、中国工人施工而成。而与此同时并进的民间(含华侨)大量商住建筑,可谓没有建筑师的民间式巴洛克建筑的另一标志。

广州民居西关大屋存在一个传统——半西化——西化的过程。当西关大屋被挤压成竹筒后也有这样一个过程。

历史转了一个圈,又回到了广州巴洛克艺术的原点。出现在十三行历史街区十三行路、和平路、浆栏路、光复南路古街古巷的"民间巴洛克"艺术建筑给人以强烈的感染力和震撼力。十三行历史街区的布局格式从道光年间至今都没有变化,具有某种历史文物和纪念性的价值,已受到学界经常性地关注。①

十三行历史街区作为西方人进入中国大陆"一口通商"的门户,具有居留地的特征但不同于租界,只能说是租界的萌芽。20世纪20~30年代,

---

① 赵春晨、陈享冬:《应该重视对广州十三行商馆区的研究》,冷东主编《十三行与广州城市发展》,中国出版集团,2010,第166页。

人们才真正开始认识外来文化并开始接受外来文化。① 这种仿巴洛克式的装饰能彰显自己的财富和发展②，还能带来商业的氛围，也是无可非议的。实地可见十三行街区的建筑风格特质很符合采用巴洛克艺术。民间巴洛克建筑艺术是没有建筑师的建筑，建筑师就是业主、工匠、亲朋好友。他们依照始自道光年间的街巷，通过约定俗成自主所建的商住屋，反映出当时城市的国际化背景、全民重商的社会风气，追求富裕自由的文化精神。这种竹筒屋的建筑立面纵向上下三段式，横向也力求三开间划分，一般都能形成既简练又有表现力的构图。上部为山花、穹顶、中间为多样形组合的"标准段"、下部为迎街立面（主副）入口。

相同的地理环境、文化背景、气质特征，以及共同的心理状态，会拥有较为一致的建筑风格特质。巴洛克建筑山花立面正是在"天理，地理，物理，情理"共同作用下产生的。共同的地域民俗风情，是一个民族多种特征中最突出和较为持久的因素。它是人们自发、不自觉地形成的，它可以代代相传，指导人们对外界世界作出反应，这就是所谓"集体无意识"，而我们每个人所展现的只是"个人无意识"。用荣格的话来说即"并非由个人获得而是由遗留所保留下来的普通性精神机能，即有遗传的脑结构所产生的内容"。③

标准层的设计可以是造型各异，但有上下协调多元化的门窗墙体，也可以用巨柱式的手法一气贯通。产业投资雄厚的家族，可统一设计构成连体的迎街面。房子有高有低，但各有自身完美的构图。阳台是一个重要的构图要素，整个街区阳台栏杆花样繁多，但并不造成冲突。各种材料栏杆栏板镂空型的、栏杆宝瓶式的、外曲外凸的各有欣赏价值。实腹板式的也有特别的功能、构图意义。

首层大门入口是一个最重要的景观面。民间巴洛克百花齐芳，构成了一道最活跃的风景带。这里是出入交流、经商、迎宾、家居休闲经常交结的地方，也是家族团体跟外界社会交融互动的接合部。一般规律是：即使楼房朴素点大门入口也要漂亮点。这说明大门是建筑装饰中的重点部位。有的中西结合，留有西关大屋趟栊门的三大件；有的引用拱券造型，颇具

---

① 薛颖：《岭南建筑装饰艺术研究》，华南理工大学出版社，2012，第57页。
② 李穗梅：《十三行商馆区西式建筑的起源》，冷东主编《十三行与广州城市发展》，世界图书出版广东有限公司，2010，第107页。
③ 申荷永：《荣格与分析心理学》，广东高等教育出版社，2004，第15页。

动感；有的采用巨柱式扩大入口高阔效应。总之，大门是街道最生动的美学部位，可今天的现状是：几乎全被破坏。

一般传统建筑的堂号、楼徽、店名、商标均与建筑融为一体，采用匾额、山花神龛、浮雕壁画等加以艺术展示，十分突出但并不掩盖固有建筑本身的美。历史街区的保护和利用就是要按照这些传统建筑的基本构造、装饰艺术、历史记忆进行专业性的修复，反对用"一桶灰浆"涂鸦一"新"，将上述非常成功的装饰细节一股脑抹掉。自古街道色彩、建筑色彩都是很讲究并严格管制的。说它没规律实际有规律。它与气候、环境、材料、社会风俗、哲学美学观念密切相关。十三行街区的各个建筑虽色彩不一，但整个街道色彩是统一的。这才是事物的真谛所在。凭借一摸脑袋一个指示、一声号令一刀切，除了浪费和折腾，从来就创造不了美。

十三行历史街区的建筑属南粤巴洛克建筑的典型代表，应严格禁止破坏建筑本体之美的广告牌。十三行街区大量虚张声势的广告牌喧闹浮躁，对十三行街区建筑形态美造成了极大的破坏，以现代的广告牌连续放置，占据大量视野面，对打造特色旅游并不合宜。世界纵横，凡广告泛滥的国度，假冒伪劣的商品特别多。

综上所述，十三行民间巴洛克建筑尽管历史价值、艺术价值厚存，但其命运仍为不定式。

早在1981年国际建筑师协会第14届大会上通过的《华沙宣言》指出：

> 建筑学是为人类建立生活环境的综合艺术和科学。建筑师的职责是要把已有的和新建的、自然地和人造的因素综合起来，并通过设计符合人类尺度的空间来提高城市面貌的质量。建筑师应保护和发展社会的遗产，为社会创造美好形式保持文化发展的连续性。[①]

正在整饬十三行街区的当局者们是否具有30多年前"华沙宣言"的思想精神呢？由海上丝绸之路引入、由世界商埠文化裹挟而来的十三行历史街区古典复兴的巴洛克建筑艺术，能否被模范地用于开展国际性文化旅游，积极促进"一带一路"倡议实施，获得可持续发展的命运，令人拭目以待。

---

① 转引自《华中建筑》1990年1月合订本，第40页。

十三行历史街区曾发生过三次大型火灾（小型火灾暂不计）、两次鸦片战争、日机的疯狂轰炸，河海陆地变迁、商馆码头沧海桑田，真可谓多灾多难。十三行的沧桑史还有地理的、社会的、经济的、文化的方方面面因素。广州西关的城市建设就是顺着这条跌宕起伏的脉络发展变化着。从怀远驿到十三行，从十三行到沙面，从沙面到西堤，从西堤又回到十三行历史街区，十三行推动了西关、南关、河南南华街区的发展，有太多东西值得我们思考！今天的城市旅游开发不能割断这些历史脉络的联系，城市文化景观设计也要注意给历史应有的地位。

　　论出于史，治史以研究原档为崇。从历史档案中、从历史实物遗存中、从遗址中，学习十三行历史有助于人们在建设全新的、现代化的、开放性的城市文化，把握经济社会发展的客观规律，在世界性的国际商贸角斗场上，把握随时而来的机遇和挑战，而避免历史悲剧的重演。

伍崇晖后裔在澳大利亚

——记伍秉鑑第七位儿子

伍凌立[*]

广州十三行伍家先后有两家行商，伍钊源顺行营业时间为1782～1795年，伍秉鈞和伍秉鑑、伍元华、伍崇曜怡和行营业时间为1793～1843年。1811～1863年伍秉鑑、伍元华（秉鑑第四子1801～1833年）、伍崇曜（秉鑑第五子）先后担任行商首领，伍崇晖是伍秉鑑第七位儿子，在澳大利亚英文绰号"Ah Kin Howqua"，在墨尔本Avoca阿沃卡矿区法院工作，是法院口译员兼商人，曾投资建设该矿区剧院、旅馆等市政和民用建筑，这些产业后来毁于火灾，对当地经济发展有历史贡献，受澳大利亚政府尊敬，其后裔约有100人。

一 历史背景

1842年8月，《南京条约》签订结束第一次鸦片战争。主要内容有：割让香港岛给英国；赔款2100万元；开放广州、厦门、福州、宁波、上海为通商口岸。

随后签订了领事裁判权和片面最惠国待遇，道光二十四年（1844）七

---

[*] 作者简介：伍凌立，1956年12月生于广州市，系伍秉钧和伍秉鑑第八代孙，又系伍秉鑑长子伍元芝和二子伍元兰儿子伍长绵后人（嗣子）。华南理工大学工民建大专毕业，深圳市众望工程管理有限公司总监、深圳市致远达工程咨询有限公司总经理，广东省土木建筑学会会员、中国土木工程学会会员、中国民主同盟盟员、国家注册监理工程师，房地产经济师，广州十三行文化促进会副会长。

月三日清朝与美国在澳门望厦村签订不平等条约《望厦条约》，条约又称《中美五口通商章程》，使美国享有英国在《南京条约》的一切特权外，增加了如美国兵船可任意到中国各通商港口巡查贸易。同年八月十四日，清政府与法国在广州黄埔签订不平等条约《黄埔条约》，使法国享有美国在《望厦条约》中取得的一切特权外，允许法国天主教徒在通商口岸自由传教，修建坟地，清朝地方政府负责保护教堂和坟地。

1845年，英国驻上海第一任领事巴富尔强迫清政府签订《上海租地章程》，率先强迫洋泾浜北侧辟为"英租界"。1854年，英、法、美在上海租界区内工部局，实行完全独立于中国行政系统和法律制度之外的殖民统治。

1851~1864年太平天国运动，战争给江苏、安徽、江西、浙江、湖北五省直接造成大量人口伤亡，其他战场如湖南、广西、福建、四川等省的人口也在流失，在流失的人口中，也包括到海外谋生的人口，1851年澳大利亚维多利亚省发现金矿，后称新金山。

1848年，190多名华工乘Onyx号轮船，在墨尔本港口登岸，70人因船上设备太差而生败血病，41人死于不同原因，能生还者，只有年轻力壮和航程较短的人。1853年①，大量华工由中国广东省乘坐54艘新旧不同、保养程度不一的船只来到维多利亚省，船只超载，又因饮食不良，发生惨剧。大量华人涌入，引起其他国籍人的反感，因此，在1855年6月，维多利亚省便按人头征收10英磅华人入境税［附件Jin（1）］，限制运载人数量。在1853年前，已有少量华人在金矿区工作，欧洲人还能容忍，之后大批华工涌入，在1858年维多利亚省华人数量为33600人，而在大金山（距Avoca阿沃卡很近）有3750人［附件Jin（2）］。见此，欧洲人十分愤怒，常引起矿区欧洲人与华人的冲突。由于文化和信仰巨大的差异，欧裔矿工与华裔矿工形成两个互不来往的群体［附件Jin（3）］。在一些极端的欧洲人眼里，华人的外貌打扮和一些生活习俗成为笑柄，逐渐成为憎恨的目标。华人矿工不被准许进入欧裔矿工采矿区，只允许在淘剩的废矿区淘金，但有时也有例外。

二 伍崇晖在广州

伍秉鑑第七位儿子伍崇晖（元芋）字良佐，号湘浦，生于道光八年七

---

① 详见Golden Dragon Museum——维多利亚大金山金龙博物馆简介，在本文最后附件Jin（4）。

月十二日，终于光绪六年五月初六（1828.8.31～1880.6.14），在广州伍氏族谱无埋葬地点记载①（见附件1）。

伍崇晖在道光二十一年（1841）遵豫工例郎中，捐修炮台经费，赏戴花翎；咸丰四年（1854）遵筹饷例报捐道员加四级，咸丰五年（1855）钦加盐运使衔，诰授朝议大夫，晋授资政大夫。

伍崇晖配室梁氏生于道光七年五月二十四日，终于咸丰九年六月二十一日（1827.6.19～1859.7.21），享年三十二岁，族谱有埋葬地点记载；侧室张氏生于道光二十七年丁未十月初九日壬时，终于同治十一年壬申五月二十七日辰时（1947.11.17～1872.7.2），享年二十六岁，有埋葬地点记载。

伍崇晖在广州有三子一女，长子伍长铿（见附件2.）、次子伍长濬（见图1）、三子伍长康，女儿名字无记载。

梁氏生有二子伍长铿和伍长濬，长子伍长铿，字鸿基，号寿彭，生于咸丰五年正月二十九日，终于同治十一年六月二十七日（1855.3.16～1872.8.2），族谱有埋葬地点记载；次子伍长濬，字亮基，号仲文，生于咸丰九年六月六日（1859.7.5），无终日记载，生一子延沛，号星雲，生于光绪十一年（1884）（见附件3.），无终日记载，在广州族谱无埋葬地点记载。

张氏生第三子伍长康，号荘衢，生于同治十年三月十五日（1871.5.5）无终日记载，生二子均无出生日期记载，和母亲张氏在广州族谱无埋葬地点记载。在广州伍崇晖后裔脉络图：

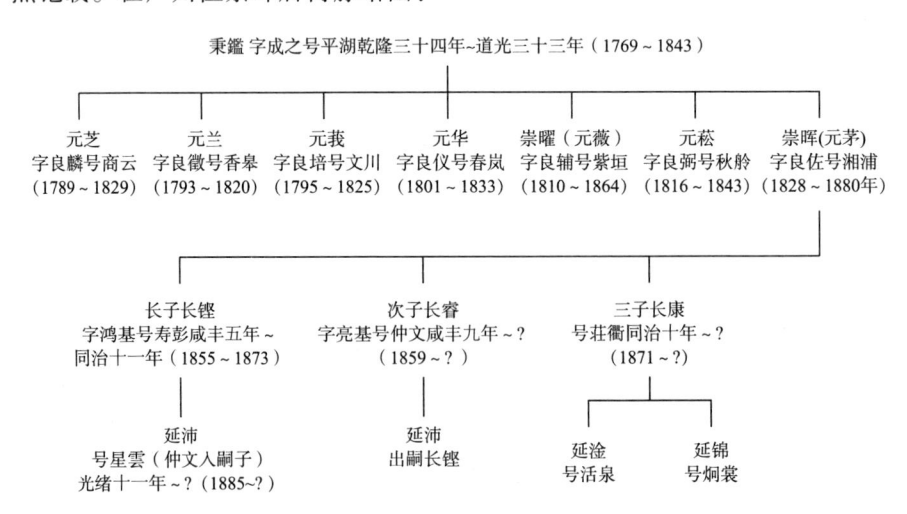

```
秉鑑 字成之号平湖乾隆三十四年～道光三十三年（1769～1843）
    ┌──────┬──────┬──────┬──────┬──────┬──────┬──────┐
   元芝    元兰   元莪   元华   崇曜(元薇) 元菘   崇晖(元茅)
   字良麟  字良徽 字良培 字良仪 字良辅    字良弼 字良佐
   号商云  号香皋 号文川 号春岚 号紫垣    号秋聆 号湘浦
  (1789~  (1793~ (1795~ (1801~ (1810~   (1816~ (1828~
   1829)  1820)  1825)  1833)  1864)    1843)  1880年)
                                                   │
                                    ┌──────┬──────┤
                                 长子长铿  次子长睿  三子长康
                                 字鸿基号寿彭 字亮基号仲文 号荘衢
                                 咸丰五年～  咸丰九年～？ 同治十年～？
                                 同治十一年  (1859~？)   (1871~？)
                                 (1855~1873)             │
                                    │         │      ┌──┴──┐
                                   延沛      延沛    延淦   延锦
                                   号星雲    出嗣长铿 号活泉 号炯裘
                                   (仲文入嗣子)
                                   光绪十一年～？
                                   (1885~？)
```

---

① 伍子伟主编《伍氏入粤族谱》，1956，第82页。

```
         ┌────────┬──────────────┬──────────────┬──────────────┐
        幼殇    德生(1919~?)  德铭(1922~?)   德志(1933~?)
                                              ┌──────┴──────┐
                                         子信(1948~?)  子平(1956年幼殇)
```

图1　广州伍崇晖后裔脉络图

三　Ah Kin Howqua（伍崇辉）在澳大利亚

Ah Kin Howqua 阿倾（粤语是扑克牌老 K 的意思）浩官①出生在中国广州，大约是 1829 年。他是一位受过教育的人，他离开中国去英国是 1845 或 1946 年，在最后的记录里，他声称，他的父亲仍被认为是一位普通的勇敢官员，也是中国广州的一名商人。

虽然，他的名字没有在游客登记表里，但阿倾浩官的入国籍记录显示，他是从国外的英国"无形的"于 1854 年到达澳大利亚。

1855 年 1 月在澳大利亚维多利亚，阿倾浩官给一个调查矿工申诉的英国皇家委员会作证，为调查尤里卡栅栏事件 Eureka Stockade，在 1854 年 12 月 3 日星期日黎明发生的一次冲突中达到高潮时成立该委员会。因为水，一致地认为是欧洲人与中国人之间冲突的主要原因。作为一名政府的翻译人员，阿倾浩官出现在对珀西代尔 Percydale 区的许多关于中国人死亡的调查审讯场合，包括 1866 年死于 Avoca 阿沃卡的 Ah A Fong 方，1870 年死于 2 号小溪的 Chack Cooey 和 Sing Fat。

阿倾可以继承他父亲的权力超过其他中国人，当委托人期间，他被问如果中国人在他们之间保持信息畅通，想要集合一次，这样能够做到吗？他回答"可以"，又被问"你能在一个月内集合他们，能吗？"他再次回答"可以"。

他离开澳大利亚一段时间，乘船进入南澳大利亚洲，记录显示他港乘"伊夫德拉·伊丽莎白（Evendina Elizabeth）"号船前往南澳大利亚洲 Colony，于 1856 年 6 月 18 日到达。不久，德里克（阿倾的岳父）和他们搬家到维多利亚州的阿沃卡，在离开英国前，阿倾可能已认识德里克一家，他很可能

---

① Ah Kin Howqua – descendants in Australia 阿倾浩官之后裔在澳大利亚，澳大利亚的族谱由阿倾浩官后人组织编纂。

负责他们移民到澳大利亚。

约瑟夫·德里克和哈丽特·帕森斯（Joseph Derrick，Harriet Parsons）的女儿埃伦诺·卡洛宁·德里克（Ellenor Caroline Derrick）是阿倾浩官后来的妻子。

埃伦诺·卡洛宁·德里克于1841年12月1日，出生在英国Bath Somersel果园街九号，洗礼于1842年1月11日。她和她的兄弟Albert Joseph，姐姐Harrieu离开英国，于1856年3月9日从Southampton出发，作为援助移民乘船"Atluir the Grea"号，于1856年6月4日到达澳大利亚维多利亚吉朗Geelong Victoria。到达以后，她已订下契约工作三个月，契约开始工作于6月25日，在"冷井"Chilwell的职员街（现在吉朗新镇的一部分）给"Rose Judge"小姐做媬姆，实际开始工作于6月23日，每年工资20英磅。

埃伦诺和阿倾浩官结婚在澳大利亚维多利亚阿沃卡街教堂于1858年7月3日进行。当时尽管阿倾被描述成中国的口译者，埃伦诺却没有职业显示。婚礼的证人是一位约翰·麦肯斯和一位伊丽莎白。

在1860年3月，阿倾已展示出他自己的物业所有权：阿沃卡，法拉第街，第30区，2号地块。而在这个时代有自己土地的，必须是一个欧洲人或一个授予入籍的澳大利亚国人，但记录显示，阿倾直到1862年1月21日才成为入籍的澳大利亚人。有自有土地是一个级别，在1863年，他是土地纳税人。同样记录他有小数量的份额在阿沃卡黄金矿业协会（1864）和黄金湖矿业公司，Percydale表上用浩官登记，是一个维多利亚Percydale（VIC 3478 at Avoca west）旅店的管理者，见照片2.，于1873年，才作为大份额的持有者。

他建立Grantdale旅馆在Fiddiers Creek（at Perry Bridge VIC，后来命名为Percydale）和当酒店执行老板（adv. 阿沃卡邮件1869年5月15日），在那个年代，旅馆由木料和铁搭建，包含有一个餐厅，2个起居室，2个卧室加上使用的房间，是独有的家庭式旅馆。这个酒店被火毁坏，在1871年重新命名为Percydale旅馆（照片2、照片3）。旅馆有16间客房供膳宿，结构坚固，内部包含一个大剧院，可开音乐会，亦可作会议厅等。那个年代，这个剧院在阿沃卡地方，可以说是最豪华的，甚至在墨尔本，也找不到这样精巧和装饰如此高标准的建筑。

阿倾浩官和埃伦诺共有七个孩子：

照片1　阿沃卡黄金矿业协会在 Percydale（Avoca）旅馆门前合影（Sandra 提供）

照片2　Ah Kin Howqua 在中间（Sandra 提供）

照片3　现为 Avoca Hotel（Percydale）阿沃卡旅馆（2018 年春节期间拍摄）

M ［1］ William Howqua	7.5.1859 – 20.10.1862	
威廉浩官	1859 年 5 月 7 日出生	1862 年 10 月 20 日去世
M ［2］ Henry Howqua	2.4.1862 – 2.9.1942	
亨利浩官	1862 年 4 月 2 日出生	1942 年 9 月 2 日去世
M ［3］ James Howqua	1864 – 25.6.1870	
詹姆斯浩官	1864 年出生	1870 年 6 月 25 日去世
W ［4］ Clara Howqua	1867 – 24.8.1934	
克莱拉浩官　照片4.	1867 年出生	1934 年 8 月 24 日去世
W ［5］ Eleamor Howqua	1869 – 4.1950	
埃莉诺浩官照片5.	1869 年出生	1950 年 4 月去世
W ［6］ Louisa Howqua	1871 – 31.8.1952	
路易莎浩官	1871 年出生	1952 年 8 月 31 日去世
M ［7］ Albert Howqua	27.1.1874 – 16.6.1949	
阿伯特浩官照片6.	1874 年 1 月 27 日出生	1949 年 6 月 16 日去世

1873年12月15日（星期六），据阿沃卡邮报报导，源自"一个致命的体内疾病"，致使44岁的阿倾去世。阿沃卡邮报进一步陈述，在最后出庭警察法庭表明这种致命疾病是病毒性的。他的死讯被看作是阿沃卡重要损

照片4　　　　　　　　　照片5　　　　　　　　照片6
Clara Howqua 克莱拉浩官　Eleamor Howqua 埃莉诺浩官　Albert Howqua 阿伯特浩官

照片7　William Howqua 威廉浩官、James Howqua 詹姆斯浩官

照片8　Ah Kin Howqua 阿倾浩官墓地，在墓群中放在首行（照片2018年春节期间拍摄）

照片9　阿倾浩官在 Avoca 阿沃卡矿区住房遗址

照片10　阿倾浩官在 Avoca 阿沃卡工作过的法院遗址（2018年春节拍摄）

失。12月13日（星期四），他进入 Amherst 医院，也在那里逝世。他被埋葬在位于阿沃卡公墓北端排列。这个墓穴包含比他先去世的孩子威廉和詹姆斯。

四 阿倾浩官后裔

1. 阿倾浩官的长子 William Howqua 威廉浩官

威廉浩官于1859年5月7日出生在阿沃卡，由于伤寒发热去世于1862年10月20日，在官方的教堂埋葬。根据当地人的资料和埋葬的证据，把威廉描述为"神父的朋友"。

詹姆斯·华莱士又证明，威廉被埋在阿沃卡 Cemetery 与他的父亲和兄弟詹姆斯同一个墓穴。

2. 阿倾浩官的次子 Henry Howqua 亨利浩官

亨利浩官在1862年4月2日出生，于1887年4月9日与 Ellen Hodge 埃伦·霍奇结婚，她出生在维多利亚巴拉兰特。她的双亲是乔治·霍奇和埃伦·萨克斯顿。亨利在 Percydale 拥有土地。他们有三个孩子：

WW［21］Louisa Ellen	1887 - ??	
路易莎埃伦	1887年出生	去世不详
MM［22］Albert Henry	1888 - 1967	
阿伯特 亨利	1888年出生	1967年去世
WW［23］Effie	20. 11. 1892 - 1903	
埃菲	1892年11月20日出生	1903年去世

阿伯特·亨利第一个女儿为心脏病医生，无子女，遗产捐献医学，第二个女儿无音讯。

3. 阿倾浩官的三子 James Howqua 詹姆斯浩官

詹姆士浩官在阿沃卡1864年出生，1870年6月25日去世。他被埋葬在阿沃卡公墓，与父亲和兄长威廉同一墓穴。

4. 阿倾浩官长女 Clara Howqua 克莱拉浩官

克莱拉浩官于1867年出生在阿沃卡。在1887年4月7日在阿沃卡英国教堂，与 William Hughes 威廉·休斯结婚，威廉于1861年出生在 Cacnarvon Wales，是一位矿山检查员。他的双亲是汉弗莱·休斯（农夫）和玛格丽特·

罗伯特，威廉·休斯由于"矿工的肺结核"，于1918年4月6日在昆士兰克朗克里去世，被埋葬在那个镇上的公墓。

克莱拉和威廉有6个孩子：

WW〔41〕Margaret Ellen Hughes	1888 – 1941	
玛格丽特 埃伦·休斯	1888年出生	1941年去世
WM〔42〕William Senor Hughes	1890 – 1927	
威廉·西尼·休斯	1890年出生	1927年去世
WW〔43〕Grace Louisa Hughes	1892 – 1959	
格雷斯·路易莎·休斯	1892年出生	1959年去世
WM〔44〕Albert Oscar Hughes	21.7.1895 – 30.6.1956	
阿伯特·奥斯卡·休斯	1895年7月21日出生	1956年6月30日去世
WM〔45〕Caradoc Llewelyn Hughes	1898 – 24.9.1972	
喀拉多克·卢埃林·休斯	1898年出生	1972年9月24日去世
WW〔46〕Ethinia Clare May Bodocia Hughes	1909 – 30.8.1960	
埃丝尼尔·克莱尔·博多苏尔·休斯	1909年出生	1960年8月30日去世

（1）克莱拉的第一个外孙子，Margaret Ellen Hughes 玛格丽特 埃伦·休斯的儿子鲁伊宾·欧内斯特·贝德福德于1917年9月17日在Northcote出生。在阳光明媚的1941年11月6日，他与凯思琳·多丽丝·博斯海结婚，她是乔治·亚历山大·博斯海和弗罗伦斯·伊丽莎白·罗干的女儿。在第二次世界大战期间，他作为陆军士兵服役于新几内亚Sigeals Coep，有一段时期家里被通知，他在一次前线的敌后行动中下落不明。他避免被俘，最终返回到他的部队。

（2）克莱拉的第二个孙子，William Senor Hughes 威廉 西尼·休斯的第三个儿子 WMM〔423〕Maxwell Sener Hughes 马克斯韦尔·西尔·休斯，第二次世界大战时参加澳大利亚陆军，是摩托通讯兵见（照片7），他的军人骨灰盒编号V315014见（照片8），在新内几里亚与日本军队作战，日军战机轰炸澳大利亚的悉尼港口商船，被炮弹炸伤，是荣誉军人。

（3）克莱拉的第五位儿子 Caradoc LLewelyn Hughes 喀拉多克·卢埃林·休斯（见照片9、照片10）。

照片 11　Maxwell Sener Hughes 马克斯韦尔·西尔·休斯
照片 12　　西尔·休斯军人骨灰盒编号 V315014

照片 13　Caradoc LLewelyn Hughes 喀拉多克·卢埃林·休斯

照片 14　喀拉多克·卢埃林·休斯参加女儿婚礼。（人物照片由 Sandra 堂姐提供）其他亲属以下照片。

照片 15　已不在世的 Sandra 的叔伯、母。

照片 16　前排中间为已不在世最后仍然姓浩官的姑妈和表、堂姐妹。（人物照片由 Sandra 堂姐提供）

照片 17　澳洲家族聚会

照片 18　为喀拉多克·卢埃林·休斯的女儿一家（2018 年春节）

照片 19　左 1 是 Sandra、左 2 是作者、左 3 是 Sandra 的堂姐、堂姐夫。叶云霭博士在她家外留影，堂姐夫为澳大利亚阿倾浩官后裔族谱编纂人（2018 年春节）。

五　结论和后记

虽然，伍崇晖与 Ah Kin Howqua 出生和去世时间在澳大利亚族谱与广州族谱记载有些不同，因为广州没有崇晖去世后的埋葬地和其他活动时间记载，而阿倾浩官在澳大利亚有埋葬地和时间，阿倾在澳大利亚做事的时间段里，在广州没有崇晖的任何记载，而在澳称作 Howqua 的只有来自广州的伍秉鑑后人，因此，笔者判断他俩是不同名称的同一个人。

根据阿倾浩官后人 Sandra 口述，阿倾浩官 1845~1946 年去英国读书，年约十七八岁，学的是法律，职业又是法院口译员，在华人群与澳大利亚英语人群交流中起着重要作用，他兼做生意。根据墨尔本研究华人历史学者讲述，当年货运来往主要依靠一位华人首领刘氏，他有船队，刘氏在马来西亚出生，会多种中国方言如：白话、闽南话、客家话、普通话，他也会英语、意大利语、法语。曾有当年广告："华人回香港、中国大陆，可以找 Ah Kin Howqua 阿倾浩官，买船票。"当年华人男子婚姻，政府限制与华人女子结婚，如回国时间不能超过多少个月，提倡华人男子与当地来自其他国籍的女子结婚。

在澳大利亚 Ah Kin Howqua 阿倾浩官的历史受政府尊重，每年政府举行的华人活动中，会邀请 Ah Kin Howqua 阿倾浩官的后裔参加，Sandra 就是家族在社会活动的代表。

附金龙博物馆简介（见附件 Jin1～4）。

到达大金山 Arrival in Bendigo "Dai Gum San"

藏最丰富的大金山矿脉吸引来了大量的华人矿工。1853年由中国广东省乘坐54艘新旧不同，保养程度不一的船只到澳洲的维多利亚省，许多超额载客，而且船上的食用不佳，引致很多惨剧。1848年，一百九十名华人乘Onyx号轮船，在墨尔本海港登岸，七十人因船上的设备太差而生坏血病，四十一人死于不同的因素，余下的生还者是因为他们年轻力壮而且海程较短之故。因为大量华人入境，引起数国籍的反感，因此，于1855年6月，维多利亚省便征收十英镑华人入境税，还限制船只运载华人的数量。每平均十吨的载重，只限运载一名华人乘客，此举令到运载的费用十分昂贵。在1855年至1875年间，有些船只如北方之星号（Estrella De Norte），威林他特号（William De Tweed）及年青美利坚（Young American）号便超载严重。

附件 Jin（1），在维多利亚大金山金龙博物馆简介中抽出。

大金山金矿区 The Goldfields of Bendigo

在1853年之前，早已有华人在金矿区工作，但人数甚少，所有欧洲人仍可以容忍。由于1853年后，大批移民涌到，在1858年维多利亚省华人为数约3,3600，而在大金山则约3750人。欧洲人因此十分愤怒，也因此引致很多金矿区上的冲突。大部分华人抵达维多利亚省后，互相团结，自食其力，他们凭着身份证分配到同乡所聚之处。每个组织的管工以合约方式分配给他们可掘⋯⋯

附件 Jin（2），在维多利亚大金山金龙博物馆简介中抽出。

澳洲的金山客 Chinese Miner in Australia

把19世纪中期的淘金潮作为背景，墨尔本（Melbourne）曾经是一座黄金堆砌的城市，这里也曾经是6万多个淘金客寻梦的他乡。1851年，继美国旧金山的淘金潮后，澳洲东南部的维多利亚省发现了丰富的浅表金矿。来自世界各地的淘金客蜂拥而至，其中有6万淘金客来自中国广东。当时的中国正值满清和太平天国之争，乡间因此有很多因田地发生的纠纷。台山地区群地很少，很多族群发生械斗。曾经在一个月内，有三千人在田地之争中丧生，许多家庭面临严重的经济困境。据说当时一名在墨而本做工的木匠，把发现金矿的好消息写信告诉台山的家人。澳洲发现金矿的消息，给这些生存在困境中的家庭带来一线希望。

因为文化和宗教信仰有巨大差异，欧裔矿工和华人矿工形成两个互不来往的群体。华人的外貌打扮和一些生活习俗成为笑柄。在一些极端的欧洲人那里，成为憎恨的目标，华人矿工通常不被准许进入欧裔矿工的采矿区，只准在淘剩的废矿区淘金。但是也有例外的情况，1855年，一批华工在一个叫阿拉瑞特的村庄露营时，在河边发现了金沙。自此发现了著名的广东矿⋯⋯

附件 Jin（3），在维多利亚大金山金龙博物馆简介中抽出。

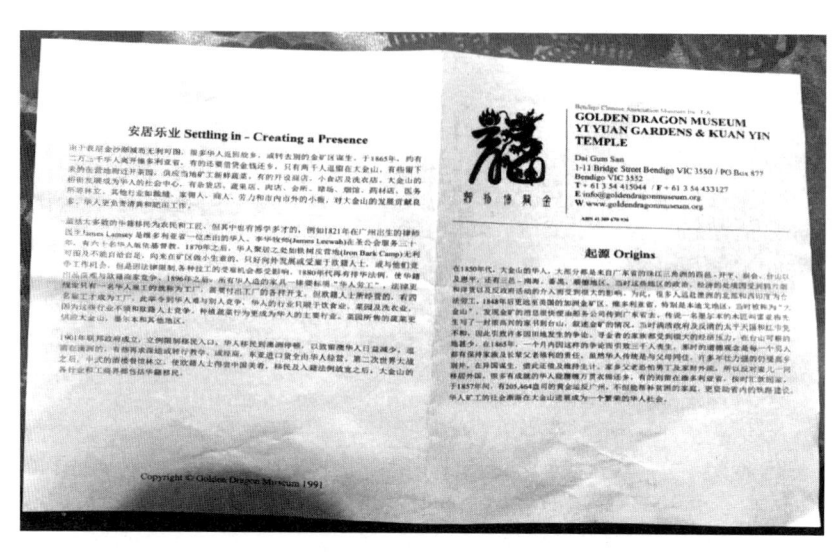

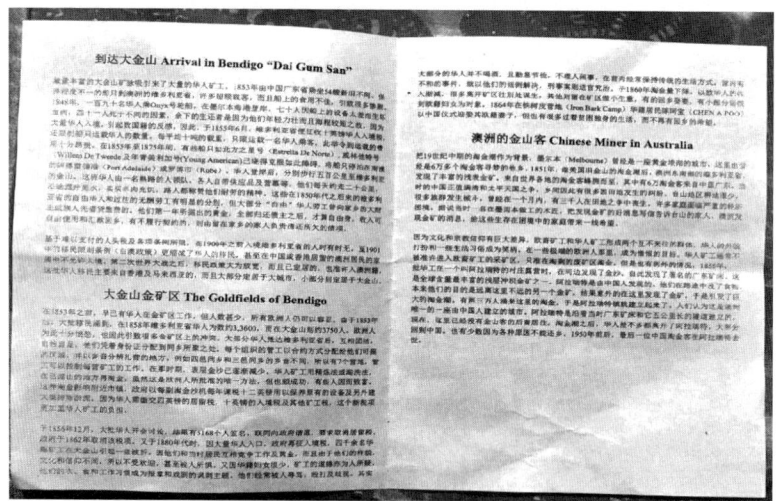

附件 Jin（4），维多利亚大金山金龙博物馆简介。

附件1 《伍氏入粤族谱》1956年伍子伟主编第82页。

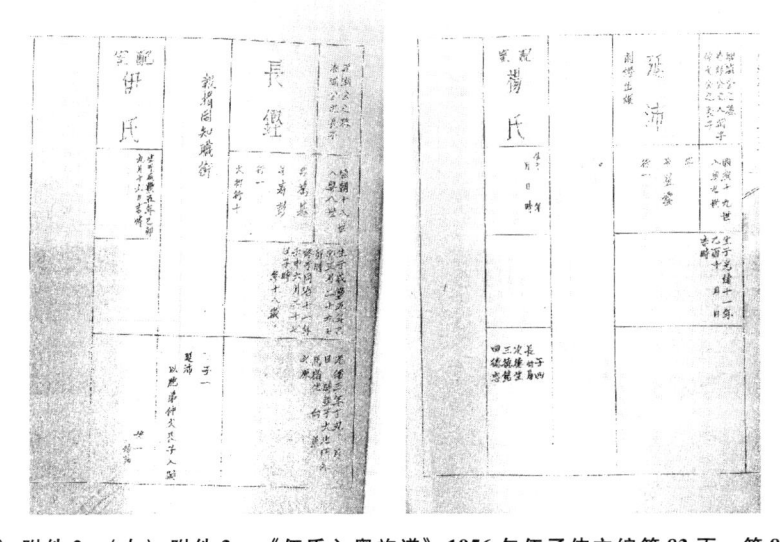

（左）附件2、（右）附件3 《伍氏入粤族谱》1956年伍子伟主编第83页、第84页。

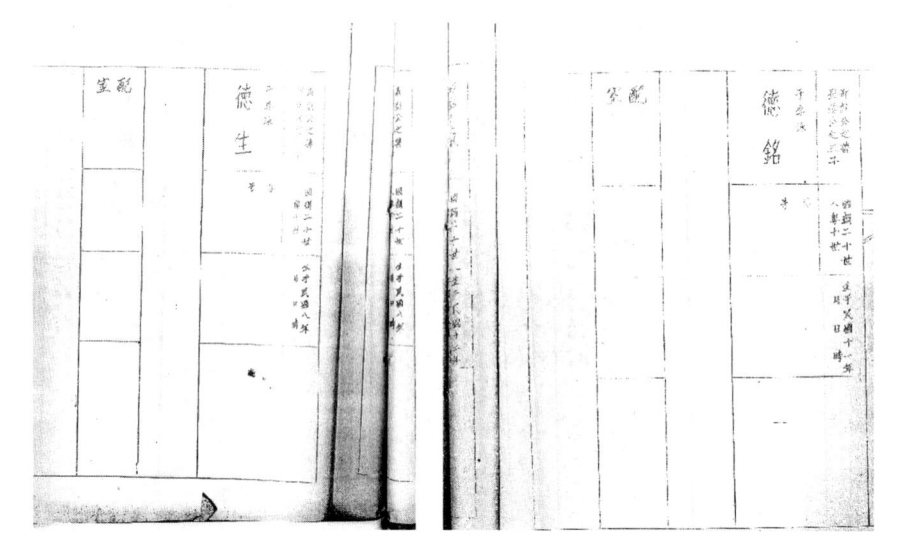

（左）附件4、（右）附件5　《伍氏入粤族谱》1956年伍子伟主编第85页、第86页。

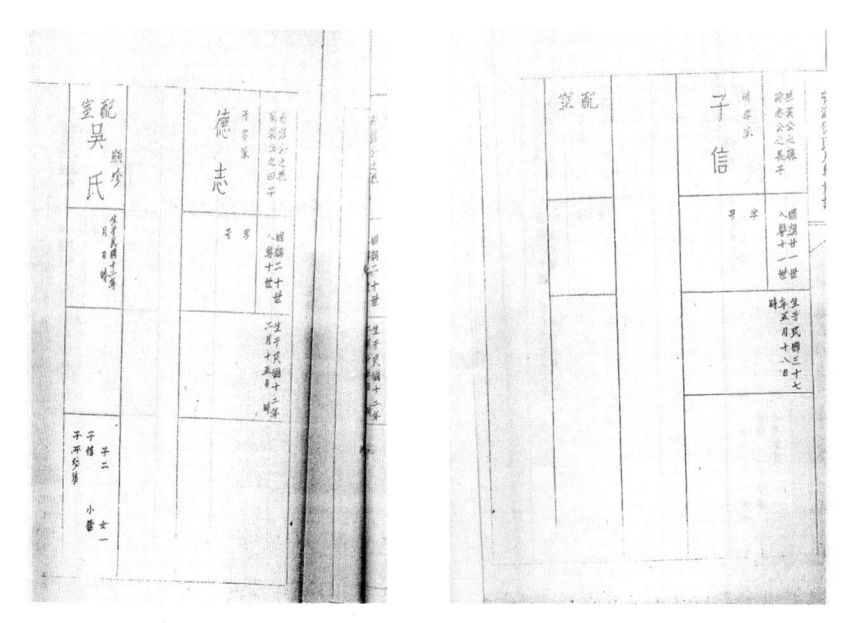

（左）附件6、（右）附件7　《伍氏入粤族谱》1956年伍子伟主编第87页，第88页。

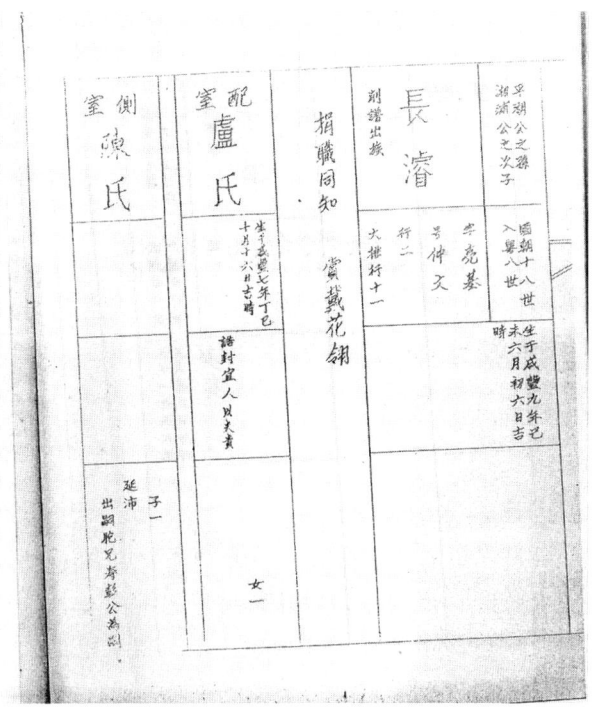

附件8　《伍氏入粤族谱》1956年伍子伟主编第90页。

2019年9月8日完成

清代皇帝的外贸观

潘刚儿[*]

商贸思想是经济思想的一部分，经济是商贸活动的基础。重农抑商自古以来是中国固有传统，也是清朝对外贸易思想的根基，这种思想导致国内经济发展缓慢，清代诸帝为维护其封建统治，传承祖训，实行严格限制的"海禁"政策，并以"朝贡贸易"为核心应对全球化贸易自由化的挑战。清帝固步自封，视己为"天朝上国""天下共主"，采取消极的对外贸易态度，对内扼杀资本主义萌芽，抑制、打压外贸商业的发展，视洋商为其奴隶，隔绝中国人与外国人的交往。愚弄国民。以下通过听其言，观其行，分述清代各帝的外贸观。

一 顺治帝（1638~1661）

顺治十二年（1655），正式在全国实行海禁，规定"广东禁海，凡系飘洋私船，照旧严谨"[①]，"海船发给执照，许令出洋外，若官民人等擅造两桅大船，将违禁货物出洋贩往番国，并潜通海贼，同谋结聚，及为向导劫掠良民，或造成大船，图利卖给番国，或将大船赁与出洋之人，分取番人货物者，皆交刑部分别治罪"[②]。顺治十七年（1660），颁布"迁海令"，又禁

---

[*] 潘刚儿，华南理工大学教授，广州十三行商后裔，广州十三行研究中心兼职研究员。
[①] 《清世祖实录》卷33；敕修《故今图书集成》，台北文星书店，1964年影印本；《光绪大清会典事例》卷62；《皇朝政典类纂》卷388。
[②] 《光绪大清会典事例》卷629《兵部》。

止人民出海贸易。其实，清代在此之前早已执行海禁政策。《户部题本》称："自我朝鼎革以来，沿海一带，俱有严禁，一船不得下海开洋。"① 这一"禁海"政策，一直持续到康熙中叶，这些政策具体包括"对国产货物的出口以严格限制""严格限制中国商人制造海船""禁止中国史书流出国外"等。以这些消极被动的政策应付来到中国大门口跃跃欲试的海外各国，目的是要隔绝中外的任何交往。防止异端势力与海外势力联合起来从事反抗清廷统治，是清朝对外贸易法制形成的根本原因。香港大学马楚坚教授的论文《有关清初迁海的问题——以广东为例》对有关顺治朝禁海、迁界、复界问题以第一手资料，深入的取证，通达宽广的考察、分析，取得别具卓见的研究成果。②

二 康熙帝（1654~1722）

康熙统治年代初期，康熙八年（1669）三月八日颁旨，命永远停止圈地。政府推行经济政策，执行废除圈地（大规模侵占农民土地）制，实行更名田，奖励垦荒，蠲免钱粮，兴修水利，奖励蚕桑纺织，改革赋税制度等，尽力恢复和发展封建经济秩序。康熙休养生息的政策，其目的在于恢复封建小农经济结构，并促使满族贵族统治阶级进一步向封建化道路发展。康熙有浓厚重本抑末思想。康熙二十三年曾上谕中称"农事为立国之本"，康熙二十九年又上谕户部，继有"阜民之道，端在重本"③ 之旨，康熙三十九年七月，上谕户部，强调"国家要务，莫如贵粟重农"④。

康熙执政初年，公布禁海令。"禁海"曾对西方殖民者的侵略活动，起过一定的自卫作用。但清政府严格限制对外贸易，对工商贸轻视与压抑，限制了商业和手工业的发展，并使中国失去了对外贸易的主动权，严重阻碍了资本主义萌芽和成长，使封建自然经济长期延续。"闭关"有一定的社会历史根源，它是重农抑商思想的延续，重要的是隔绝人民与外界联系，以利于专制统治。

康熙二十三年（1684），郑成功收复台湾，祖国统一。东南各沿海省份

---

① 《户部题本》（顺治十年三月十七日），台北中研院《明清史料·巳编》第二本，1959。
② 马楚坚：《明清边政与治乱》，天津人民出版社，1994，第257~277页。
③ 《清实录五·清圣祖仁宗皇帝实录》（二）卷144，中华书局，1985，第584页；
④ 《清实录五·清圣祖仁宗皇帝实录》（二），卷200，中华书局，1985，第37页。

请求恢复对外贸易的正常秩序。1684 年，鉴于清朝政权日趋稳固，三藩平定，台湾统一，康熙不顾大臣们的反对，改变原来"寸板不许下海"的禁海政令，实行有限制的海外贸易政策，"开海"之后，中国对外贸易以空前未有的速度发展。两年后，因西方殖民主义者在我国沿海进行各种非法活动，康熙又下令在江苏云台、浙江宁波、福建漳州、广东广州设立江、浙、闽、粤四个海关，又只许西船在广州等四口岸贸易。[①]

康熙朝规定本国商民出海贸易的船只一律限定载重为 500 石以下，且只能打造单桅，须预先禀明地方官，登记姓名，取保具结，从所在地方领取执照，还要在船头烙印号码以备出入港口时官府查验；私带违禁品，如硫黄、军器等物出洋的"照例处分"。[②] 出海船只须缴纳货税、船钞及"耗银"等杂税。政府严格限制进出口商品的种类和数量，中国起初出口的商品大部分是茶叶、大黄等，对丝绸等手工业品的出口有一定的限制，对铜、铁等制品的出口更有严格的限制。政府对外销经营上也严格管制，康熙在通商口岸推行垄断对外通商的"行商制度"，依靠行商经营对外贸易，并通过行商来治理、控制外商。

相对于本国商民出海贸易政策，外国商民来华贸易政策要相对宽松得多。在康熙"开海"之前，海外国家便可以以"朝贡贸易"为借口来中国贸易，也有个别国家凭借贸易许可证自由出入中国海港。对于税务方面，商船货船，需交纳同本国商人一样的货税、船钞，蠲免杂费。征收船钞的标准也远远低于本国商人的标准。"开海"之后，据史料估算，西方商船所负担的船钞税仅占贸易额的 0.85%。康熙帝统治初期，曾实行过奖励对外贸易政策。

康熙五十六年（1717），因为担心本国商民勾结外人进行反清活动，规定除与东洋贸易外，不许中国商船到欧洲人控制下的南洋地区进行贸易。[③] 只许外商来华贸易。在保守势力影响下，政府实行严格"闭关锁国"政策，从而否定了他前期的通商政策。

这时期统治者对外贸易的目的，主要在于进口商品，而非出口商品。外贸除了征收关税，主要是输入外国瑰宝及"奇技淫巧"异物，以满足贵

---

① 参见彭泽益《清初四榷关地点和贸易的考察》，《社会科学战线》1984 年第 3 期。
② 《清实录五·清圣祖仁宗皇帝实录》（二），卷 270，中华书局，1985。
③ 《清实录·清世宗宪皇帝实录》（一），"康熙皇帝召见沿海封疆大臣发布禁止南洋贸易的谕令"，康熙五十六年正月二十五日（1917 年 3 月 7 日），中华书局，1985。

族奢侈生活需要。史称"商舶交于四省……缓耳雕脚之伦，贯领横裙众，莫不类款叩贡，蒲伏请命下吏。凡藏山隐谷、方物瑰宝可效之珍，毕至阙下，输积于内府"。①

三 雍正帝（1678～1735）

雍正在对外贸易上基本承袭康熙重农抑商思想。二年（1724），雍正下诏各省督抚曰："四民以士为首，农次之，工商其下也。农民耕劳作苦，以供租赋，养妻子，其敦庞淳朴之行，岂惟工商不逮，亦非不肖士人所能及也。"② 雍正五年谕内阁："朕观四民之业，士之外，农为最贵，凡士工商贾，皆赖食于农，以故农为天下之本务，而工贾皆其末也。"③ 雍正七年，谕户部"农事为国家首务。督率贵有专司"④，雍正帝对内压制工商业，对工商业者鄙视，执行苛以重税，限制经营、强制摊派、低价征购等"重农抑商"政策。虽然此政策不能完全遏制民间商品经济的发展，但从根本上阻碍了新经济因素的成长，导致中国被甩在世界工业文明潮流之后。

雍正前期严格实行海禁，海禁施行于闽、粤两省。后因考虑沿海百姓疾苦，雍正五年（1727）开放洋禁，他虽然下令取消华人往南洋各国贸易的限制，但仍规定其从前逗留外洋之人不准回籍，违者严加惩罚。⑤ 雍正帝严格禁止天主教等在中国民间的传播（这其中一部分原因也在于封建皇帝思想的保守性），但同时，他对天主教也并非恶意。五年，博尔都噶尔（今葡萄牙）使臣麦德乐来京，雍正对他的优待，使他深为感激。甚至于雍正寿辰之时，在天主堂作祈祷，为之祝寿。雍正还选了一些有才能的传教士在宫中研制外国仪器和烧造材料。马戛尔尼当年来华原因之一，是雍正在伏尔泰笔下的"开明"为欧洲人所共知，使他们对中国皇帝（当时是乾隆）与对华通商抱有美好的幻想。

---

① 姜宸英：《大清统一志·海防总论》。《大清一统志》为中国清朝官修地理总志。
② 《清实录（六）·清世宗宪皇帝实录》（一），卷16，中华书局，1985，第272页。
③ 《清实录（六）·清世宗宪皇帝实录》（一），卷57，中华书局，1985，第867页。
④ 转引自李勤《清前期"重农抑商"政策及其法律思想》，《大连海事大学学报（社科版）》2009年第4期。
⑤ "雍正帝著令高其倬杨文乾酌议飘流外洋之人定限回乡的上谕"，雍正五年六月二十二日（1727年8月9日）。中国第一历史档案馆、广州荔湾区人民政府合编《清宫广州十三行档案精选》，广东经济出版社，2002，第68页。

雍正七年（1729），颁布了第一道查禁鸦片谕旨，颁布了世界上第一个禁烟法《兴贩鸦片及设烟馆之条例》，禁令规定：兴贩鸦片烟照收买违禁物例，枷号一个月，发边卫充军。若私开鸦片烟馆，引诱良家子弟者，照邪教惑众律拟监候，为从杖一百，流三千里。船户，地保，邻右人等俱杖一百，徒二年。如兵役人等藉端需索，计赃照枉法律治罪。失察之讯口地方文武各官，及不行监察之海关监督，均交部严加议处。

雍正九年（1731），又规定严禁铁制品及其原料出口，对于粮食、茶叶、丝绸等货物的出口也严加限制。这种外贸政策阻碍了中外物资交流。

四 乾隆帝（1711～1799）

乾隆年代基本继承康熙以来外贸政策和措施。乾隆主张重农抑商，全民趋农，打击工商贸、压抑商品生产与商品流通作为治国的根本原则，乾隆二年谕"农桑为政治之本"。又曰"朕欲天下之民，使皆尽力南亩，历观三朝，如出一辙"①。四民莫贵之士，而以商居四民之末。

为加强对外商的约束，乾隆二十二年（1757）乾隆下令撤销江、闽、浙三个海关，只准许外商到广东贸易，此举直至道光二十二年（1842）第一次鸦片战争后才改变。广州的贸易是按清政府经乾隆皇帝御批的"广州贸易体制"进行的，其规定由粤海关负责税收和管理行商，指定黄埔港为外国商船的停泊所，澳门为各国商人的居留地，广州十三行负责管理和约束外商。广州作为口岸，而清廷又规定外国商人不准直接与各级政府做生意，行商"独握中西贸易之权，负管理外商之责，亦独享商务之利"，行商负有商务与政治的双重责任。皇朝通过行商制度、继承保甲制度的保商制度和行商互保的制度，严格控制和打击行商。行商每年还要以备贡的名义向皇室内务府造办处上缴银5.5万两。乾隆帝限制行商富起来，行商首领潘振承就因管理外人不善，致外人潜入内地传教，罚款达12万两。

1793年，英国派以马戛尔尼为首的使团访问中国，使团名义上是向乾隆帝祝寿，实际上是希望打开中国通商的大门，乾隆在承德避暑山庄接见了使团，谈判不成，此举终告失败。乾隆帝托使团捎带给英国王敕书曰：

---

① 广东省地方志编委会办公室、广州市地方志编委会办公室合编《清实录广东史料》（三）；第303页。

> 天朝物产丰盈，无所不有，原不藉外夷货物以通有无，特因天朝所产茶叶、瓷器、丝巾为西洋各国及尔国所需之物，是以如恩体恤，在澳门开设洋行，俾得日用有资，并沾余润。今尔国使臣于定例之外，多有陈乞，大乖仰体天朝加惠远人抚育四夷之因。①

此敕书反映乾隆闭关锁国及其自大的傲慢心态。

五　嘉庆帝（1760～1820）

《海国四说·卷六，英吉利国二》记载：嘉庆十年（1805）旋经总督那彦成、监督延丰覆奏：

> 臣等钦遵谕旨，传谕夷目，谕以"该国王呈进表贡，业荷大皇帝赏收"。并谕以"大皇帝君临万国，恩被四表，无论内地外夷，均系大皇帝百姓。即如汝国钟表、大呢、羽毛等物，原非中国必需之物，所以准汝国贸易通商者，皆出大皇帝垂怜外夷子民，一视同仁之恩。此次汝国王恭进表贡，大皇帝鉴汝等恭顺之心，谕令赏收。谕令我等大人们好生恩待汝等，并管束内地商人，平允交易。汝国来此贸易之人，亦须安分，谨遵禁令，毋得有违。"②

嘉庆帝又有上谕说："天朝富有四海，岂需尔小国些微货物哉？"③ 反映其盲目自大，以天朝上国为尊。认为中国封建的自然经济结构，可以自给自足，不需要和外国进行物资交流。

嘉庆认为"我朝武备整齐，弓矢枪炮最为军营利器，法制精良，百世不易"。④ 这种对世情不了解，轻敌保守思想使得对先进军事技术的引进投入几无，使军力停滞不前，而制海霸权的争夺很大程度决定国家的命运，西方强国的统治者都视海洋为其国家的生命线，1816年，清嘉庆帝与大臣

---

① "乾隆帝为只准在粤贸易事给英国国皇的敕谕"乾隆五十八年八月十九日（1793年9月23日）。
② 梁廷枏：《海国四说·卷六，英吉利国二》。
③ 故宫博物院文献处编《清代外交史料·嘉庆朝》，1933。
④ （嘉庆）《中枢政考》卷二八；《钦定大清会典事例》卷七一"兵部军器"。

孙玉玺有以下对话。帝问：英国是否富强？孙答：彼国大于西洋诸国，因此是强国；至于富吗，是由于中国富彼才富。富不如中国。帝问：何以见解？孙答：英国从中国买进茶叶，然后转手卖给其他小国。这不说明彼富是由于中国富吗？如果我禁止茶叶出洋，则英国会穷得没法活命。嘉庆帝与孙玉庭以自身天朝上国的定位洋洋得意，体现其骄傲自大、愚昧无知的心态。嘉庆主张严禁外洋鸦片烟。嘉庆十八年六月的圣谕称："自鸦片流入内地，深为风俗人心之害，从前市井无赖之徒，私藏服食。乃近日侍卫官员等颇有食之者，甚属可恶，沉湎荒淫，自趋死路，大有关系，深感人生，不可不严行饬禁。着刑部定立科条；凡商贩售卖鸦片者，应作何治罪；侍卫官员卖食者，应以何等罪名；军民人等买食者，应议以何等罪名。区别轻重，奏定后，通行颁示，俾群知警戒，以挽浇风。钦此。"① 清帝国的外贸商业，从来不是行商自由进出的港湾。行商的进退均需付出重大的代价。嘉庆皇帝不许商人退出洋商的行列。清政府规定："查乏商应即参革，殷商不准求退，即实有老病残废等事，亦应责令亲信子侄接办。总不准坐拥厚资，置身事外。"② 同文行行商潘致祥（即潘有度）在嘉庆十三年（1808）以十万两白银贿赂官府，始准退办行务，但到嘉庆十九年（1814）谕旨对此加以追究称："退商潘致祥久充洋商，家道殷实，从前蒙混请退，本属取巧，现当洋行疲敝之时，何得容任其置身事外，私享厚利，应饬仍充洋商，即令同总商伍敦元等清理一切，毋许狡卸。"③

六　道光帝（1782～1850）

道光一朝是内忧外患时代。朝廷内部吏治腐败案频发，毒品泛滥，外部面临英国叩关的压力，面对这千古未有之变局，道光帝改变不了王朝没落的大趋势，道光帝一位勤政节俭的皇帝，资质平庸，算不上是昏君，不甘于现状却频断要务；乾纲独断又不免优柔寡断；也曾整顿吏治，兴修水利，复书院，查保甲，但都收效不大，鲜有作为，他重用贤能也信任佞臣。他处于历史转折的关键时刻，守其常而不知其变。

---

① 梁廷枏总纂，袁钟仁校注《粤海关志》，中华书局，2002，第357～358页。
② 故宫博物院文献处编《清代外交史料·嘉庆朝》第3册，1933，第16～18页。
③ 中国第一历史档案馆、广州荔湾区人民政府合编《清宫广州十三行档案精选》，广东经济出版社，2002年，第179页。

道光帝关心"商欠"问题。道光四年后已有丽泉、西城、同泰、福隆等倒闭，共欠饷银 68 万两，夷账银 145 万余两，皆系现商分摊赔补"结果"，"商力日绌"，而"夷账愈积越多，夷商乘机挟制，高抬货价，行商委曲迁就，几至无利可图"①。至道光十五年三月，道光帝颁旨，督导两广总督卢坤查办洋商欠饷及历年积欠夷商的债务。卢坤根据圣旨，立即令广州府追缴，限令欠饷洋商 3 个月交回，逾期查办。粤海关商欠已至 260 万两之多。② 有学者统计，清代周转不灵因而导致行商破产占停业行商的一半以上，超过全部洋行的 2/5。其他未正式宣布破产而歇业的大多数商行在停业时也是资不抵债，病入膏肓。清史研究著名学者戴逸说：

> 封建官僚滥施淫威，而工商业者没有公开进行抵抗的力量，只能匍匐在政权的脚下任踩蹦。③

19 世纪初开始，以英国为首的西方资本主义国家，为了解决本国外贸入超并导致大量白银流入中国，纵容、鼓励本国商人向中国走私鸦片，19 世纪中期起，政府允许本国散商免税通行，促使他们势力迅速壮大，英美散商与行外商人贸易的兴起，清政府无力制止，致走私猖獗，由于鸦片泛滥，吸收了中国社会的购买力，造成中国市场的萧条，又使军队的战斗力锐减和官员勒索商人，贪婪成风。道光帝在汹涌而至的外国鸦片面前采取了先王一贯坚持禁止政策，为挽救国家财政危机，多次下诏禁止鸦片进口，禁止自种自制。他想严厉禁烟，道光三年（1823），颁布了《失察鸦片条例》，先打击惩治徇隐自肥，敷衍失责官员；道光十一年（1831）颁布了禁吸条例和禁种条例；道光十九年（1839），再次颁布《钦定严禁鸦片烟条例》④，该条例将清廷历次发布的有关禁贩、禁吸、禁种的规定合编为 39 条，成为我国历史上第一部综合性的"禁毒法典"，被称为史上最严厉的"禁毒法"。有学者统计从乾隆四十五年（1780）到道光十九年（1839），大

---

① 见《两广总督关于清宣宗成皇帝实录·两广总督李鸿宾等关于洋商欠外国商人货款情况的奏折》道光十年七月初七日（《宫中批奏折》转引自《清宫广州十三行档案精选》）。
② 《两广总督关于清宣宗成皇帝实录·查办洋商历年欠饷情况及历年积欠夷商的债务的奏折》道光十五年三月初八日。
③ 《学习时报》编辑部：《落日的辉煌》，中共中央党校出版社，2001，第 13 页。
④ 贾桢、花沙纳、阿灵阿、周祖培奉敕修《大清宣宗成皇帝（道光朝）实录》47；梁廷枏总纂，袁钟仁校注《粤海关志》，中华书局，2002；广东人民出版社，2002，第 370~392 页。

清中央与地方各级政府，在这60年间总共下发了45道严禁贩运和吸食鸦片的谕旨、文告，然而，鸦片走私令鸦片的进口量及吸食人数却依然急剧攀升。

道光帝也曾下决心抗击侵略者，但临危无应变之策，以至战守茫然，毫无方略，只能在忍辱接受英国的城下之盟，签订了近代史上第一个不平等条约。1842年，清政府在与英国谈判《南京条约》时，道光皇帝发出密谕："广东给过银两，烟价碍难再议，战费彼此均有，不能议给，其平行理可以通融，贸易之所，前已谕知耆英，将香港地方暂行赏借，并许以闽浙沿海，暂准通市。该逆既来诉冤，经此次推诚晓谕，当可就我范围。"① "暂行赏借""该逆既来诉冤"，体现了道光帝的夷夏思想，可见其仍坚持顽固的"天朝上国"理念。

根深蒂固的守业思想，使道光成为有清一代最拘泥守成的帝王，他的一生效法祖宗恪遵古训，兢兢守成，铸成其一生的悲剧，同时亦为时代的悲剧。

余　论

历代清帝无例外传承以农为本，工商为末的迂腐的经济思想，认为农业是人民衣食和富国强兵的源泉，认为低水平却必要的简单商业既有存在的需要，而且又能现实地为政权服务，一定程度上繁荣社会与市场，但由于有重农轻商思想，他们运用政权力量，强力推行封闭国家的政策和法令。对外贸不思进取，鲜有作为。甚至严格限制、压抑外贸业发展，不能应对世界进入经济全球化时代起步与扩展的挑战，导致了在这一时期开始中国与西方国家的差距越拉越大。历史的教训对今天社会经济建设发展的思想探索仍具有十分重要意义。

---

① 参见喻大华《内忧外患：喻大华评说道光帝》，工人出版社，2017。

十三行泰和行创办人颜亮洲

颜志端　颜祖侠[*]

广州是近代"海上丝绸之路"的起点，是我国清代对外通商的重要口岸。十三行的行商是一批活跃在清代中晚期从事对外贸易的商人，他们是经清政府授权垄断对外贸易的群体，他们以出色的商业才华拓展海洋商贸，促进广州逐步发展成为18世纪和19世纪前期对外贸易的中心，中外关系的友谊通道，东西文化交流的窗口，在中国与世界的经济、文化交流中创造了辉煌的业绩。从清康雍乾时代到道光一百多年间，十三行商人在推进和发展"海上丝绸之路"方面起着重要的作用，在此期间涌现出了一批较有影响的行商：如同文（孚）行潘振承、潘有度、潘正炜；广利行卢观恒；怡和行伍秉鑑、伍崇耀；义成行叶上林等。颜亮洲是泰和行创办人。

一　陋巷人家

根据《颜氏家谱》记载：颜氏家族的祖先原居于鲁国，始祖复圣公颜回居于山东曲阜。传至六十世洪善公（即颜八郎）时，由于洪善公无子亦无别支，其十分珍惜自己的颜氏姓氏，于是邀福建晋江南安县攀麟里田中村张甫实次子德谅（字均安）入赘颜家，与洪善公之女颜闺璋（即颜乙泰）结为夫妻，他们所生之子承洪善公后，即为颜姓。[①]

明季均安公第十一世孙颜廷漪（字君鱼，号澄吉）和其妻伍氏夫人因

---

[*] 颜志端、颜祖侠均为广州十三行商颜亮洲第八代孙。
[①] 《颜氏家谱》颜叙锡，1784。

避战乱携家人从福建晋江安平（现安海）迁居到广东省城西关，并落籍广东南海。澄吉公生二子，长子克嶷，次子克岐。克嶷生五子，长子建勋，次子建俊，三子建伟，四子建智，五子建谋（字尚哲，号紫华）。紫华公生一子，名亮洲（字淇瞻，号绰亭，名德），颜亮洲是均安公第十四世孙。①

颜亮洲生于1696年，其父紫华公年仅二十五岁时英年早逝，留下年轻的妻子吴恭人及三岁儿子颜亮洲。紫华公逝世时，吴恭人痛欲身殉，唯顾念及婆母（紫华公母亲）在堂，幼子在怀，于是决心承担起服侍婆母，抚养幼子的重担。吴恭人并非等闲之辈。她生于富贵之家，其父及兄弟四人同时为清代的贵官。紫华公去世后，颜亮洲母子随其长兄颜建勋（悔斋公，举人）生活，后颜建勋赴陕西巩昌府宁远县（今甘肃省武山县）任知县，其他兄弟建俊、建伟、建智均随悔斋公到宁远生活。因颜亮洲年幼，且婆母体弱多病，吴恭人没法随家人迁至宁远，于是留在省城西关，艰难度日。

由于颜氏家族历代以来都保持读书向学的传统。孔子的弟子颜回居陋巷，贫而好学，以好学成名，故后世颜氏便以"陋巷"作代称，历代颜氏家族都以陋巷精神教育和激励后人。在颜家的历史资料中，记载颜亮洲刻苦求学及孝待家母的故事："公少有至性闻母言刻苦自励纫衣苴履朝〔韭〕暮盐以薪代蜡午夜诵读与机轧声相也。"字里行间传承着陋巷精神，颜亮洲刻苦勤奋的孝子形象跃然纸上。秉承家学之风，颜亮洲走上科举之路，考取了贡生。

二 创立泰和行

历代颜家后人都笃信"学而优则仕"的祖宗训言，颜家子弟以读书出仕为荣。身为贡生的颜亮洲何尝不想考取举人、进士，光宗耀祖，福泽后人。无奈囊中羞涩，上有慈母，下有幼子，为生计只能去举业从商。颜亮洲原是饱读圣贤书的一介儒生，在投身商海之前，已从书中探索经商之道。

在目前颜家所存的历史资料中，并无记载泰和行成立的具体时间。但从相关资料中可以推定颜亮洲经商应早于1728年或更早的年份，因颜亮洲经商致富后才将副室龚夫人娶入颜家，而龚夫人的第一个孩子（颜亮洲第三子）颜时球（后为潘有度岳父）生于1728年。可以肯定在1728年之前

---

① 《颜氏家谱》颜叙锸，1784。

颜亮洲已是城中富商，其经商积累的资金已为成立泰和行打下经济基础。

根据美国范岱克教授《广州行商颜氏家族》一文所述，"颜氏家族在广州贸易发展史上有着举足轻重的影响力……颜家在商业贸易上的能力和经验，帮助颜家成功建立起一个商业帝国，在广州商贸圈中一度辉煌四十年。""到1736年，也就是从他们涉足广州商界起仅仅两年，颜德舍（即颜亮洲）和黄锡满已经成为英国东印度公司的主要供应商。""有资料显示在1734、1738和1739这几年里……丹麦帆船在华总采购量的30%~45%都是由德舍和锡满负责提供的，在其他年份里他们对丹麦的供货量可能也大抵如此……""从1744年到1750年，丹麦亚洲公司在华采购量15%~50%都被颜德舍一家垄断了……""当他（指颜亮洲）开始出现在广州商界的时候，已经三十七岁了。他很快就赢得了外国人的尊敬，同时从与内陆市场的关系和他的资本运作上都可以看出他到广州之前就已经是个商界老手了。然而根据历史文献中明确的记载显示，他并不是从对外出口贸易上获取这些经验的。"① 综上所述及结合颜家的历史资料，从1734年起颜家在对外通商中崛起，颜亮洲以商界老手出现在各国大班面前，并获得他们的认可。中年时期的颜亮洲在对外通商中展现了出色的经商才能，并在行商中脱颖而出，成为令人瞩目的黑马，受十三行行商推荐颜亮洲成为早期行商首领。

颜亮洲创立及经营泰和行时期，泰和行在行商排名中稳居前列，紧随潘家同文行之后，泰和行在十三行中具有举足轻重的地位。当时颜亮洲的泰和行主要经营的商品有生丝、瓷器、茶叶、黄金等，他除了是丹麦的主要供应商外，还是英国、法国、荷兰等国的供应商。从1736年"诺曼顿号"的购货账单中可以看出颜亮洲所提供的货品总额已居第二位，在马士的《东印度公司对华贸易编年史》中有如下纪录："大班从商人处购入回程投资如下：少开官（Ypung Khiqua）：茶叶瓷器、南京布、黄金50348两；德舍和锡满（Texie Simon）：茶叶、黄金、西米38317两；陈天官（Ton Tienqua）：茶叶678两。"② 可见当时颜亮洲的经济实力非同一般。

颜亮洲深知诚信是经商致富的之道，发家致富诚信为首。在马士的《东印度公司对华贸易编年史》中对颜亮洲诚实经商的故事陈述如下："此处商人虽多，但其财富或操守足以信赖的很少。我们必须承认，我们不得

---

① 范岱克：《广州行商颜氏家族》，《澳门文化杂志》2005年冬季刊，第3~5页、第7、9页。
② 马士：《东印度公司对华贸易编年史》第一卷，区宗华译，广东人民出版社，2016，第286~287页。

不信赖一个德舍，把公司的花绒布给他保管，以备交还你们去出售，这些货品，今年的价钱很低，甚至没人肯买，每匹最高只出价 2 两。我们认为这位德舍在偿付欠债方面的德行，比之我们所知的别的中国人更为守信，另外在其他账款方面，他也比此处其他行商更合格，他用自己的款项将较多的货物运来广州，这种办法就会把他的交易建立于更稳妥的基础上，而其他商人则先订约，然后靠机会去找货源。"① 颜亮洲诚信经商赢得商誉，赢得财富，也赢得同行及外商的尊重。

在清雍乾年间，外商要到中国销售鸦片并非易事，因当时清政府是禁止鸦片入口的。行商的责任就是要执行朝廷的命令，把好禁止鸦片入口的第一道关。马士在《东印度公司对华贸易编年史》中纪录了 1750 年以颜亮洲为首十三行商人抵制鸦片上岸的情景："1750 年我们（指外商）第二次见有关鸦片的资料，这也说是绝对禁止的，但从来没有见到正式文件提及这种效果。""商人们（指德舍、寿官和保商开官）亦通知我们，有一艘英国船［原注：如果这是事实，这艘船会是散商的，比是公司的更为可信。］的职员拿出一些鸦片出售；由于这种商品在本口岸是严厉禁止的，我们希望你一定要向属于你船上的各个职员或其他人员查询，是否藏有，如果他们有，你必须尽力用有效办法制止它在此上岸，这会使我们尊敬的雇主的事业受到极大的妨碍。"② 禁止鸦片入口是十三行商人的责任，作为"官商"，深知朝廷命令不得违反，即使鸦片贸易利润可观，十三行行商是不会从事鸦片贸易的。可见颜亮洲经商并非盲目追求最高利润，而是将朝廷的利益放在首位。

颜亮洲从一介儒生到行商首领是经历了多年的商海历练的，他具备出色的经商才能，较强的组织能力，并被外商认可和尊重，在十三行行商中具有相当威望，被行商们推举为领袖，是位能承担重任的人。马士在《东印度公司对华贸易编年史》中有如下纪录："1 月 22 日（笔者注：1743 年）……这时德舍［保商头目］到来，恳求我们不要将杂物解决。他负责明天早上将各项问题解决。"③ 在《颜氏家谱》中《诰赠中宪大夫颜亮洲暨淑配柯太恭人墓誌铭》纪录如下："公习计然书会奉榷部檄募充十三家与蕃汉通市公及投笔侧身其间时则有若陈监州叶比部皆公同事然尤推公为领袖云……十余年拥巨

---

① 马士：《东印度公司对华贸易编年史》第一卷，区宗华译，广东人民出版社，2016，第 291~292 页。
② 马士：《东印度公司对华贸易编年史》第一卷，区宗华译，广东人民出版社，2016，第 332 页。
③ 马士：《东印度公司对华贸易编年史》第一卷，区宗华译，广东人民出版社，2016，第 2 页。

赀成巨室称城西甲乙之家焉。"① 由此可知颜亮洲任行商首领是行商所推，他成为行商首领是众望所归的。

颜亮洲卒于1751年，其后泰和行行务由其长子颜时瑞承继，这期间泰和行在行商排名中仍居前列。1763年颜时瑞英年早逝，泰和行行务由颜亮洲次子颜时瑛承继。颜时瑛接手经营后，泰和行生意蒸蒸日上，进入繁荣时期，但后期泰和行陷入商欠事件，1780年泰和行遭破产，颜家被抄家，颜时瑛充军伊犁，由颜亮洲创办的泰和行经历了近五十年的兴衰，终于降下了帷幕。

三 孝子贤夫

颜之推是颜回的三十五世孙，是本族的祖宗。颜之推所写的《颜氏家训》开后世家训先河，历代学者对该书推崇备至，视之为垂训子孙及家教的典范。俗语说："百善孝为先。"孝是中华文化的优秀传统，亦是《颜氏家训》中所倡导的。父慈则子孝，吴恭人在紫华公去世后身兼父职，并替丈夫尽孝侍奉婆母四十年如一日，吴恭人孝顺婆母的行为潜移默化地影响着颜亮洲。童年时代的颜亮洲，深知寡母吴恭人的处境艰难，从不调皮捣蛋惹母亲生气。年稍长晚上母亲织布到深夜，他亦陪伴在侧，以薪代蜡夜读至午夜。颜亮洲年轻时已学有所成，不负母望考取贡生，但他并非一介文弱书生，而是体贴母亲的孝子。每天他黎明即起洒扫庭除，向吴恭人请早安后，准备好一天所用的柴火、水及蔬菜才出门办事，以免除吴恭人的后顾之忧。作为青年才俊的颜亮洲如此疼爱体贴寡母实在难能可贵，颜亮洲以大孝子的美名闻名于当时的南海（现广州西关），后来颜亮洲经商致富，颜家成为城西甲乙之家后，颜亮洲和柯夫人对吴恭人更体贴有加，颜家的历史资料是这样记载的："王母疾（指吴恭人），父（指颜亮洲）昼夜待药……"柯夫人嫁入颜家后精心侍奉吴恭人二十四年如一日，在吴恭人七十大寿时，颜亮洲为她举办了隆重的寿宴，亲朋好友，达官贵人纷纷前来祝寿，直至如今颜家后人仍留存着当年大家为吴恭人祝寿的赠言。每当后人敬读这些赠言先人母慈子孝的事迹时，崇敬之心油然而生，颜亮洲用其一生诠释了"百善孝为先"的道理，儒家弟子之孝在其身上体现得淋漓尽致。

---

① 《颜氏家谱》颜叙铻，1784。

柯夫人年二十嫁入颜家。她淑顺婉嬺，凤娴女诫深明大义，虽出于高门然好俭能劳，深得吴恭人的欢心和颜亮洲的宠爱，并称之为与我同心者。颜亮洲年轻时家贫，柯夫人劝其去儒从商。为家计颜亮洲长年经商在外，家中的一切家政事宜均由柯夫人操办。柯夫人奉婆母吴恭人终老，勤俭持家。在颜亮洲经商致富后，颜家虽富裕了而饮食衣物等生活必需品并无多大的改变，但家人外出时衣着仍十分得体，对此颜亮洲大加赞赏，并曰"卿真吾妇也"。恤族属乐善好施在山东曲阜老家早已纳入颜家族规，这一家族传统颜家后人从山东带到福建，又从福建带到广东。吴恭人临终遗言，将其私藏捐出用于奉祀祖先及救难济贫，颜亮洲遵之，并要求家人承其志继其业。在颜家的历史资料中姻亲清朝陈炎宗进士曾这样评价颜亮洲和柯夫人夫妇："古夫妇之好行其德者乃近得之西郊也，今之富人挈囊如玺其妇数米量盐视同金玉屑乍有告贷者辄匿避敕婢勿与通噫吝刻同心不终朝而尘土矣，颜亮洲岂疾此辈而矫以好义欤，顾柯恭人乐施不倦宁强狥也是盖天之生是使偶者将以风世而洗陋……"颜亮洲常年在外经商，柯夫人遵颜亮洲之意，行善积德。对于亲朋好友街坊乡里的求助，将分清轻重缓急给予相助，并以求助者的才能给予提携或委任适宜的工作，对老弱病残生活困难者或倾囊相助或以年施月给的方式助之。有时资金周转不济，柯夫人干脆摘下簪珥以济前来求助的穷人。乐善好施是颜家的传统，柯夫人的生平志行与颜家传统十分吻合，颜亮洲曾对柯夫人曰："与汝相处二十余年汝与我实同心而共济也。"通常颜家救难济贫做善事都是由柯夫人出面，龚夫人协助，但二位夫人从不声张。俗语说夫唱妻和，而颜家是妻唱夫亦和。颜亮洲甘愿在夫人们身后当贤夫，共同以微薄之力相济他人。柯夫人1770年去世，当年11月17日颜家后人为颜亮洲和柯夫人举行了以大夫礼葬的合葬仪式，当日吴越闽广素车白马来会葬者几千人，现场的轿子多达上千顶，当时广州的所有名人几乎都出席了这场葬礼，人们深情地缅怀德高望重乐善好施的颜亮洲夫妇。屈指一数这一年离颜亮洲去世已经十多年了，但仍能被世人缅怀和尊重实在难得。

《颜氏家训》教训子孙修身立世，子孙承训修德积善。颜亮洲与柯夫人共生育四子一女，与龚夫人生育八子一女。当时的颜家真系家大业大，人口众多，而柯夫人和龚夫人却将家庭管理得井井有条。颜亮洲在外是行商首领，在家是一家之主。他秉承祖宗的《颜氏家训》，严于治家，要求家中男女长幼各责其业，不能游手而嬉，可谓颜家不养闲人懒人。年幼者在家读书，年长者从父经商，打理行务。因此颜家十二兄弟个个学有所成，皆登仕版。长子时瑞知府授中宪大夫，次子时瑛州同，三子时球同知授中宪大夫，四子时珣屯田守备，五子时璁军民守御，六子时琳七子时瑶俱州同，八子时潚、九子时理、十子时琛、十一子时珊、十二子时珩俱太学生。由于长子时瑞为知府，紫华公被赠中宪大夫，吴氏被赠太恭人（即上述吴恭人），颜亮洲被诰赠中宪大夫，柯氏被诰封太恭人（即上述柯夫人），而龚氏（即上述龚夫人）因时球为同知，被诰封为太恭人。

颜亮洲五十五年的人生，从一介儒生到十三行行商首领，他和十三行行商共同拓展海洋商贸，为"海上丝绸之路"的发展作出了贡献，在中国近代对外贸易史上留下了不可磨灭的足迹。他孝敬母亲，用心栽培子女成才，与夫人们创立了一个和谐大家庭。他德高望重乐善好施赢得世人的尊重。

四　颜亮洲后人

十三行泰和行兴衰近五十年，经历了颜亮洲时期、颜时瑞时期（书巢公）、颜时瑛时期（肇斋公），1780年泰和行因商欠事件破产，颜家被抄家，颜时瑛充军伊犁。商欠事件对颜家来说是灭顶之灾，顷刻之间泰和行被关闭，颜家位于城西（现广州西关）的园林别墅"磊园"被拍卖，颜氏家族被迫离开生活多年的"磊园"……这是何等悲惨的结局！这还不算，还拖累姻亲潘振承家族等要分十年偿还颜时瑛所欠的款项，真是欲哭无泪！

身处逆境《颜氏家训》成了颜家人的精神支柱，颜家兄弟们空前团结，相互扶持，引导子弟攻读圣贤书，秉承家学，走科举之路，以读书出仕。由于颜亮洲、颜时瑞生前积德行善，坊间不少人帮助颜家渡过难关。直到1783年颜亮洲之孙颜惇格（颜亮洲第五子时璁之三子）考中举人，1790年考中进士，后官至刑部主事。颜惇格成功走上科举路，改变了颜氏家族的命运，随后颜家子弟颜斯绅、颜斯总、颜叙适、颜保廉都考上举人。[①] 值得一提的是颜时瑛的五个儿子，家庭变故使他们更奋发有为：长子斯绵候选布政司经历，例授儒林郎；次子斯织邑庠生；三子斯绣国学生；四子斯洧未取功名；五子斯繙国学生，例授儒林郎。颜时瑛这支后人晚清民国期间

---

① 《颜氏家谱》颜叙錔，1784。

仍人才辈出。根据颜家的历史资料记载，颜亮洲后人走科举之路获取功名者多达六十多人，家族中贡生、监生、国学生、太学生、邑庠生众多，多人被封为各级官员，多人有诗书存世。而大多数颜家人都遵循家族传统以儒雅为业。颜家人走科举之路的传统一直延续到晚清科举结束，颜家最后一个贡生为颜亮洲第六代孙颜耀庭（兆辉）（1872～1952年）。① 颜氏家族不愧为书香世家。

根据《颜氏家谱》记载，颜家子弟与下列家族在清代互有通婚：冯成修（进士）家族、陈炎宗（进士）家族、潘振承（十三行总商）家族、伍秉鑑（十三行总商）家族、叶上林（十三行行商）家族、梁经国（十三行行商）家族、李科捷（进士）家族、黄岳牧（进士）家族、李清芳（进士）家族、周尔顿（进士）家族、温承悌（举人）家族。其中十三行行商潘有度、叶上林均为颜家女婿；潘正亨、潘正炜、伍德惠、叶梦龙等为颜家外孙，潘飞声为颜家外曾孙。此外颜家与十三行潘家、伍家、叶家均有多宗的通婚记录②，在此不详述。这几家闽籍行商家族相互通婚延续了一百多年，在儿女婚嫁中大家都保持相互尊重的传统，颜、潘、伍、叶的女儿嫁到夫家多为正室，去世后与丈夫合葬，在夫家享有较高的地位。她们在夫家生儿育女，繁衍后代，培育出一批批优秀人才。

现存的在1874年由颜叙锴重修，冯成修进士参与修订的《颜氏家谱》，其中卷四专门设立一篇迁粤女派，详细记录了颜家女儿姓名、出生、婚嫁等事项，这在清代是十分开明的。颜家历来尊重女性，颜家女在家与兄弟处于平权地位，受父母的疼爱，兄弟的爱护。颜家鼓励男丁走科举之路，颜家女也饱读圣贤书。颜端（潘正亨、潘正炜的母亲）、颜烨（叶梦龙的母亲）、颜熙（潘飞声的祖母），她们未出阁时与兄弟同读诗书，是知书识礼的才女。颜家女从小在家被《颜氏家训》所规范，并受传统儒家思想的熏陶教育，良好的家教为其出嫁后能相夫教子，成为贤妻良母，这也是清代如冯成修、潘振承、伍秉鑑、叶上林等名门望族乐于娶颜家女为妻的缘故。

颜家与福建同乡潘振承家族历代通婚，时间跨度为一百多年，这样的通婚纪录历史上是罕见的。近年来有些人由于不了解颜潘两家历代通婚的历史，常以《东印度公司对华贸易编年史》（马士著、区宗华译，广东人民

---

① 《颜氏家谱》颜叙锴，1784。
② 《颜氏家谱》颜叙锴，1784。

出版社,2016)下列两段话大作文章:"他说(指潘启官),自从今天上午他和瑛秀(指颜时瑛)离开我们以后,他们有过激烈的争论。"① "……他(指颜时瑛)是一个集团首领,潘启官是另一个集团的首领,他们之间是互相妒忌与憎恨的"②。以此推断颜潘两家为历代仇家。俗语说:商场如战场,颜时瑛与潘振承相互竞争并产生矛盾是正常的,但再大的矛盾双方都不会突破儿女亲家这一底线,更不可能是历代仇家。其实,1780年颜家破产后,颜潘两家仍继续通婚。笔者在此希望曾伤害过颜潘两家后人的人士至此止笔,深入了解颜潘两家一百多年来通婚的记录,尊重历史的真相。亦希望研究十三行历史的专家、学者在浩瀚的历史资料中挖掘新的研究热点,探索十三行行商家族联姻的前因后果及其作用,为十三行的历史研究作新的突破。

到晚清及民国时期颜亮洲后人一直是社会活跃人士,颜、潘、伍、叶、梁等十三行行商后人纷纷投身孙中山领导的辛亥革命并留下可歌可泣的事迹。颜亮洲第六代孙颜耀庭因投身辛亥革命民国元年被任命为军医处长。颜耀庭后人从医者多达十多人,笔者为颜亮洲第八代孙,颜耀庭的嫡孙。

今日颜亮洲的后人已遍布全国(包括香港、台湾)、亚非、欧美等世界各地,颜家后人无论走到何方都会铭记自己是复圣颜回的后人,弘扬中国传统文化,维护国家的统一,是历史赋予当代颜家后人的责任,颜家后人也应责无旁贷。

十三行泰和行创办人颜亮洲第八代孙:
颜志端(香港女律师协会内地事务委员会主席)
颜祖侠(广州中医药大学骨伤科医院原副主任医师)
2018年12月5日

---

① 马士:《东印度公司对华贸易编年史》第五卷,区宗华译,广东人民出版社,2016,第168页。
② 马士:《东印度公司对华贸易编年史》第五卷,区宗华译,广东人民出版社,2016,第191页。

清十三行时期在广东省城的徽州婺源商人

胡文中[*]

徽商,是清代中国商人的一个重要组成部分。婺源,在清代是徽州的一个名县。清代广州十三行,是中国海上对外贸易的重要商埠。从清道光《婺源县志》、光绪《婺源县志》,以及从詹天佑自修家谱记载中,可以看到徽商在广州十三行这一历史舞台上留下的遗痕。

一 清《婺源县志》记载的到广东贸易的婺源商人

茶是婺源的主要出口商品。道光《婺源县志》对茶的介绍是:"茶:常品为多。其云'松萝茶'者称佳品。须得地气,又加人工,未易为也。松萝山在休邑,借名耳。"[①] 道光《婺源县志》还引用了明嘉靖《婺源县志》的序,指出了婺源县的地理缺陷:"夫婺源之为县也,山砠而弗车,水激而弗舟。故其民终岁勤劢,弗获宁宇,此一疚也。地狭而弗原,土薄而弗甽,厥入既纤,仰给邻境五岭,其东北八十四滩,其西南率二而至一,此又一疚也。田苦不足,并种于山,迟其效于数十年之后,虽博尤约也;迩来诛材督檄,交下破斧缺斤,势不可极,其几童[②]矣,此又一疚也。"[③] 这些地理上的不足,决定了人是婺源的第一资源,决定了婺源人须艰苦奋斗,决定

---

[*] 胡文中,广州荔湾区地方志办公室副研究员,广州十三行研究中心兼职研究员。
[①] 道光《婺源县志》卷4《疆域七·地产·货之属》第22页b。
[②] 童,指山无草木。
[③] 道光《婺源县志》首卷《旧志序·汪思:嘉靖己亥县志序》第1页b至第2页a。

了婺源人喜走向五湖四海。

正因如此，有别于清代其他地方志较少记述人物，即使记述，也是以记述官宦、文人、贞烈为主的写法，清代道光和光绪年间编修的《婺源县志》以志书的大半篇幅记述人物，在"孝友""义行""质行"的栏目下，收入了大量各行各业有特色人物，其中包括了大量在清代社会的"士农工商"排行中排在末尾的商人。道光《婺源县志》全志共列39卷，加上没编号的卷首、第34卷的一个分卷，以及人物卷中未占编号的11个分卷，实际共52卷。而人物卷是由第14卷至第30卷，其中内有11个不占一级编号的分卷，实际是28。人物卷的实际卷数占全志实际卷数的53.8%。光绪《婺源县志》全书共64卷，另加卷首一卷，实际65卷；而人物卷是从第18卷至第54卷，共37卷，人物卷的卷数占全志实际卷数的56.9%。

根据县志记载，婺源人外出经商的足迹很广，有江浙、福建、广东、湖南、湖北、云南、四川等地。有的只记述经商而没说在何处经商。鉴于篇幅所限，本文只关注来粤经商的婺源人。

来粤经商的婺源人，有亏损的，有赚钱的。如长溪人戴光荣的三弟，"趁于粤，折本归，忧成疾，荣弃己产代偿之"①。太学生吴琪，"弟妹商粤，资大蚀，将偿以田。琪恻然，给以所存众产，弟业不落"②。云邱人滕焕燃，"商于粤，举家胥仰给焉"③。梅源人王圣宝，"长贾粤，岁晚则归省。……道光间，捐积谷三百余石。凡遇善举，必资助"④。凰腾人程高茂，"佐父兄商于粤，以克家绍父。孝思输二千余金，与兄共建祖祠，济厥美焉。邑兴书院，又与兄共输千金，襄成文教义举"⑤。该两志明确记述赴粤经商人员还有：镇头东溪人方二川胞弟辉，城西人程启诜，庆源人詹元檀，汪口人俞泰曾，鸿川人洪启炜，槎口人汪祥嫒，孔村人潘锡生、潘凤仪三兄，高安人程邦灿，孝水人胡廷璧父，清华人胡肇铠四兄，湖村人祝文爵，俞镇琮俞镇璋兄弟，龙腾人俞鹏万，思溪人俞钧，渔潭人程锡庚，理田人李登瀛、李焯然兄，考川人胡文焕，长径人程泰仁，梓里人宋振衍，高安人程廷辉，官桥人朱文炜，城西人程显荣侄，阳村人王世勋，荷源人方士焕、

---

① 道光《婺源县志》卷20之3《人物九·孝友四》第15页b。
② 道光《婺源县志》卷20之4《人物九·孝友五》第4页b。
③ 光绪《婺源县志》卷30《人物九·孝友六》第4页a。
④ 光绪《婺源县志》卷30《人物九·孝友六》第26页a。
⑤ 道光《婺源县志》卷23之3《人物十·义行五》第12页a~b。

方星朗、渔潭人程士严、秋溪人詹添麟、赋春人吴国华弟、吴鹏兄等。① 未标明外出经商地的，实际也有不少是到粤经商的。如道光《婺源县志》卷二十之三《人物九·孝友四》记述的"贷资经商"的詹万榜，我们从詹天佑自修家谱中得知他是詹天佑曾祖父，家谱记述："公始来广东贸易。""自乾隆二十五年（1760）来广东省垣营生，因挈眷来粤"②。

两志记述的来粤商人虽众多，但名气大者罕见。光绪《婺源县志》卷三十五《人物十·义行八》记述的朗湖人叶上林，与当时广州十三行义成行的行商同名，此人是否即彼人，有待考证。该志是这样记述的：

> 叶上林字启文，朗湖人，贡生。赋性恂谨。中年贸易岭南，家渐裕。自持俭约。遇善举则慷慨，不少吝。杰坑、朗湖、新岭，以及西云庵、永丰桥，皆独力修造。他如捐建祠宇、恤灾户、施棺木、造义渡，纷纷义举，至今称之。③

二 简评清《婺源县志》记述的人物形象的亮点与不足

婺源，是南宋著名理学家、思想家朱熹的原籍。朱熹的思想深入婺源人心。本文引用清代的两部县志，也处处体现了朱熹思想。县志的各部分，特别是人物传记，突出记述了婺源人爱国、爱家、爱乡和艰苦奋斗、扶危济困、互助友爱的优秀品德，引导人们建立讲道德、讲奉献的理想社会。人物志褒扬了那些为保卫国家、保卫家乡而牺牲的英雄，表彰了孝顺长辈、关爱和帮助需要帮助的亲友的孝友，弘扬了无私捐款支军、修路、架桥、通渡、办学、建庙宇、修族谱、购粮赈灾、路建茶水亭等义行，提倡在分

---

① 详见光绪《婺源县志》卷26《人物七·文苑二》第20页b；卷30《人物九·孝友六》第8页a，第11页a，第13页b，第18页a，第28页a，第40页a，第42页b。道光《婺源县志》卷20之3第10页a；卷23之3《人物十·义行五》第12页a，第14页b（胡肇铠、祝文爵同此页）；卷23之4《人物十·义行六》第1页b，第3页a。光绪《婺源县志》卷34《人物十·义行七》第1页b至第2页a，第3页a，第7页a，第24页b，第11页a，第16页b至第17页a，第22页a，第46页a；卷35《人物十·义行八》第2页a，第3页b，第6页a~b，第14页b（方士焕、方星朗同此页），第19页b，第32页a，第37页a，第39页b。
② 詹天佑《徽婺庐源詹氏支派世系家谱》（光绪十年编）内的《詹万榜》条目及附后的申请入粤籍文书。家谱原件由在澳门的詹天佑后人收藏。
③ 光绪《婺源县志》卷35《人物十·义行八》第17页a~b。

家、债务纠纷等利益冲突时要互让。这些，在本文上面引用该两志的引文中均有反映，在此不再重复。这些都体现了中华传统文化的精华所在，值得世世代代弘扬光大。

在这两本志书中，透过扶危济困者出资帮助卖妻、卖儿女、溺女婴者摆脱困境的记述，我们可以看到当时社会男女极不平等和不少人生活极困苦的状况，以及商人为改变这些落后状况而作出的努力。这些记述都较客观真实。

但是，笔者也注意到，由于当时科技落后，修志者因此把一些不科学、不文明的行为，作为无私助人的高尚行为来歌颂，因此客观上鼓励这些不科学、不文明的风气蔓延，造成对社会的危害。不该歌颂的这些负面的行为有如下几种。

（1）割股和药。为治亲人重病，不惜割自己大腿股肉或手臂肉，与药一起煮给病人吃。有的还宣传"有疗效"。这可能是因当时生产力落后，农副产品缺乏的无奈之举，有无疗效先不说，由于外科医学水平落后，割股者伤口处理不好，难以愈合，直接影响割股者自身健康，有的甚至因此送命。如光绪《婺源县志》，就记述了这么一件事："胡家报，清华人，父目盲，扶持弗懈。嫡母病，刲股。生母病，又刲股。兄贾粤东，父命之随。年余，忽心动亟，归见父棺。大恸几绝。罄产偿兄债，穷困终身无怨言。年未四十卒。子三均早逝。乡人悼之。"[①]

（2）用嘴为患痈疽病人吸脓，用舌为眼疾病人舔眼。这些做法极不卫生。

（3）祷告神明以自己命换病人痊愈平安。

本来，对这些在道光版志书内以中华传统文化光环掩盖下的落后，应该认真正视，加以恰当的抨击，以推动社会向科学与文明进步。但是，1882年婺源再修志时，可能是科技还没普及到婺源，文人们还是照抄前志这些有害的愚孝记述入志。而在广州的婺源后人詹天佑，对此则有清醒的认识——他把《婺源县志》记述的自己先祖詹诚遇乐意捐资支持官府、高祖詹起添冬日下水救人、祖父詹世鸾无私助人的事迹，都一字不漏抄入自修的家谱中。但对于同样入选了《婺源县志》的首入粤经商的曾祖父詹万榜和割股救父的万榜二哥詹万桃的事迹，却没选抄入。应该是詹天佑不赞同詹万桃

[①] 光绪《婺源县志》卷30《人物九·孝友六》第26页a。

这种有害的愚孝，因此连自己的曾祖父的事迹也未抄入家谱中。①

三 道光四年在广州的婺源人创立的"归原堂"同乡互助会

婺源人的艰辛和互助自然也反映在来粤经商的婺源商人身上。道光四年（1824）已经在广州站稳脚跟的詹天佑祖父詹世鸾，和十六位乡亲一起，在广东省城徽州会馆创立了义会"归原堂"。詹天佑后来在其自修家谱中抄录了有关归原堂创立的如下记述："道光四年起创（光绪八年入婺源志。是年会内捐银二百两赈家乡水灾），孝祖世鸾公捐银同众乡亲设立一义会名'归原堂'。在广东设立义庄义山，如有同乡之柩入庄，停棺义山、埋葬不用钱银。如同乡穷苦之人身故，议送柩金银十元。迨至咸丰年间，众会友公议，再加添送柩金四元，共送实银九两八钱正。如若不愿在广东葬者，议以十年一运到家乡交回亲属自葬。运柩盘费会内捐银。另咸丰年间，设立送度岁银与同乡之穷苦人。每大丁送银壹大元，小丁银半元。每年十二月二十六日支送。会内各友之后人管理，别人毋得干涉银数。始创会芳名列：俞冠芳一份；俞德隆一份；俞玉馨一份；俞兴泰一份；洪长馨一份；余林馨一份；俞冠英一份；滕碧乳一份；俞瑞兴一份；朱凝芳一份；俞广记一份；汪高源一份；詹万孚一份（即世鸾公）；齐大成一份；俞寿熙一份；董春园一份；汪忠增一份。共十七份，每份捐银一百两。"② 由 1824 年创立，到詹天佑记入家谱时的 1884 年，该会仍举义行，60 年如一日奉献爱心，的确可歌可颂。

《婺源县志》是这样记述归原堂创办人之一詹世鸾的：

---

① 在道光《婺源县志》卷 20 之 3《人物九·孝友四》第 4 页 b，记述："詹万桃字英堂。庐源人。家贫，父命趁食吴地。壬辰（1772）冬，闻父病驰归，侍汤药，衣不解带者累月，疾笃。刲股和药进，不与人知也。胞弟槐佣江阴患风瘫，千里奔视，进饮食，执溺器，无不躬亲。病愈，复伴槐归。积劳成疾，竟卒。妻恸之，始言刲股事。视之，创痕大寸许。"查其家谱，詹万桃之父詹起添乾隆癸巳（1773）殁，即割股和药无效，但万桃却为此付出了早逝的代价。文内提到的詹万槐是其五弟。同卷第 10 页 b 的记述："詹万榜字文贤，国学生。庐源人。兄弟八，榜居三。孝父极意承志。事继母如所生。父殁，家道中落，积逋甚多。分箸时，父遗居室，让之弟兄。典邻屋半间以居。贷资经商，独偿众逋数千。祖祠灾毁，率弟捐造。村路水冲，偕众修理。族某被洪水尸流无踪。给资访获，备棺殓葬。一切贫无以为礼者，皆资赙焉。卒之日，萧然无半亩之植、数椽之庇也。乡之人无不垂涕。"
② 詹天佑《徽婺庐源詹氏支派世系家谱》（光绪十年编）第 24-26 页页眉抄录。

詹世鸾字鸣和，庐源人。资禀雄伟。见义勇为。佐父理旧业，偿凤逋千余金。壬午（1822年）贾于粤东。关外遭回禄，茶商窘不得归，多告贷。鸾慷慨资助不下万金。他如立文社、置祀田、建学宫、修会馆，多挥金不惜。殁之日，囊无余蓄，士林重之。①

《婺源县志》记述的广东归原堂创办人还有以下人员："俞瑞元字辉南，思溪人，贡生。幼家贫，负薪养亲。营趁粤东，家稍裕。资分昆弟。性喜施予，文庙、城垣捐助勿吝，叠蒙奖叙。尝在广东襄建归原堂，掩埋泽枯。安徽藩台管赠额曰：'见义勇为'。""朱文煊字锦林，官桥人，同知衔。读书明大义，凡遇善举，慷慨乐施。煊为紫阳支裔，尝见祠宇颓坏，输五百金修之。邑侯陈修城垣，输八百金。工竣，遵例记录三次。在粤八载，凡徽郡流寓不能归者，概给路费十金，士人倍之。每岁不下二百余金。乡人殁在粤者，众商殓费，立归原堂，首输千金购地。停棺五载，给资归葬。同乡建安徽会馆，输银一千二百两，兼董其事。居乡时，建福泉庵，造新城庙，修晓秋岭，置义仓田。种种义举，不下数千金。训子以读书为事，孙曾多列胶庠。""俞镇连字彝玉，汪口人。初儒业，后以亲老在家政。季弟生数岁而父殁。连承父遗命抚恤，一粟一丝随时生殖。比受室财产，与伯仲垺焉。尝在粤与同志创归原堂，购地瘗骸旅殁者，五年一归榇，至今是赖。他如宗祠、文阁、义仓，靡不竭力襄成。子孙蕃昌叠膺封诰，孙文辉领乡荐，曾孙多人胶庠。""俞其澍字焕章，龙腾人，州同衔。父光柏重义疏财。澍能继志。值荒施米二百石，以赈贫乏。尝游粤东，率同志倡建归原堂，施棺运榇。又于上新河重建茶亭，广置义冢。凡城工、军饷、团费，皆踊跃急公。上书单额以'义行可风'。""俞镛字道三，龙腾人，知府衔。性孝友，常得亲欢。兄早卒，视侄如子。以己封典，貤赠兄嫂。岁歉尝赈米三百石。在粤倡建归原堂，捐置资产，以归乡人之客死者。城垣军需，急公恐后奉旨旌。以乐善好施，给帑建坊，本里均和。义仓捐银一万两。亲朋借贷力难偿还者，均焚其券。他如修谱、建祠、造茶亭、文阁，俱不惜巨资。子文诏任四川建昌道，覃恩晋封通奉大夫。""朱文炽字亮如，官桥人。性古直。尝鬻茶珠江。逾市期交易，文契帜必书'陈茶'两字，以示不欺。牙侩力劝更换，坚执不移。屯滞廿余载，亏耗数万金。卒无怨悔。

---

① 光绪《婺源县志》卷35《人物十·义行八》第11页a。

在粤日久，见同乡旅殁者，多不能归葬，爰邀同志捐资集会，立归原堂。限五年舁柩，给资。自是无枯骸弃外者。道光年间，两次襄助军需，蒙宪给奖。咸丰己未，又捐助徽防军饷数百金。生平雅爱彝鼎及金石，文字积盈箱簏。享年八十有五。"①

上述六位创办人，与詹天佑抄在家谱上的十七位创办人的姓同名不同。十七位中只有一位姓朱，而六位中有两位姓朱。笔者分析这些不同的产生，可能是有些人用了商名或别名，如十七人名单中，詹世鸾使用了"詹万孚"的名。另一可能是不同时期的主办人。如六人中的朱文煊、朱文炽，均为官桥人，且分列于光绪版《婺源县志》中的《人物十》内的《义行七》和《义行八》。

四　非商婺源人对广东与婺源的贡献

《婺源县志》的人物志，还记述了非商婺源人在广东，为广东、为婺源作出的贡献。

一是官员。上述归原堂创办人六人中朱文煊和俞镛是官员。婺源人为官在广东倡举义会，帮助在广东有困难的婺源人，这是值得称道的。婺源人在广东任官职，为广东商业兴盛做实事，志书记载还有数例，如："单光国字任之，号莘畲，漳村人。少倜傥不群，留心经世之务。有附贡生循资授云南楚雄知府。府为九郡咽喉。其滇铜运京。要津曰响水关，洪水冲坍。国奉督宪委勘，请改板桥甃巨石，以图永固。年未周，告竣。调广南府。甫下车，岁饥民忧乏籴。国即采买邻封，减价平粜。见城垣倾圮，以界近边夷，急宜缮治。仿古人兴役救荒之策，捐廉俸，鸠工民，忘荒歉，乐趋事，阖郡遂安。府界连广西百色地，山河艰阻，居民以独木刳槽渡河，滇粤两省互运盐铜。抵河，久晴则肩负竞涉。水发则坐食待消。国观度地势，造杠梁于交界间，役人便运。又捐廉兴复莲阳书院、乡民九馆义学纂修、广南府志，上宪嘉之曰能，寻调繁东川府，因祖老告养解组。士民遮道流涕。至今尸祝弗谖。生平恭俭孝悌，重义敦伦。卒年六十二。"②

二是从医者。如"石世芳字徽远。兴孝坊人。习儒，兼医施药济众。

---

①　光绪《婺源县志》卷34《人物十·义行七》第5页b，第24页b，第29页b~30页a，第33页b，第40页b。卷35《人物十·义行八》第14页a。
②　道光《婺源县志》卷16《人物四·经济》第39页a。

尝诣粤东，得解毒良药，重价购之归。岁多存活，绝不责报"①。

五　小结

广州十三行的外贸繁荣，是由内地经济支撑的。人们都知道，在茶叶的大量输出中，有婺源的贡献。而道光和光绪年间编的《婺源县志》，更让人们知道，在繁华的商都广州，有把大批婺源茶叶销往广东的婺源商人。他们除了带来茶叶，更带来了在他们家乡弘扬的朱熹理学思想。他们爱国爱乡，艰苦奋斗，助困扶危，诚信经商。有几十年历史的助困扶危义会归原堂，就值得骄傲与传扬。

当然，他们当中也有愚昧与不足。他们也善于学习外面世界的优良事物，顺应历史潮流，一代一代推动社会的进步。

他们推进了广东的商业繁荣，也给他们的家乡带来了发展与进步。

把家谱，特别是名人詹天佑的家谱，结合道光和光绪年间编的《婺源县志》一起阅读，就可读到更多精彩内容，读得更深入，看得更遥远，领悟也会更深刻。

---

① 道光《婺源县志》卷23之2《人物十·义行四》第12页 b。

广州十三行商人的慈善义举考论[*]

王丽英[**]

商人通常给人的印象是唯利是图。事实上，中国历史上的很多商人在经商致富的同时，也曾积极从事各种慈善义举，文献史料多有记载。商人与慈善义举有着密切的关系，已是不争的事实。商人所以热衷于从事慈善义举的原因，学术界有不同看法，有的认为"主要取决于商人自身的经济条件与思想观念，但从另一角度看也与中国'重本抑末'的历史传统与社会风气不无关联"[①]。笔者尝试再从文化学的角度加以考察，似觉商人从事慈善义举受中华民族传统文化道教的影响较大，本文试以广州十三行商人的慈善义举为例做一考论。

一 道教的慈善文化

道教是中华民族传统文化，其内容涉及道德文化、和谐文化、养生文化、慈善文化、生态文化等，其实质是一种劝善文化，是道教对人类社会道德思想的一种教化与指引。

1. 道教倡导"尊道贵德"

道教以"道"名教，就是以道作为它的基本信仰。尊道，是对"道"

---

[*] 本文系广东省哲学社会科学"十三五"规划课题"广东道教文献的整理与研究"（GD18DL09）、广州大学广州十三行研究中心课题"广州十三行商人的慈善义举考论"成果。

[**] 王丽英，广州大学人文学院教授。

① 朱英：《近代商人与慈善义演》，《史学月刊》2018年第6期。

的尊崇,《道德经》称:"道生一,一生二,二生三,三生万物。"① "道生之,德畜之,物形之,势成之。是以万物莫不尊道而贵德。"② 就是说,天地万物皆由道生成,万物莫不尊道贵德。贵德,是对德的推崇。《道德真经全解》称:"德者,道之在我也。"③ 这是说,"德"是道之功、道之用、道之现,又说:"孔德之容,唯道是从。"④ 把"道"和"德"紧密地联系起来,就是尊道贵德,道教这种"尊道贵德"的思想理念,要求人们在日常生活中"唯道是从",道是善恶的分界线,凡符合道的事就是善,凡违背道的事皆是恶,众善奉行,诸恶莫作,道教对于"尊道贵德"的倡导,无论对个人品德修养,抑或对社会道德提升均有教化功效。

2. 道教规劝"行善积德"

道教不仅有劝善思想,而且有行善指引。道教始祖老子将慈善列为"三宝"之第一宝,提出"上善若水"⑤、"天道无亲,常与善人"⑥。道教经典《太上感应篇》被誉为"古今第一善书",它力倡行善积德,要求于物于人都要"积德累功,慈心于物。忠孝友悌,正己化人。矜孤恤寡,敬老怀幼。昆虫草木,犹不可伤。宜悯人之凶,乐人之善,济人之急,救人之危。见人之得,如己之得。见人之失,如己之失。不彰人短,不炫己长。遏恶扬善,推多取少。受辱不怨,受宠若惊。施恩不求报,与人不追悔。所谓善人,人皆敬之,天道佑之,福禄随之,众邪远之,神灵卫之,所作必成,神仙可冀。欲求天仙者,当立一千三百善。欲求地仙者,当立三百善。"⑦ 行善积德,可以得道成仙,可以转祸为福,"福因慈善得,祸向巧奸来"⑧,行善积德,还可以福庇子孙,作恶受罚殃及子孙,"积善之家,必有余庆,积不善之家,必有余殃"⑨,为此,道教教人"十善":爱惜物命,与人为善,护持正法,劝人向善,救人危急,公益济世,仁义诚信,成人之美,敬重尊长,惩恶扬善。道教对于"行善积德"的规劝和指引,有利于众生

---

① 《道德经》第四十二章。
② 《道德经》第五十一章。
③ 时雍:《道德真经全解》卷上,《孔德之容章第二十一》。
④ 时雍:《道德真经全解》卷上,《孔德之容章第二十一》。
⑤ 《道德经》第八章。
⑥ 《道德经》第七十九章。
⑦ 《太上感应篇》。
⑧ 吕岩:《赐齐州李希遇诗》,《增订注释全唐诗·吕岩三·绝句·其二十四》。
⑨ 《周易·坤·文言》。

行善，有利于社会向善。

由上可见，道教慈善文化有其思想根基和具体内容，成为中国民众，尤其是商人致富后从事慈善义举的动力源泉和行为指南。

二 广州十三行商人的慈善义举

清乾隆二十二年（1757）实施全国一口通商，广州十三行独享外贸垄断特权，由此孕育了一个"天子南库"[①]的中西贸易交流中心，也造就了近代中国最富有的广州十三行商人群体，他们深受道教慈善文化的影响和开示，在经商致富的同时，都曾积极从事各种慈善义举。

1. 嗜信神仙与捐建观庙

神仙是道教神灵，长生不死，得道成仙是道教的最终目标和最后归宿。广州十三行商人嗜信神仙，如伍崇曜，字紫垣，紫垣是道教神仙体系中的大神紫微的别称，地位仅次于玉皇大帝，将自己取字为"紫垣"足见他对道教神仙的崇敬。道光十一年（1831），伍怡和家族将往来于伶仃洋与停泊站之间的补给船取名为"仙女号"[②]。道光年间，潘仕成主持修建私人别墅命名"海山仙馆"，馆门有"仙人旧馆，海上神山"对联[③]，寓意主人像神仙一般居住在仙馆中，"缥缥缈缈，有如仙山琼阁"[④]。从"紫垣""仙女号"到"海山仙馆"都体现广州十三行商人的道教情怀和道教信仰。"仙人好楼居"[⑤]，广州十三行商人也好楼居，如伍崇曜"半生嗜好神仙，端合楼居七宝。庄严城市，别开诗境"[⑥]，楼居又叫山居，如葛洪所言："道士山居，栖岩庇岫。"[⑦] 楼居又指道观，唐卢纶《送道士郤彝素归内道场》诗云："楼居五云里，几与武皇登。"[⑧] 广州十三行商人不但嗜好神仙，而且端合楼居，玩耍七宝，足见其道教情结。广州十三行商人还笃信水神，水神为道

---

① 屈大均：《广东新语》卷十五，《货语·黩货》。
② 威廉·C. 亨特：《广州"番鬼"录》，冯树铁译，骆幼玲、章文钦校，广东人民出版社，1993，第52页。
③ 黄佛颐：《广州城坊志》卷五引孙橒《馀墨偶谈》。
④ 黄佛颐：《广州城坊志》卷五引俞庆洵《荷廊笔记》。
⑤ 司马迁：《史记·封禅书》。
⑥ 谭莹：《乐志堂文集》卷一一，《远爱楼记》。
⑦ 葛洪：《抱朴子内篇·登涉》。
⑧ 卢纶：《送道士郤彝素归内道场》，《卢纶诗全集》卷276-61，明正德刊本。

教神仙之一,又称水仙,为司水之神,有呼风唤雨之能力。由于广州十三行商人从事的主要是海洋生意,充满危险性和冒险性,"海洋险远"①,海事无常,海难常有发生,"贩货南洋,归帆遇风,全船不幸"②,所以,广州十三行商人对水神特别敬重,商人启航前,通常会在船头上张贴"海不扬波""惠风和畅""和风富贵"等字条,象征"一帆风顺"③;同时,他们会燃放挂在艇尾部一条竹竿上的鞭炮——求神启航,据说"这样神可以保佑船只'顺风顺水'"。④ 大凡商船出入广州港口前后,商人们必到南海神庙、妈祖庙、天后庙等观庙拜祭水神,烧香叩头,求神保佑,或谢神护佑。

宫观庙宇是道教祀神和作法事的场所,为求神灵保佑,或谢神灵护佑,广州十三行商人们纷纷捐资修建宫观庙宇。如在广州南海县桑园围内捐修南海神庙,"省城同文行捐银八两,省城源顺行捐银八两,省城广利行捐银八两,省城义成行捐银八两,省城达成行捐银八两,省城东生行捐银八两,省城怡和行捐银八两……"⑤ 南海神为南方之神,是岭南沿海影响巨大的一个地域性海神,"粤人事海神甚谨。……粤人出入,率不泛祀海神"⑥,广州十三行商人们纷纷捐资修建南海神庙以祭南海神,其目的显而易见。再如道光八至九年(1828~1829)在澳门捐资重修妈祖庙,潘正亨《重修澳门妈祖庙碑记》录有广州十三行商人的捐输数目:"谢东裕行捐银肆佰壹拾圆,伍诒光堂(按,即怡和行)捐银贰佰壹拾圆,卢慎余堂(按,即广利行)捐银贰佰壹拾圆,潘同孚行捐银贰佰壹拾圆,刘东生行捐银壹佰伍拾圆,万源行捐银壹佰壹拾圆,梁天宝行捐银壹佰零伍圆,顺泰行捐银壹佰大圆。"⑦ 妈祖是南中国沿海地区的水(海)神,又称天上圣母、天后、天后娘娘、天妃、天妃娘娘、南海女神,"以护海运有奇应"⑧ 著称,广州十三行一众商人捐修妈祖庙,祭祀妈祖,就是要祈求水神保佑,风调雨顺,

---

① 《世祖章皇帝实录》卷一〇三,《清实录》,第3册,中华书局,1985,第803页。
② 潘福燊:《潘氏族谱》(番禺),民国九年(1920)内部版,第30~31页。
③ 威廉·C. 亨特:《广州"番鬼"录》,冯树铁译,骆幼玲、章文钦校,广东人民出版社,1993年版,第81页。
④ 威廉·C. 亨特:《广州"番鬼"录》,冯树铁译,骆幼玲、章文钦校,广东人民出版社,1993,第77页。
⑤ 周湘:《广州外洋行商人》,广东人民出版社,2002,第33页。
⑥ 屈大均:《广东新语》卷六,《神语·海神》。
⑦ 梁嘉彬:《广东十三行考》,广东人民出版社,1999,第394~395页。碑刻存庙内正觉禅林东侧客厅大门壁间。
⑧ 宋濂:《元史》卷七六,《祭祀志五》。

出入平安。此外，广州十三行商人出于爱好和信仰，还积极捐建道教宫观，如捐建广州纯阳观，"十三行而负捐输责任，赫然列于石碑中尚有九行。……潘同孚行捐银五十元。主持捐款者为潘正炜"①，纯阳观位于广州海珠区新港西路五凤村漱珠岗，是当今广州最大的道教宫观，道光四年（1824）由岭南著名高道李明彻祖师主持兴建，道光九年（1829）竣工，广州十三行九个商行参加了捐建活动，其中捐得最多是潘家，纯阳观门头的横额"纯阳观"三大篆字和左右对联"灵山松径古""道岸石门高"均出自广州十三行首富潘仕成之手笔。② 道光二十四年（1844）伍崇曜等行商还捐资重修琶洲塔和赤岗塔，"建塔的目的是为了使神的灵魂得以飞升"③，"给他们整个地区带来繁荣"④。很显然，商人们求神拜仙的目的就是希望求得神灵和仙道的保佑。

2. 众善奉行与乐善好施

广州十三行商人遵照道教"诸恶莫作，众善奉行"⑤和"救人之难，济人之急，悯人之孤，容人之过，广行阴骘，上格苍穹"⑥。造福一切众生的开示，在得到清政府特许垄断外贸，"独操利权，丰亨豫大"⑦后，知恩图报，众善奉行，乐善好施，他们对各种贡银、贡物、军需、赔款、河工、修路、赈灾、济贫、助学等纷至沓来的开销当做善举，视为报效，"至国家报效，地方善举，无不竭力输将"⑧。

第一，上交常贡。潘振承等十三行商人"每年缴银五万五千两，存贮关库，以备贡用"⑨，据《清代外交史料》记载：自乾隆五十一年（1786）起到嘉庆六年（1801），每年由五万五千两增至十五万两⑩，商人们认为知

---

① 冼玉清：《冼玉清文集》，中山大学出版社，1995，第212页。碑刻存广州纯阳观内。
② 广州宗教志编纂委员会：《广州宗教志》，广东人民出版社，1995，第99页。
③ 威廉·C.亨特：《旧中国杂记》，沈正邦译，章文钦校，广东人民出版社，1992，第9页。
④ 威廉·C.亨特：《旧中国杂记》，沈正邦译，章文钦校，广东人民出版社，1992，第211页。
⑤ 《太上感应篇》。
⑥ 曹无极：《万寿仙书》卷四，《梓潼帝君阴骘文》。
⑦ 《彭刚直公奏稿》卷四，《会奏广东团练捐输事折》。按梁嘉彬考证：所谓"丰亨豫大"者，乃十三行拥资雄厚之形容词。见梁嘉彬《广东十三行考》，广东人民出版社，1999，第10页。
⑧ 潘月槎：《潘启传略》，转引梁嘉彬《广东十三行考》，广东人民出版社，1999，第261页。
⑨ 《一史馆藏军机处录副奏折672卷57号》，载中国第一历史档案馆、广州荔湾区人民政府合编《清宫广州十三行档案精选》，广东经济出版社，2002，第139页。
⑩ 故宫博物院文献处：《清代外交史料》（第一册），台北成文出版社，1968，第6页。

恩图报和报效社会是理所当然之事情,既然"仰戴皇仁"①,就要"情殷报效,实出至诚恳切"②。

第二,捐助军饷。乾隆五十二年(1787)广东募兵增防,两广总督孙士毅奏章写道:"商等凑捐军需二十万两,在藩库借支,分年缴还,荷蒙恩准。"③ 道光六年(1826),新疆军需,伍家捐饷100000两。④ 道光十五年(1835),潘正炜与其他行商出资五万二千多两,加强珠江口炮台建设⑤,卢氏行商卢坤赴虎门"请添铸六千斤以上大炮四十位……并增建炮台,修理墙垛,铸造炮子,约共需银五万二千两有奇,均准令粤海关商人捐办"⑥。道光二十一年(1841),潘同孚捐资26万元、伍怡和捐资110万元购买西洋铁炮。⑦ 道光二十二年(1842),伍家捐炮台、铸炮银共70000两。⑧ 潘仕成还自动捐资加制战船,最多一次"捐助军需八万两",被赞为"粤省绅士中最为出力的一员"⑨,在家国危难、民族存亡关头,潘家、伍家等十三行商人总是带头慷慨解囊,报效国家。

第三,出资赎城。《广州和约》签订后,在朝廷所附600万元赎城费中,十三行商人共出资200万,"其中潘启官捐26万,浩官捐110万"⑩。对这笔巨款,伍家、潘家等商人均看作是一种报偿。

第四,赈灾救灾。嘉庆六年(1801),直隶大水,潘家独缴五万两修筑永定河。⑪ 嘉庆九年(1804),河南河工,"行商认捐二十万两"⑫。嘉庆十一年(1806),广州米荒,伍家捐购洋米25000元,折18000两。⑬

第五,修路建桥。为了方便出入,广州十三行商人斥资铺路修桥,如

---

① 中荔:《十三行》,广东人民出版社,2004,第37页。
② 《一史馆藏军机处录副奏折8857卷14号》,载中国第一历史档案馆、广州荔湾区人民政府合编《清宫广州十三行档案精选》,广东经济出版社,2002,第138页。
③ 陈鸿墀:《广东海防汇览》卷十,《财用二》。
④ 马士:《东印度公司对华贸易编年史》卷四,区宗华译,中山大学出版社,1991,第95页。
⑤ 关天培:《筹海初集》卷二,台北成文出版社,1968。
⑥ 《宣宗成皇帝实录》卷二六五,《清实录》,第37册,中华书局,1985,第64页。
⑦ 郭廷以:《近代中国史》第一册,台北商务印书馆,1941,第358页。
⑧ 齐思和:《鸦片战争》第四册,上海书店出版社,2000,第264页。
⑨ (民国)《番禺县续志》卷一九,《潘仕成传》。
⑩ 威廉·C. 亨特:《广州"番鬼"录》,冯树铁译,骆幼玲、章文钦校,广东人民出版社,1993,第34页。
⑪ 马士:《东印度公司对华贸易编年史》卷三,区宗华译,中山大学出版社,1991,第59页。
⑫ 阮元:《两广盐法志》卷二十九,《捐输》。
⑬ 马士:《东印度公司对华贸易编年史》卷三,区宗华译,中山大学出版社,1991,第59页。

潘振承"乾隆庚寅年修造河南漱珠桥,费千余金"①,"乾隆年间先后修造漱珠、环珠、跃龙三桥"②。潘仕成见"广州小北门外至白云山路多崎岖,捐资铺石平坦"③,以利行人。

第六,兴修水利。嘉庆年间,伍家"凡桑园围、大石围捐款,军需捐款,小者三四十万,大者五六百万"④。嘉庆十五年(1810),"西关洋行各大商人自愿捐出公产房屋一所,创建修濠公所,以使日后河涌能得到定期清理"⑤。道光初年,潘家与广利行卢家合捐十万两将桑园围改筑石堤,为当时珠三角大型水利工程。⑥

第七,捐资助学。为了让后辈读书明理,广州十三行商人不遗余力地捐资建校,如潘振承"重修华圃书院及紫阳祠,增餐钱,供远来学者,他义举多称是"⑦。乾隆二十年(1755)诸行商捐办越华书院。⑧嘉庆十五年(1810)行商伍怡和、卢广利、潘能敬堂、谢东裕、刘东生、梁天宝、关福隆、李万源、叶大观堂、潘丽泉、麦同泰、黎西城等捐出西关下九铺绣衣坊公产房屋兴办文澜书院⑨,《潘氏族谱》里有潘家领衔兴办文澜书院的记载:"当时粤垣文风尚未兴盛,启合同志数人在西关创立文澜书院,延聘学行之士主讲,由是文风丕著,冠于全粤。"⑩广利行卢观恒捐田700亩筹办石头卢族义学,捐田500亩以新会全县义学,广利行卢文举于家乡新会城内建紫水义学,并捐田二顷二十亩作为学田,以供掌教修脯生童膏火各项之需。⑪还有,潘仕成独自捐银1.35万两,新建广州贡院室舍565间,出资维修位于五曜坊的学署文场,设石桌石凳,坚固实用。⑫

第八,出版道书。出于对道教的热忱和传承,十三行商人辑刻道书,

---

① (乾隆)《番禺县志》卷一五,《人物附义行传》。
② 管林:《广东历史人物辞典》,广东高等教育出版社,2001,第848页。
③ (民国)《番禺县续志》卷一九,《潘仕成传》。
④ 伍子伟:《安海伍氏入粤族谱》卷一,1956年油印本。
⑤ 胡文中:《文澜巷与文澜书院》,载广州市荔湾区地方志编纂委员会办公室编《广州西关风华》第二册,《西关地名掌故》,广东省地图出版社,1997,第67页。
⑥ (同治)《南海县志》卷一四,《伍崇曜传》。
⑦ 梁恭辰:《池上草堂笔记》卷五,"潘封翁"条。
⑧ (同治)《番禺县志》卷一五,《建置略二》。
⑨ (同治)《番禺县志》卷一五,《建置略二》。
⑩ 潘福燊:《潘氏族谱》(番禺),民国九年(1920)内部版,第31页。
⑪ (光绪)《广州府志》卷六六,《建置略三》。
⑫ (民国)《番禺县续志》卷一九,《潘仕成传》。

如伍崇曜筑的"远爱楼"为藏书之所,"储书万卷,贮酒千斛"①,构"粤雅堂",为辑书校书之地,"遍收四部图书,尤重此邦文献"②,辑刻的道书主要有:《孙氏周易集解》《太上感应篇注》收入伍崇曜《粤雅堂丛书》;《罗浮志》收入《岭南遗书》。这些道书,"粤省号富饶而书板绝少,坊间所售,惟科场应用之书,此外无从购。崇曜思刊刻书籍以惠士林"。③ 十三行商人还为道书题跋,如伍崇曜为孙星衍《孙氏周易集解》撰跋,其时,伍氏因王弼《周易注》、李鼎祚《周易集解》之单行本,为人所常见,于是甄录星衍所辑者,命名为《孙氏周易集解》,别为刊行。其书先列经传正文,每条之下分别列出解、注、集解。"解"指李鼎祚《周易集解》,"注"指王弼《周易注》,"集解"指星衍所辑。伍崇曜为此书撰跋,称"是书其搜罗之备,抉择之精,即不必相辅而行,已觉难能可贵,以视所撰《尚书古今文义疏》,阮文达称其积二十余年而后成者,并足流传不朽矣"④。又如伍崇曜为惠栋《太上感应篇注》撰跋,对该书予以高度评价:"先生以昭代儒宗高才硕学顾于研经证史之暇,特注是书,淳古渊懿,且间作俪体文,令阅者如读古书,不忍释手。汤敦甫协揆文集,称其最为典雅。"⑤ 还有,清末道光年间,伍崇曜得到陈梿撰的道教山志书《罗浮志》明初印本,认为"是书修洁谨严,尚见庐山真面,探奇者所必须"⑥,遂"厘正删补",考辨仙迹,撰跋文于后,刊入《岭南遗书》,即今人所见之十卷本,使该书得以保存下来,亦足见他道学之深厚,诚如《广州府志》所言:"广搜秘本……集成大观,而古笈亦赖以传。自此广州学者不出门,而坐拥百城矣。"⑦

第九,引进"种痘法"。将西方发明的"牛痘接种技术"引进中国是广州十三行商人的功劳。据道光《南海县志》记载:"牛痘之方,英吉利番商多林文（J. Drummond）于嘉庆十年携至粤东……时洋行商人郑崇谦（会隆行）译刊《种痘奇书》一卷,募人习之。同时习者数人,梁辉、邱熹、张尧、谭国,而粤人未大信,其种遂失传。迨至十五年（1810）蕃商刺佛（J. W. Roberts）复由小吕宋载十小儿传其种至,洋行商人伍敦元、潘有度、

---

① 谭莹:《乐志堂文集》卷一一,《远爱楼记》。
② 谭莹:《乐志堂文集》卷一一,《粤雅堂记》。
③ (光绪)《广州府志》卷一二九,《伍崇曜传》。
④ 《粤雅堂丛书》第十六集,《孙氏周易集解·跋》。
⑤ 《粤雅堂丛书》第十二集,《太上感应篇注·跋》。
⑥ 《岭南遗书》第三集,《罗浮志·跋》。
⑦ (光绪)《广州府志》卷一二九,《伍崇曜传》。

卢观恒合捐数千金于洋行会馆，属邱、谭二人传种之。寒暑之交，有不愿种者，反给以赀，活婴无算。"①梁辉等人均为十三行的商人或伙计，十三行会隆行商人郑崇谦因翻译《种痘奇书》刊行，成为传播牛痘法进入中国的鼻祖。为在广州推广牛痘术，嘉庆十五年（1810）十三行商郑崇谦、伍怡和、潘同文、卢广利等人重金邀请皮尔逊至广州，在十三行商馆内设立牛痘局，"共捐银三千两，发商生息，以垂永久"②，让邱熹、谭国为当地数千儿童接种牛痘，开中国牛痘术先河，这一善举，使无数儿童免受天花病侵害，得以健康成长。梁国炽身为十三行天保行股东，在引进牛痘术上发挥了重要作用。其时"痘症盛行，多死者。国炽悯之，求良法不可得，闻西人有种牛痘法，取牛所患痘浆，刺人臂，令痘出，数日即痂，无所苦。国炽乃以重金购其法，习之。痘浆必由西洋传递而至，费不赀。国炽无所吝，岁以其法治之，不吝分文谢。至今，人人知种痘，中国得免痘患，自国炽倡之也"③。邱熺在推广牛痘术上出力也很大，他早年在澳门参与牛痘试验，后为十三行诸商聘用为牛痘局首任专司，大力推广牛痘术几十年，著《引痘略》，"遂传其方，活人无算"④。为在全国推广牛痘术，道光八年（1828），行商潘仕成出资购买大批牛痘疫苗，亲自运到京城，并在宜武门外南海邑公馆设立种痘局，任命邱熺弟子广州余心谷医师主理种痘和推广，从此，种痘预防天花的医疗技术逐渐传向全国各地。1828年，北京设立京都种痘局；1841年，上海开设了一座医院进行牛痘接种；1852年，天津设保赤堂，后改名保赤种痘局，施种牛痘；1863年，江南始设牛痘局；1865年，湖南设牛痘局；1868年，河南设牛痘局。牛痘术在中国的普种，使中国天花疾病得到有效控制，与十三行商人的大力引进和推广密不可分。

第十，开设医局。种痘法在中国获得的成功，让十三行行商对引进西方医疗技术更有信心，也更加热心。1834年10月，行商主动支持来自于美国耶鲁大学的新教医学传教士伯驾"在新豆栏开设一所眼科医局"⑤，这是中国最早的眼科专科医院，伯驾在此施行了第一例白内障手术。伍秉鑑看

---

① （道光）《南海县志》卷四四，《杂录二》。
② （光绪）《广州府志》卷一六三，《杂录四》。
③ （同治）《番禺县志》卷四七，《梁国炽传》。
④ 邱熺：《引痘略》，《续修四库全书》第一〇一二册，子部，上海古籍出版社，2002，第401页。
⑤ 广州宗教志编纂委员会：《广州宗教志》，广东人民出版社，1996，第234页。

到医院场地不敷使用,便将自己的一栋楼房免费借给伯驾建立分院,这就是著名的博济医院的前身,现为广州中山大学附属第二医院,是中国也是东方的第一所西医医院。伯驾在博济医院施行了中国首例膀胱取石手术、首次在中国运用了乙醚麻醉法,治愈的各类患者不计其数。道光十九年(1839)七月,到广州禁烟的林则徐因患疝气,曾派人到博济医院求医取药,赞扬这家医院医术高明,足见广州十三行商人慈善义举的开设之功。

三 余论

综上所述,作为独享清政府特权的广州十三行商人,他们的慈善义举往往服从于他们对国家的义务和忠诚。然作为中国传统商人,广州十三行商人受中国传统民族文化道教的影响也很大,他们知恩图报,广行善举,像潘振承"乡中善事,知无不为"[①],像伍家"计伍氏先后所助不下千万,捐输为海内冠"[②],多年来致力于护国安邦,发展地方公益和福利事业,赢得了口碑;潘有度曾获道光皇帝"乐善好施"[③]匾额奖励;潘正炜也曾得到道光皇帝"毁家纾难"[④]美誉;江门棠下三围大堤建成时,村民特制"美济苏堤"匾赠予卢观恒;伍崇曜去世时,"省垣官吏及泰西官商咸往祭奠,有唏嘘泣下者,其为人敬慕如此"[⑤];潘仕成被誉为"轻财好义,地方善举资助弗吝"[⑥];等等。广州十三行商人的慈善义举表现出来的大道予人、众善奉行、慈心为人、济世利人正是对道教文化精义的践行,也是对道教文化精髓的弘扬。

---

① 管林:《广东历史人物辞典》,广东高等教育出版社,2001,第848页。
② (光绪)《广州府志》卷一二九,《伍崇曜传》。
③ 潘福燊:《潘氏族谱》(番禺),民国九年(1920),第30页。
④ 潘月槎:《潘启传略》,转引梁嘉彬《广东十三行考》,广东人民出版社,1999,第261页。
⑤ (同治)《南海县志》卷一四,《伍崇曜传》。
⑥ (民国)《番禺县续志》卷一九,《潘仕成传》。

广州十三行伍氏粤雅堂考

黎润辉[*]

一 粤雅堂的兴起

伍崇曜（1810~1863），广州府南海县（今广州市荔湾区）人，为广州十三行怡和行东主。西方人习惯称怡和行东主为"浩官"（Howqua，亦称Houqua）。怡和行创办人伍国莹为浩官一世，而伍崇曜自父亲伍秉鑑和三兄伍元华处接手商行，故为浩官四世。伍崇曜爱好风雅，其粤雅堂藏书极丰，又因出资编印《粤雅堂丛书》而留名后世。那么其藏书刻书的粤雅堂位于何处？伍氏家族在广州河南溪峡街建有大片宅院，传统观点认为，粤雅堂理所当然就在河南伍宅之内。黄任恒的《番禺河南小志》称："粤雅堂，在（河南）安海乡内，伍崇曜所建"，并附上伍崇曜好友谭莹写的《粤雅堂记》。[①] 这里似乎言之凿凿，但其实是自相矛盾！谭莹作文，好用骈体，其辞藻总是华丽且艰涩，实则言之无物，其文章总是缺乏有价值的具体信息。但细读《粤雅堂记》就可知，文中已明确排除了粤雅堂位于河南安海乡的可能："骑省闲居，爱于西园，修营旧墅……半郭半郊，傍山带江。饶水富竹，构斯堂而榜曰'粤雅'焉"——"骑省闲居"，说明粤雅堂紧邻省城；"爱于西园"更直接指明粤雅堂就位于广州的西关地区！须知道在"西关"一词普及以前，文人常用"西园"一词指代广州的西城厢地区。"半郭半

---

[*] 黎润辉，广州十三行研究中心兼职研究员。
[①] 黄任恒编纂《番禺河南小志》卷三，《中国地方志集成（乡镇志专辑）》，上海书店出版社，1992，第32册，545页。

郊，傍山带江"，则进一步描述了粤雅堂所处的城西郊区地貌。①

既然粤雅堂在西关，具体位置又是何处？十三行行商发起成立的乡绅组织文澜书院，曾印有《文澜书院众绅录》，其中记录了绅士成员的住址，而伍崇曜住址一栏赫然写着"十八甫"，而非其他地方。②另外，在19世纪各种西方人的广州旅行指南中，十八甫街又被称为 Howqua Street（浩官街），因伍浩官家族在此建有大型宅第而得名，更有旅行指南的地图上，直接在十八甫街标示了伍浩官的宅第。③中西方文献材料均显示，伍家在西关十八甫有一处规模不小的宅第，此处更被西方人视为一处重要的地标和景点。根据《粤雅堂记》"修营旧墅"一句，可知粤雅堂是由伍家在西关原有的宅第改造而成，并非全是新建的。而泰和行行商颜氏家族后人颜嵩年的笔记《越台杂记·磊园记》一文，则进一步佐证了粤雅堂位于十八甫，并揭示了其前身的故事："磊园在城西十八铺，先曾祖故宅也。弃养后，仲伯祖肇斋公时瑛继先业，承充洋商，广交游，矜气谊，好画工诗，将先人故园增其式廓，令画工黎光因地布置，先绘全图，用纸竹扎成，然后大兴土木。落成后，景致幽雅，无一凡俗，中多磊英石为山，故名。"颜嵩年还称，磊园当时"不但甲西园，且甲羊城矣"。园中除了住宅区，还在庭院辟有十八处景点，为一时巨观。当时颜时瑛常在园中宴请城中达官贵人，每每张灯结彩，冠盖辉煌，夜夜笙歌，宾客络绎不绝。直至乾隆庚子（1780）年，颜时瑛生意破产，磊园被官府充公拍卖，后来两度易主，"而旧日雅观荡然无存，今归伍紫垣方伯"④。由此可见，十三行泰和行行商颜时瑛的十八甫磊园，就是《粤雅堂记》中提到的西园"旧墅"了。⑤

磊园是何时被伍家买下的？笔者推测，时间应在1822年至1823年初之间。现存有关伍家拥有磊园的记载，首见于记录1819~1829年事的谢兰生《常惺惺斋日记》：道光三年四月廿八日，"……傍晚赴平湖（即伍秉鑑）磊园席，晚演剧至二鼓后"⑥。道光三年（1823）前一年的11月1日，广州西

---

① 谭莹：《乐志堂文集》卷十一，粤东省城西湖街富文斋刊印，咸丰十一年（1861），第12页。
② 陈建华主编《广州大典．第五十六辑．史部传记类．第二册》，广州出版社，2015，369页。
③ 〔英〕R. C. Hurley: the tourists guide to Canton, the West River and Macao, Hongkong: Hongkong Telegraph, 1898。
④ 颜嵩年：《越台杂记》卷二，《清代广东笔记五种》，广东人民出版社，2006，第477页。
⑤ 同治壬申版《南海县志》，仅指出磊园"在广州城西"，黄佛颐编撰的《广州城坊志》因此将颜氏磊园归入颜家巷，有误。
⑥ 谢兰生：《常惺惺斋日记》，广东人民出版社，2014，第127~128页。

关发生特大火灾,大火连烧三日,受灾范围覆盖街巷六十多条,烧毁房屋一万多间,十三行商馆也遭到重创,损失价值高达四千多万两白银。不少行商损失惨重,此后潘长耀的丽泉行、黎光远的西成行和关成发的福隆行等相继破产。磊园可能就是在这一背景下,被一位资金紧缺的行商转售给伍秉鑑,而这个行商很可能就是面临破产的潘长耀。潘长耀,西方人称为Conseequa,其商业活动活跃于1793~1823年。在1822年火灾以前,潘长耀早已长期面临资金周转不灵的问题。1825年农历新年期间,初到广州的美国人 William. C. Hunter 受邀拜访伍浩官家族从潘长耀手上买下的大宅。据他回忆,这座"宫殿式的住宅和园林"位于"广州最有贵族气派的那条街上"①。显然,这条街指的就是十八甫街,因为十八甫街不但住了几家像伍家这样的富绅巨户,而且在日军侵华、轰炸广州以前,这里长期都是广州最繁华的商业地带。②

有关潘长耀时期磊园的情况,笔者至今尚未发现有关中文史料,而西方的有关文献则大多语焉不详。英国画家 Thomas Allom 于 19 世纪 40 年代所作的画册 The Chinese Empire Illustrated(《中华帝国图说》)中有一幅 House of Conseequa, a Chinese merchant in the suburb near Canton(《广州近郊,中国商人潘长耀的住宅》)流传甚广,令潘长耀的宅院在西方广为人知。Thomas Allom 从未到过中国,此画其实是根据随马戛尔尼访华的 George Leonardo Staundon 从中国带回的广州外销画临摹而成。此画(参见图1)首载于 1835 年英国出版的《园艺百科全书》(An Encyclopaleadia of Gardening)收录的条目 the house and grounds of Conseequa 之中,该书没有详述潘长耀宅园的特点,但表示图中的山石苗木的布置,值得西方园艺师去借鉴。③

至于磊园改建并易名"粤雅堂"的时间,谭莹并没有在《粤雅堂记》中写明,笔者只能根据一些零碎的信息去进行推测。谭莹在文中赞颂伍崇曜喜好收藏善本古籍,并已刻印了《岭南遗书》第一至三集、《粤十三家集》若干卷、《楚庭耆旧遗诗(前集、后集、续集)》若干卷等岭南乡邦文

---

① 〔美〕亨特:《旧中国杂记》,冯树铁、沈正邦译,广东人民出版社,2009,第435页。
② 莫伯治在《行商庭园研究》一文中,猜测潘长耀花园位于荔湾区龙津西路至逢源大街一带,此说并无依据,因为逢源大街地处清末才形成的新兴住宅区,到1880年前后方始成街(相邻的逢源正街保留有街闸石刻,上款为"光绪庚辰年")。
③ 〔英〕John Claudius Loudon: An Encyclopaleadia of Gardening, London: Printed for Longman, Rees, Orme, Brown, and Green, 1835, pp. 1200 – 1201。

图 1　1835 年《园艺百科全书》中的潘长耀宅院插图

献。① 查这三套文献的出版时间，分别为 1831～1847 年、1840 年和 1843～1850 年。而伍崇曜在 1853 年的《粤雅堂丛书序》一文中提道，"粤雅堂者，旧辑《岭南遗书》《粤十三家集》《楚庭耆旧遗诗》之地，而因以署（为书名）焉"，说明在磊园未改名为粤雅堂之前，这三部文献已经印成。② 但是这并不意味着粤雅堂是在《楚庭耆旧遗诗续集》书成之后才得名，因为谭莹在道光丁未年（1847）为伍崇曜代笔的《还石轩记》中提及"则道光甲辰岁也（1844 年），种（石）之粤雅堂东偏隙地，爱以'吾石'名轩"，说明磊园易名"粤雅堂"，不晚于 1844 年。③ 而《粤雅堂记》中提及的《楚庭耆旧遗诗续集》，应尚在刻印的过程中，故说是"若干卷"。由上文可知，粤雅堂的命名时间应在 1844 年之前、在《楚庭耆旧遗诗（前集）》出版的 1843 年之后。而 1843 年，正是伍秉鑑逝世的年份，所以伍崇曜就是在 1843～1844 年间继承了他父亲的磊园，并改建为粤雅堂的。

十八甫磊园改建为粤雅堂后，这里成为伍崇曜家族的常住居所。伍崇曜在粤雅堂刻印大量古籍文献，其中尤以《舆地纪胜》和《粤雅堂丛书》（参见图 2）为世人所重，后者共 185 种 1347 卷，由谭莹精心审校，其刻印过程持续了 25 年，成为岭南文化史上的一大工程。伍崇曜逝世后，其子伍绍棠延续了刻书事业，补刻了《粤雅堂丛书》三编共 60 种又刻印了《金文最》120 种等，为保存中国古籍善本和岭南乡邦文献作出巨大贡献。④ 广州

---

① 谭莹：《乐志堂文集》，粤东省城西湖街富文斋刊印，咸丰十一年（1861），卷十一，第 12 页。
② 伍崇曜编《粤雅堂丛书》（第一集）序，粤雅堂校刊，道光三十年（1850），第 3 页。
③ 谭莹：《乐志堂文集》，粤东省城西湖街富文斋刊印，咸丰十一年（1861），卷十一，第 23 页。
④ 伍子伟编纂《安海伍氏入粤族谱》卷六，1956 年油印本，第 31、32 页。

士人也从原来苦于无书可用的窘况变成"足不出门而坐拥百城"①,故世人以及后世均对伍家的刻书活动予以高度评价,清末名臣张之洞也在《劝刻书说》中赞誉这一贡献"可决其五百年中必不泯灭"。② 粤雅堂因此也成为当时广州的一处文化地标,加上伍崇曜父子喜结文人,轻财好客,远近士人皆慕名拜访。

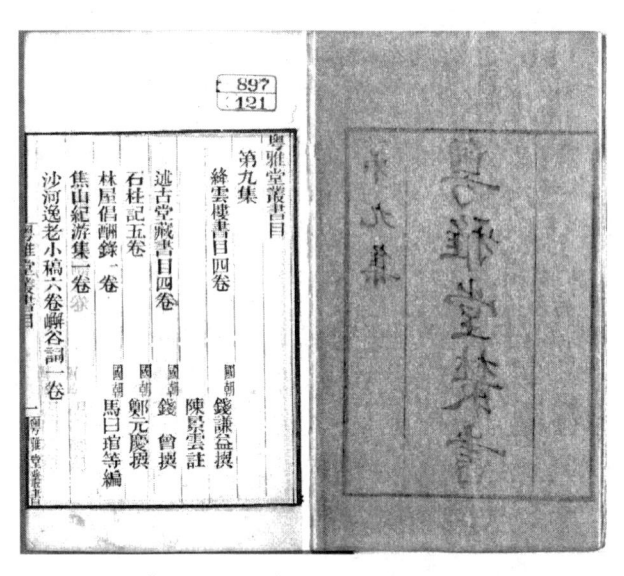

图 2　《粤雅堂丛书》书影,日本国会图书馆藏

1863 年,何绍基游览羊城,在粤雅堂受到了伍崇曜的款待,并为伍崇曜收藏的苏轼《偃松屏赞》《化度寺碑》宋拓本等珍贵藏品题跋,还在诗词中记载此事。③《循环日报》创办人王韬与伍绍棠(号子昇)相熟,曾留宿粤雅堂。1873 年,王韬陪同前日本首相、时任财政大臣的松芳正义造访粤雅堂,伍绍棠设宴款待。④ 康有为与伍绍棠私交甚笃,1890 年,康有为开始在广州招徒讲学,曾到粤雅堂游览,亦由伍绍棠亲自陪同导赏。⑤ 更多关于伍崇曜父子与各地文人在粤雅堂交往的详情,主要反映在伍崇曜编著的《粤

---

① 瑞麟、戴肇辰等修,史澄等纂《广州府志》卷一百二十九,粤秀书院刊印,光绪五年(1875),第 25、26 页。
② 张之洞:《书目答问》,商务印书馆,1935,第 78 页。
③ 何绍基:《满庭芳别潘德舆伍紫垣》有"记天竺琴斋,粤雅书堂"句;另有《题偃松屏赞即用坡韵(伍紫垣藏物)》《化度寺碑宋拓本为伍紫垣题》两首。
④ 王韬:《扶桑游记》,载钟叔河主编《走向世界丛书》,岳麓书社,1983,第 428 页。
⑤ 康有为:《保存中国名迹古器说》,康有为编《不忍》,广智书局,1913,第 89 页。

雅堂诗钞》，伍绍棠编著的《粤雅堂诗词钞》《粤雅堂诗话》《楚庭耆旧遗诗再续集》之中，可惜这几部书竟已全都散佚，不知所踪，令人遗憾。

二　粤雅堂的衰灭

粤雅堂的命运与伍崇曜家族的兴衰息息相关。1842 年中英签订《南京条约》、五口通商以后，广州十三行行商失去了原有的外贸垄断特权；1854 年两广爆发天地会起义、1856 年第二次鸦片战争爆发，英法联军占领广州，都令广州外贸大受打击，不少外贸份额转移到香港上海等口岸，十三行商馆也被焚毁殆尽；加上伍家历年不得不为清廷捐资报效，累计白银不下千万两，以上因素都令伍崇曜家族蒸发了不少财富。1863 年，伍崇曜逝世，伍家境况更不如昔。陈澧在次年八月十五日致信翁同书，谈及翁氏向广东的富绅旧友筹款，以资助远行之事，"至紫垣嗣君处，亦已托友人转达，渠答以近况不佳，亦真情也"，意即伍绍棠因父亲亡故，家境大不如前，婉拒了翁同书的请求。①

伍崇曜后人不善经营，虽然家道中落，但仍算殷实。伍崇曜生前大规模投资美国旗昌洋行（Russell & Co.），因此伍家每年可从旗昌洋行获得数万美元的利息。② 但是后来旗昌洋行在与轮船招商局的竞争中落败破产，更于 1891 年被轮船招商局以 220 万两白银收购，伍氏在旗昌洋行的资产自然也不能幸免。上海外滩福州路 9 号的旗昌洋行总部大楼及其毗邻地块，均为旗昌洋行租用的伍家产业，在 1892 年初竟被李鸿章、盛宣怀等人联手通过巧取豪夺占有。③ 伍家从此失去了最重要的收入来源，加上伍崇曜的长孙伍垣孙奢侈无度，不思节俭，也开始陆续变卖家业。而伍崇曜原有规模不小的墓地，后来可能也出于变卖山地的原因，墓穴被迁到了白云山的一隅。1890 年伍绍棠身故，也与伍崇曜夫妇合葬一处。笔者找到伍崇曜父子墓，乃灰砂所筑，且做工粗糙，现存状况不佳，可见当时伍家衰落之地步（见

---

① 张剑：《陈澧致翁心存、翁同书函札考释》，《文献》2017 年第 3 期。
② 徐珂：《清稗类钞 农商类》，商务印书馆，1917，第 103 页。
③ 《申报》1892 年 1 月 8 日第 3 版：西关十八甫伍垣孙，富家子也。上海招商局之屋基系伍姓产业，前因租项龃龉，由洋人出头几致涉讼。事为李傅相所闻，怒其有伤中国体面，现在移文到粤，饬地方官将伍垣孙解送天津讯究。南海县潘大令连日签差往拘，伍已已不敢出。但丑妇终要见翁姑，恐仍不能幸免也。

图3)。1892年,伍垣孙以伍祥和堂、伍宝世堂、伍和丰堂、伍长发堂、伍永安堂、伍嘉瑞堂、伍年丰堂等十二个堂号的名义,将顺德容奇附近的田产四顷售予与粤雅堂相邻的慈善机构爱育善堂,售价18015两白银。① 到了1894冬,伍垣孙更将家宅粤雅堂放售,并于1895年8月21日完成交易转让他人。② 此后不久,购入粤雅堂的买家又将粤雅堂拆毁夷为平地,于1897年开辟成街区,粤雅堂从此荡然无存,十八甫伍家巨族也由此四散,世人无不感到惋惜!

图3 伍崇曜墓地现状,笔者摄

三 粤雅堂的范围与布局

粤雅堂虽已荡然无存,但其在十八甫的具体范围仍可考证出来:1895年,粤雅堂伍宅出售,奇和堂药局的创始人、近代民族企业家陈启沅的五子陈锦筦(字竹君),见伍家宅院中的一口古井的水位可随潮水涨退而升降,且不时能捞出活虾,认为此处做生意可"发",便相中此地,买下粤雅堂的一部分为奇和堂药局的新址。③ 据陈锦筦孙女陈莲亚女士透露,粤雅堂

---

① 谭棣华、冼建民编《广东土地契约文书(含海南)》,暨南大学出版社,2000,第83~102页。
② 《大厦难支》,《香港华字日报》1895年8月24日第4版"羊城新闻"栏:"西关十八甫伍姓,洋商遗裔也。富敌王侯,门第阀阅,当年吾粤富户,以伍姓为首屈一指焉。咸同之世,值贼氛肆扰,伍姓前后捐助军饷,数逾三百万之多。朝廷赉赏有加,商之子孙,无不头衔焜耀,倘继起有人,何至式微兴叹也?近以纨绔习成,少不更事,杯卷手泽,几至荡然无存。有识者能不抚时兴叹也?去冬,闻将大厦许让别人,已经收取定金数千。本月初二乃交易之期,伍姓先将眷属别迁,以俟他人入室。王谢堂前,何堪回首?舞台歌榭,将宁知几易沧桑耶?"
③ 《广州最早按西方城市规划建设的商业街》,《新快报》,2012年11月29日A27版。

的古井仍保存在今十八甫路 102 号的奇和堂药局旧址内，只是被租客封住，若能打开或许还有望恢复。① 根据陈女士的重要信息，粤雅堂的西至边界已可基本确定——奇和堂以西有福安街，查 1860 年《广州城及郊外地图》(Map of the City and Entire Suburb of Canton) 此街已经存在，故粤雅堂西界至奇和堂西侧。1927 年，十八甫街被开辟成十八甫马路，筑路工程割去了奇和堂前部 4 米左右的地方，故粤雅堂南界（大门）为今十八甫路 102 号以南约 4 米处。

后来，粤雅堂被开辟成街道，曾游览此地的康有为知道此事后十分痛心，并缅怀了粤雅堂昔日盛况："以吾所见十八甫伍紫垣旧屋，其子伍子昇尝与我一一观焉。其屋深十八层、广十一座……其后园石山十余亩奇秀，皆太湖石为之（实为英石），乃毁弃而开街。"② ——由此可见，粤雅堂规模颇大，仅石山后院的面积就至少有 6000 平方米了。而奇和堂以东之街道，有桂棠新街、富善西街和富善东街（其中富善东街已在康王路建设中消失），这片街区皆整齐平直，街内分布着清末至民国的精美建筑，明显经过统一规划。而富善西街的街口更保留花岗岩的街闸石刻，上有"光绪丁酉仲夏"（1897）年款，石刻下款缺失，据说为清末探花李文田所题。由此可知粤雅堂是在 1897 年前拆毁成街的，其东界可覆盖至富善东街，与东面的爱育西街相接（爱育西街成街于 1871 年，大部分地段位于今康王路范围内）。桂棠新街、富善西街和富善东街的北面，是曹基一至九巷这几条短小的死胡同，可知为粤雅堂的北界至此。

粤雅堂四至已基本弄清楚，其东西宽约 127 米，南北纵深约 121 米，面积超过 15000 平方米，仅宽度就已占据了繁华的十八甫街长度的一半，是名副其实的西关大屋，也无怪乎西方人会将十八甫街称为 Howqua Street 了！

关于粤雅堂布局的信息，应主要见于《粤雅堂诗钞》《粤雅堂诗词钞》《粤雅堂诗话》和《楚庭耆旧遗诗再续集》等书中，由于这些书均已散佚，现已难窥粤雅堂的全貌了。但由于粤雅堂是在磊园的基础上改建而成，所以想了解粤雅堂的布局仍可从磊园入手。据颜嵩年《越台杂记》记载，磊园有十八境，具体如下：

---

① 《广州最早按西方城市规划建设的商业街》，《新快报》，2012 年 11 月 29 日 A26 版。
② 康有为：《保存中国名迹古器说》，康有为编《不忍》，广智书局，1913，第 90 页。

眷宅前厅为四箴堂，吾族远宗复圣，故取"四勿"之旨署之。堂东为辉山草堂，阶前叠蜡石作山，温润如黄玉，人皆奇之。草堂之东有小径，曰"桃花小筑"由径而北数十步至"遥集楼"，进园第一境也；面北与"静观"相对，楼上贮古今书画、金石玩器，凭栏远眺，一园景色归焉。楼东由复道至倚虹小阁，阁旁环植花木，有飞桥一道，连接英石假山。日曛时，阁上红墙与晚霞掩映，突出于众绿之上。阁前一路假山，峰峦向背，岩洞幽深，皆以英石垒成，玲珑臻妙。山腰为"留云山馆"，李南涧司马文藻《寄张药房诗》云："磊园曾共到，泉石最怜渠"盖指此也。山馆下为松径，一带青松，前临水，后依山，至山尽而止，远望竟忘城市中地。由松径度石梁，建厅如莲花瓣样，扁曰"一瓣"园之北畔塘坳造一船，不能动，名曰"自在航"，悬白沙子书一联云："不作风波于世上，别有天下非人间"。航北为箭道，道之东树侯设鹄，覆以亭，名"跃如"，文士聚会，集射于此。射毕，各有胜负，登自在航，奖功浮白，弦歌以侑之。由箭道西行，至临溯书屋，厅事三椽面南，于此讲经会文，西席课其功。上层为藏书阁，环书三十六架，东西耳室，肄业者起居焉。书屋前通一门，至此为"海棠居"，有海棠二、玉兰一，余花绕砌，主人与诸文士雅集之所。李南涧、冯鱼山、李载园、张药房、黄虚舟、黎二樵、吕石帆、冯箕村、吴竹函、陈季常诸君子，时相过从，煮酒联吟，殆无虚日。居南为留春亭，在遥集楼西畔，环栽梨柳，亭之联云："梨花院落溶溶月，柳絮池塘淡淡春"（晏殊诗，"春"字原为"风"）。自亭东行，过静观堂，堂东为理塞轩，前后临莲池，左右辟大牗，种葡萄环之作帘幕，实时如贯珠，日光漏处，红绿相映，夏日迎凉，炎燠之气不染。园内荷塘弯曲环绕，名"碧荷湾"，东岸在留云山馆，西岸在留春亭前有二小舟，花时命两小鬟扮采莲女，戴草笠，绸檐青纱，衣素纱裳，系紫绣带，着红宫鸡鞋，操柁登舟，一自东岸出，一自西岸出，二舟相遇则歌。采莲毕，左臂负笠，右手拈花，赴自在航献主人，犒以饼饵，仍至两岸叙舟而退。园之极北为"酣梦庐"，中设一榻，需用之物悉备，地幽静，游人罕到止境也。其静观堂在园之中，高广为冠，四面临池，设朱栏木梁，以通往来，乃嘉会之堂也。①

---

① 颜嵩年：《越台杂记》卷二，《清代广东笔记五种》，广东人民出版社，2006，第477~479页。

颜嵩年笔下的磊园，可分为西部的眷宅（住宅区）和东部的庭院区两个部分。庭院区大规模的英石假山，峰峦向背、高低相峙、洞壑幽深、精巧玲珑，与山下草木扶疏的花洲柳岸相映成趣，显得浑然天成，置身其间，令人忘却市井尘嚣。院内亭台馆阁、廊桥水榭点缀其间，错落有致，层次分明，与住宅区形成有机结合。磊园的庭院景观在粤雅堂时期或有兴废，但原有的总体格局应变化不大。

伍崇曜在粤雅堂增建的具体建筑，目前已知的仅有诗雪轩、文字欢娱室和还石轩三处。诗雪轩和文字欢娱室为伍崇曜校书印书之所，两地分别刻印了《粤十三家集》和《岭南遗书》。① 谭莹《还石轩记》云，伍崇曜在1844年获赠是岸寺的英石一座，便在粤雅堂的东偏空地建"吾石轩"藏之。三年后又将英石归还，并将此轩改为"还石轩"以作纪念。②

对于粤雅堂的住宅区，西方文献也曾有所介绍。英国牧师John Henry Gray在《Walks in the city of Canton》介绍道，十八铺（Shap-Pat-Poo）的伍家大宅住着不下五百人，宅子由四座房子构成，每座房屋后面都有片整洁别致的院子，其中种有各色花卉和高广的树木，可供家眷纳凉消遣。根据他的描述，可知粤雅堂住宅区其实为四进深的广府民居形式，每进之间的空间就是天井了。③ 四进深民宅貌似不大，但是结合康有为对粤雅堂宅子"深十八层、广十一座"的描述，便可知这是一座宽度为十一便过（开间）的西关大屋！十一便过意味着粤雅堂伍宅的宽度应有50米以上。清末至民国时期，有五到七便过规模的西关大屋，就已称得上豪宅，但一与粤雅堂比较，则可谓是相形见绌了。1847年8月，澳大利亚旅行家Ida Pfeiffer游览粤雅堂，她形容粤雅堂占地十分宽广，房屋为金字屋顶，还有着壮观的阳台。穿过绘有门神大门，可见粤雅堂家宅的数个客厅，其前方有着别致的花圃。客厅的楼上有阳台，阳台同样有花草点缀。在这阳台上，近处周围的景物、城墙下的房屋、壮丽的江景，均可收入眼帘。粤雅堂的房间陈设，有用料考究的广作家具，又有精致的粉彩瓷器陈设，典雅非常；既有传统的中国书画楹联装饰，又有来自西方的洋镜、洋钟、洋花瓶，甚至有佛罗伦萨风格的马赛克装饰。房间里的灯具也非常别致，当这些灯具全都点亮，

---

① 见该书书口。
② 谭莹：《乐志堂文集》卷十一，粤东省城西湖街富文斋刊印，咸丰十一年（1861），第23~24页。
③ John Henry Gray: Walks in the city of Canton, Hongkong: De Souza & Company, 1875, p. 168.

室内就会变得光彩夺目，十分梦幻。①

康有为对粤雅堂的室内装潢印象十分深刻，认为其奢丽程度毫不亚于帝王的宫殿："十八甫伍紫垣宅，一门一窗、一栏一楯木，皆别花式，无有同者"②，"其门、窗、栏、槛、屏、楯，皆刻花鸟人物，及方圆曲折之形式，无一同者。皆以檀楠美木，木亦无一同者。徒指一圆窗楯告我曰：'此费千金，又皆乾嘉之名工也'。吾细视之，精致见毫发，飞动若鬼神，若在今日，虽万金不可得也。全屋皆若是。吾意全中国之宫室，雕刻之精美，未必有能比之者"③。

伍氏家族的几处宅院，都曾在中外摄影师的镜头下留下记录。但由于伍崇曜后人原有的家族相册也毁失多年，其他有关图像史料又分散于世界各地，限制了这方面的研究，所以能确认为粤雅堂的相片，目前仍为数不多。1894年9月8日的《美国人画报》（The Illustrated American）封面刊登了一张题为"Houqua, who urged the Chinese emperor to strip Li Hung Chang of his yellow jacket（浩官，曾促请中国皇帝褫夺李鸿章的黄马褂）"的照片，结合拍摄时间和文字信息，可以判断出图中的伍浩官为伍崇曜的长孙伍垣孙。④李鸿章因北洋水师战败于甲午海战而被褫夺黄马褂，伍垣孙或许在其中也发挥了作用。此前伍垣孙与李鸿章已有过节，李鸿章强占了伍家上海房产为轮船招商局所用，伍垣孙上奏皇帝应为报复之举。而伍垣孙照片身后的背景，应即是粤雅堂。同年岁末，伍垣孙将粤雅堂变卖，所以此照或许就是粤雅堂最后的一张照片了。

奥克兰博物馆收藏着一张伍家全家福（见图4），照片附注"Family of Howqua, Canton"，经笔者辨认，图中右三男子即是伍垣孙，由此可知该全家福成员为伍崇曜的后人，摄影地点在十八甫粤雅堂内。照片居中坐主位的只有一位老妇，可知照片摄于1890年伍绍棠逝世之后，老妇即是伍绍棠的一位仍在世的妾侍。这张珍贵的全家福不但展示了伍绍棠后人，其背景也让我们得以管窥粤雅堂的样子。⑤

---

① Ida Pfeiffer: A Woman's Journey Round the World, From Vienna to Brazil, Chili, Tahiti, China, Hindostan, Persia, and Asia Mino, London: Ingram Cooke & Co, 1852, pp. 110–111.
② 康有为：《欧洲十一国游记二种》，钟叔河主编《走向世界丛书》，岳麓书社，1983，第115页。
③ 康有为：《保存中国名迹古器说》，康有为编《不忍》，广智书局，1913，第89、90页。
④ The Illustrated American, The Illustrated American Vol. 16, New York: 1894, p. 289.
⑤ 照片为奥克兰博物馆藏品。

图4　粤雅堂内的伍垣孙全家福，新西兰奥克兰博物馆藏

四　对远爱楼的探讨

  远爱楼是伍崇曜营建的一处别业，其得名出自苏东坡《扶风天和寺》的诗句"远望若可爱，朱栏碧瓦沟"，其中贮酒千斛，储书万卷，珍藏着伍崇曜的珍图秘籍。前人著述对其所在位置的记载存在误读，认为远爱楼位于河南洲头咀附近，甚至有人将其与粤雅堂混为一谈。远爱楼的位置，有关文献的记载非常笼统。张维屏《艺谈录》云："远爱楼，在白鹅潭上，伍崇曜建。三面临江，万状入览。"[①] 黄任恒认为，远爱楼所在的白鹅潭，应在河南，故收入《番禺河南小志》中，其实不确。同治《南海县志》云："戊申二十八年九月（1848年10月），总督徐广缙、巡抚叶名琛宴米利坚酋豪于粤雅堂远爱楼上，以其较英吉利稍为恭顺，故宏奖之，以示劝惩耳。"[②] 此处是指美国驻华公使德庇士（John Davis，又译作德威士）与两广总督徐广缙在远爱楼会晤之事，《中国丛报》（The Chinese Repository）等西方报刊亦有记载。《中国丛报》有关内容如下：

[①] 舒位、程千帆、杨杨编《三百年来诗坛人物评点小传汇录》，中州古籍出版社，1986，第488页。
[②] 郑梦玉修、梁绍献等纂《南海县志》卷二十六，清同治十一年刻本，第7页。

An interview between H. E. John W. Davis, American Comissioner and H. E. Sü, the imperial comissioner and governor-general of Liáng-Kwàng, took place on 6th inst. at one of the warehouse of Howqua in the White Goose tything lying in western suburb of the city. ①

这段文字清楚说明，德庇士与徐广缙的会晤是在伍浩官（指伍崇曜）位于西关白鹅潭的栈房举行的。关于这座栈房，继任两广总督的叶名琛在1857年对提出修约会谈的美国公使列威廉（William B. Reed）发出的照会中也有提及："惟查道光二十八年九月内，前大臣徐曾与前公使德，在省城西关外之仁信栈房相见。孰意上年九月内，英国无故动兵，连日开炮轰击省城，旋于十二月十七日放火沿（延）烧西关一带房屋，并将此仁信栈房烧毁殆尽。现本大臣虽有相见之心，实无相见之地。"② 1860年，广州将军穆克德讷与广东巡抚柏贵等人连同奏报广州局势，提及美国公使欲见面递交国书之事，并以"前此接见夷人，率在旧洋商伍怡和之仁信栈房，今此房已于去年为英夷所焚"为由，再次拒绝会晤。③ 这两段档案，与《南海县志》和《中国丛报》的记载吻合，证明德庇士与徐广缙会晤的远爱楼，在西关白鹅潭畔的仁信栈房内。仁信栈房焚毁于1857年1月12日（农历1856年十二月十七日），与同治《南海县志》中"丙辰冬，（远爱）楼毁"的记载相符。

谭莹曾作《远爱楼记》一文，文中并无明确交代远爱楼的建成时间和具体位置。而在其作的《粤雅堂记》一文中，提及伍崇曜正在根据其藏书编印成《远爱楼书目》，由此可知远爱楼建成时间要早于粤雅堂，即1843年以前。④ 谭莹又在《李子黻学博岁暮怀人诗序》中提到远爱楼"楼台半圮"，并注曰"谓紫垣方伯远爱楼。廿年来，小除夕迄上元辄同张宴于其上"，由此可知远爱楼的存在时间约为20年，建成时间在1836年前后。⑤《远爱楼记》描写周边的环境，先是由近至远：鹅潭巨浸，龟峰屹然……素馨斜艳，黄木湾空……得月台连，摩星岭隔；市邻三角，楼输五层；兼巷

---

① The Chinese Repository Vol. 17, Canton: Printed for the proprietors, 1848, p. 543.
② 齐思和编《第二次鸦片战争，第3卷》，上海人民出版社，1978，第171页。
③ 齐思和编《第二次鸦片战争，第3卷》，上海人民出版社，1978，第130页。
④ 谭莹：《乐志堂文集》卷十一，粤东省城西湖街富文斋刊印，咸丰十一年（1861），第13页。
⑤ 谭莹：《乐志堂文集》卷一，粤东省城西湖街富文斋刊印，咸丰十一年（1861），第50页。

竟街，开棪结橑……其中所说的"市邻三角"，指远爱楼邻近西关的三角市（今珠玑路南段）；"兼巷竟街"，说明远爱楼毗邻闹市。文中还有"沧海新填，地腊春波之绿"一语，此处是指三角市附近的新填地（今六二三路广州市中医院一带），远爱楼应距此不远。① 《粤客谈咸丰七年国耻》提到1849年英国驻华公使文翰（Sir George Bonham）请求徐广缙在总督衙署会晤之事，其中写道："广缙以既不许其入城，即未便容之到署，因订在城外十三行伍家仁信栈接见。"② 1856年末，十三行商馆区在英法联军的战火中焚毁，大火又蔓延至附近的街区，数千座房屋被焚。正因伍家的仁信栈房与十三行商馆区距离颇近，才会被这场大火烧毁的。

笔者由此推测，远爱楼大致位于沙基菜栏街一带。在1859年英法两国修筑沙面岛以前，菜栏街前无遮挡，正对白鹅潭江心，直面珠江后航道，且向南呈突出的小半岛状（见1860年《广州城及郊外地图》），视野无际，与张维屏"三面临江，万状入览""远势层楼起，珠江一览中。洗心千尺水，过眼百帆风"的描述相符。可惜远爱楼的被烧，令不知多少善本古籍、字画古物随之毁于一旦，将此称为中华文化史上的一场灾难，也绝不为过。

五 结语

位于西关十八甫的伍氏粤雅堂，前身是行商颜氏的磊园。粤雅堂地处闹市而规模宏大，建筑奢丽且园景殊胜。经过伍氏家族的苦心经营，粤雅堂藏珍籍、印善本，广交华洋之士，见证了中外文化的交流，也成为广州当时的一处文化殿堂。随着伍氏家族的衰落，粤雅堂在被变卖后又被拆毁成街，如今已陈迹难寻。但伍氏粤雅堂的文化贡献一直泽被后世，其美名始终不会被人遗忘，粤雅堂还有更多的故事，尚待进一步挖掘研究。

---

① 谭莹：《乐志堂文集》卷十一，粤东省城西湖街富文斋刊印，咸丰十一年（1861），第14页。
② 戴逸、郑永福主编《中国近代史通鉴》第一卷（下），红旗出版社，1997，第113页。

清代广州十三行之福隆行补遗

邢思琳*

16世纪世界开启了"海洋时代",中国丰饶物产和巨大市场吸引西方资本主义国家商船蜂拥而至。乾隆二十二年(1757)清朝停止其他海关与西方国家的海路外贸管道,通过粤海关建立"以官制商、以商制夷"的广州十三行制度,成为中西重要贸易体系及文化交流中心。

十三行是由诸多商行组成的商会组织,商行及人物是十三行研究的主体内容。梁嘉彬《广东十三行考》设有《广东十三行行名、人名及行商事迹考》一章,记述历年中外文献所载洋行39家,茶行1家,对十三行商行的数量、行名、人物的由来及其变化进行了陈述。遗憾的是除少数商行内容较为详细,大多数商行只是个别史料罗列,无法得见全貌。时至今日,有关商行研究的成果仍不能令人满意,只有同文行(同孚行)潘家、天宝行梁家有研究著作问世,并有较为丰富的论文成果[1];怡和行伍家、广利行卢家也有较多学者关注;此外泰和行颜家、义成行叶家、达成行倪家、万成行沐家、兴泰行严家只有少数文章研究涉及。[2] 而其余的商行往往只列有行名和行商名字,还没有详细资料和研究成果,不能不说是影响十三行研究深入发展的空白领域。

---

* 邢思琳,广州大学十三行研究中心2017级硕士研究生。
[1] 潘刚儿、黄启臣、陈国栋编著《广州十三行之一:潘同文(孚)行》,华南理工大学出版社,2006;黄启臣、梁承邺编著《广东十三行之一:梁经国天宝行史迹》,广东高等教育出版社,2003。
[2] 冷东、赵春晨、章文钦、杨宏烈主编《广州十三行历史人文资源调研报告》,广州出版社,2012。

2017年5月，广州大学冷东教授访学英国，查阅了英国剑桥大学图书馆怡和洋行档案，大英图书馆G12系列档案，英国国家档案馆广州商馆中文史料，即编号FO/1048的档案，发现许多行商的亲笔信函，广东各级官员往来的文书、谕帖，也有行商与外商的信件、交易赊借契约、货品清单等，在此鸣谢冷东教授的指导并慷慨提供了本文所使用的珍贵数据。笔者尝试对学术界缺乏了解的"福隆行"进行资料补遗和初步研究，请学界批评指正。

一 福隆行的基本情况

梁嘉彬《广东十三行考》设有《福隆行》一节，但介绍极为简单，称福隆行成立于嘉庆九年（1804），行商邓兆祥，商号贤官（Inqua），因经营不善，欠下外商巨额债务，邓兆祥于嘉庆十五年（1810）潜逃，由原来的合伙人关祥、关成发父子接手替当行商。

嘉庆十八年（1813）粤海关监督德庆上奏：嘉庆十五年间有福隆行洋商邓兆祥亏饷潜逃，其行业查有职员关祥向在该行司事，其子关成发亦随父帮办有年，"以司事熟悉行务，谙晓夷情"，经洋商黎颜裕结保关成发接办福隆行务。黎颜裕为西成行行商，商名柏官（Pakqua）。而西成行与福隆行同年成立，故保荐关氏父子接替，以避免破产。但是道光九年（1829）十月初三日两广总督李鸿宾上奏："嘉庆十六年有福隆行邓光（兆）祥亏饷逃匿，饬拿未获，行务空悬，经已故洋商卢观恒等以关成发在行多年，夷情熟悉，禀请接充福隆行商。"又称保荐关氏父子接替福隆行的是广利行创始人卢观恒，原名熙茂，西人称之为茂官（Mowqua I），时任行商总商，嘉庆十七年（1812）卢观恒去世，其子卢文锦接办行务，商名改为卢荣官。①

关氏父子原籍广东顺德，关祥初为福隆行职员，但其后福隆行事物主要由关成发负责。关成发原名关怀书，嘉庆十四年（1809）由监生捐纳布政司理问职衔，进入福隆行经商。关成发接替福隆行行商后，商名九官（Gouqua）②。

与其他广州十三行商家族一样，福隆行也有"贾而好儒"的色彩，支持教育文化活动。嘉庆十五年（1810），伍怡和、卢广利、潘能敬堂、谢东

---

① 梁嘉彬：《广东十三行考》，广东人民出版社，2009，第314~316页。
② 梁嘉彬：《广东十三行考》，广东人民出版社，2009，第314~316页。

裕、梁天宝、关福隆、李万源、叶大观堂、潘丽泉、麦同泰、黎西成等行商捐出西关下九铺绣衣坊公产房屋，兴办文澜书院，成为十三行商公益文教事业的贡献①，此时的"关福隆"即是关祥、关成发父子的了。

二 福隆行的商业经营

茶叶是清代广州十三行出口商品的第一大宗，在长达2个世纪的时间里，欧美国家要跨越几乎半个地球的距离，单程耗时半年航行时间，来广州进口这种"东方树叶"和"神奇小草"——茶叶，这也是福隆行最主要的业务。嘉庆十六年（1811），关祥向粤海关汇报接替福隆行后，首先处理的就是邓兆祥遗留下来的三千多箱茶叶，同时又继续有新茶的营销，此外还涉及关祥因病退休，他请求由儿子关成发接替等事宜，内容如下（另见图1）：

> 具禀福隆行司事关祥：
>
> 禀为遵覆代理情形叩宪垂鉴事：上年十月，福隆行商邓兆祥请假潜逃，彼时公司贮下压冬茶三千余箱，倘有疏虞，关系重大，故司事无奈禀明照料，无非慎重夷货起见，并不敢稍有觊觎。嗣奉谕饬众商查覆，以司事熟悉行务，谙晓夷情，堪以代理随业，给谕司事照常妥办。自接办以来，迄今数月，所有行栈工火固属司事挪移据支，即多栈货物，均皆落清，新旧出口税饷业已完缴。至入口新饷，现存公司，俟开征上纳，行内一切公事并无贻误，此司事代理数月之情形也。奈司事近来旧病复发，行栈工夫稍有不敷，而各司事多萌别志，似此独力难支，昼夜焦思与其贻误于将来，孰若调剂于未事，合将代理情形据实禀明恩宪，伏乞转饬众商，速为调整章程，俾福隆行务不致贻误，庶不负栽培之厚恩。为此禀赴钦命大人台前作主施行。
>
> 　　　　　　　　　　　　　　　　　嘉庆十六年二月初八日禀

福隆行经营的主要是福建茶叶。福建作为产茶大省，唐代陆羽《茶经》载："（茶）岭南生福州、建州、韶州、象州。其思、播、费、夷、鄂、袁、吉、服、建、韶、象十一州未详，往往得之，其味极佳。"② 武夷茶和方山

---

① 梁嘉彬：《广东十三行考》，广东人民出版社，2009，第391~393页。
② 陆羽：《茶经》，中华书局，1991，第18~19页。

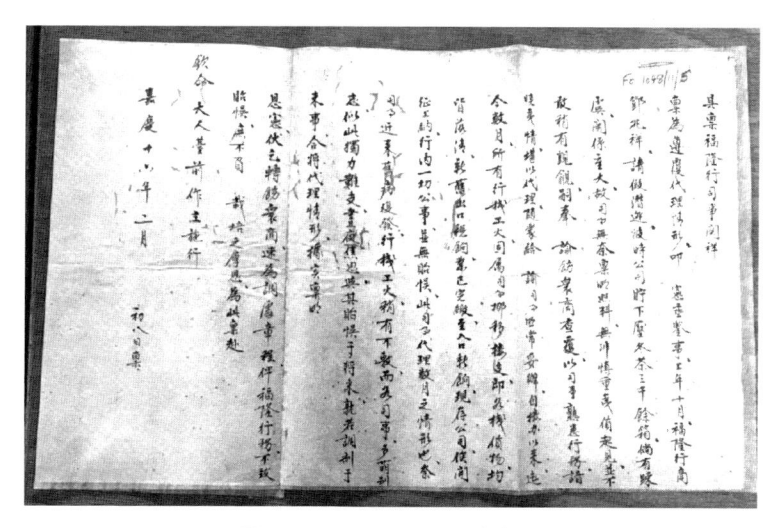

图 1　FO 1048/11/5，冷东摄

露芽被视为珍品。18世纪30年代左右，崇安县令聘黄山僧以松萝法制之，声名大振，武夷茶成为与松萝茶并驾齐驱的名茶①，"享天下之盛名"。②

福隆行正是搭建了福建茶商与广州十三行之间的生产流通体系。茶农经过烘茶、挑茶、包装茶叶之后，留下一部分供家庭消费，将多余部分出售给收购茶叶的茶贩，茶贩将收购的茶叶汇集到茶庄，茶商们将茶叶加工后发往广州十三行，行商将茶叶卖给各国商人，最终流入国外市场。安徽和福建茶商在茶叶外销贸易网络中起了关键性的作用，自1757年乾隆帝规定只留广州一口通商后，"闽皖商人贩运武夷、松萝茶叶，赴粤省销售，向由内河行走"③。因此广州的行商中很多是由安徽及福建一带移居广东的，潘启官及伍浩官两位著名行商祖籍均是福建。④ 可见，中国茶叶海外贸易的转运过程，必然促进了地区之间的经济联系，带动了过境地区经济的发展，也促进了关祥、关成发父子这类商人的崛起。⑤ 兹列举道光七年（1827）福隆行订购福建武夷茶叶契约为例⑥，国外订货方为西班牙，中国订货方为福

---

① 周亮工：《闽小记》，台北成文出版社，1975，第14～19页。
② 袁枚：《随园食单·茶酒单·武夷茶》，江苏古籍出版社，2002，第81页。
③ 《钦定大清会典事例》卷630，台湾新文丰出版公司，1983，第771页。
④ 梁嘉彬：《广东十三行考》，广东人民出版社，2009，第260页。
⑤ 王振忠：《徽州社会文化探徽》，中国社会科学出版社，2002，第418页。
⑥ 陈国栋：《䣼馨茶商的周转困局——乾、嘉年间广州贸易与婺源绿茶商》，《海洋史研究》2017年第十辑。

隆行，供货方为福建张并茂苍记茶商，中间人为福建卫广泰号茶栈。契约文字的"官堆"两字，也叫做匀堆，即将不同时间加工的茶叶均匀混合。内容如下：

广泰张苍记包福昌工夫六百件议单

立议单人张苍记号今在广面接到福隆宝行定武彝大箱福昌字号工夫茶六百件，每件约净重六十三斤。言明每佰斤茶价银照交红毛公司番价，如交廿五两，结客价银拾六两参钱；如交廿六两，结客价银拾七两参钱；如交廿八两，结客价银拾八两参钱。实银算，不折不扣，不加箱罐，栈、用一并在内。客自运至粤省交卸。即付定单银四千贰百两；其余茶银，照宝行开发。承办之茶，务要拣选上等货色，泡水清绿、条索圆结、官堆均云。其茶准于八月到样，九月中到半，十月中到齐，不得迟误。如过期不到及货色低潮，即将此茶退还原客另卖，收过收单银两加壹五息送还宝行。倘夷船来少，行亦不得推卸。此系信义相交，立此议单，交宝行收执为凭。

经手人卫广泰号

立议单人张并茂苍记号

道光柒年参月吉日

除了茶叶，棉花也是福隆行经营的重要业务。在18~19世纪广州十三行进口的外国商品中，棉花是中国市场唯一欢迎的大宗商品，而且在商船的航行中也有重要作用，一般被用作压舱货，帮助船只抵御海洋上的大风大浪。道光十四年（1834）福隆行曾经与美国商人及印度散商分别从事一千八百包棉花及三千包棉花的贸易。①

邓兆祥主持福隆行期间，经营不善，债台高筑，乃至铤而走险从事鸦片贸易。关于行商与鸦片贸易的关系，历来见解颇有分歧。梁嘉彬谓："鸦片贸易，论者每归其罪于行商；经余考证所得，知输入鸦片者多属走私商人，而十三行商中前后仅有二三家经营此宗贸易而已。"② 夏燮《中西纪事》中记载，在鸦片贸易中"包买则有窖口，说合则有行商"。道光年间贵州道

---

① 梁嘉彬：《广东十三行考》，广东人民出版社，2009，第314~316页。
② 梁嘉彬：《广东十三行考》，广东人民出版社，2009，第14~15页。

监察御史黄中模揭露:"闻迩来洋商与外夷勾通贩卖鸦片,海关利其重税,遂为隐忍不发,以致鸦片烟流传甚广,耗财伤生,莫此为甚。"① 萧国亮认为,少数行商不仅包庇外商贩卖鸦片,而且还亲自经营鸦片贸易等。② 英国外交部档案记载了行商沐士方与巴斯商人进行鸦片贸易的情形③,看来福隆行邓兆祥就是个别经营鸦片贸易的商人。④

乾隆二十二年(1757)停止其他海关与西方国家的海路外贸职能,通过粤海关管理建立"以官制商、以商制夷"的广州十三行制度,由此广州成为中西重要贸易体系及文化交流中心。英国作为中西贸易中最重要的西方国家,一直力图以礼品为手段加强与清朝的外交与经贸关系。两广总督是西方国家在广州经贸活动期间要面对的最高地方长官,自然成为送礼的对象,而福隆行则从中充当了中间人角色。

嘉庆十六年(1811),关氏父子刚刚接手福隆行,就受英国东印度公司广州商馆大班噁嚲嬴(John Fullarton Elphinstone)、小斯当东(George Thomas Staunton)⑤ 所托,向两广总督送礼三百余元,完成任务后向英国大班汇报(另见图2):

启者:

二十日得接来信并请督宪安之禀,登即照信面交澳门军民府辛大老爷代为呈送。督宪开禀,是属欢喜,多费清心。至代送辛大老爷之礼,葡青大绒一疋、宗色大绒一疋、葡青羽纱一疋、宗色羽纱一疋,辛公业已收入,亦甚欢欣,托弟转为道谢。缘辛公奉委要往顺德公干,不能回澳亲谢云云。专此覆达,并候日好不一。

大班未士噁嚲嬴、未士斯当东均照

知名恕具

五月廿六日

Gouqua

---

① 夏燮:《中西纪事》,岳麓书社,1988,第52页。
② 萧国亮:《清代广州行商制度研究》,《清史研究》2007年第1期。
③ 郭德焱:《清代广州的巴斯商人》,中华书局,2005,第100页。
④ 陈国栋:《靝馨茶商的周转困局——乾、嘉年间广州贸易与婺源绿茶商》,《海洋史研究》2017年第十辑。
⑤ 中国第一历史档案馆、澳门基金会、暨南大学古籍研究所合编《明清时期澳门问题档案文献汇编》,人民出版社,1997,第39~40页。

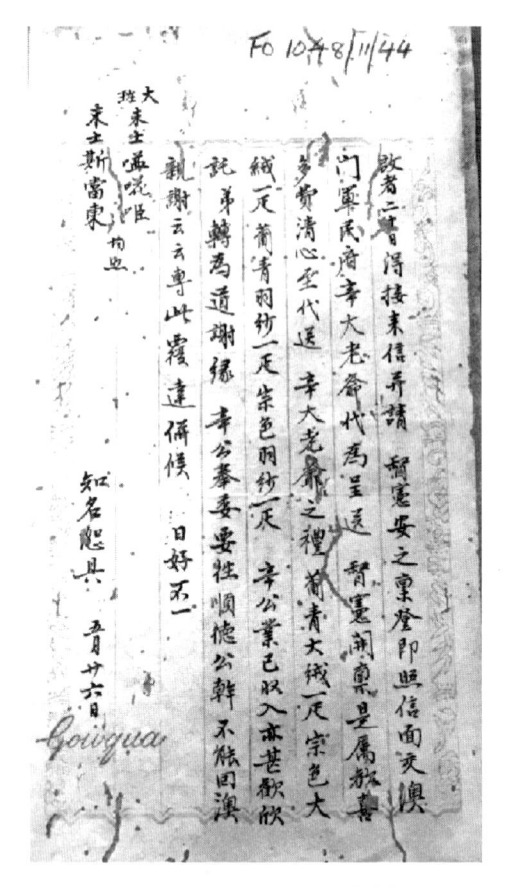

图 2　FO 1048/11/44，冷东摄

送礼是一门学问，既要显示出礼物的价值，又要符合收礼人的喜好。从礼品单上可以看出英国方面的煞费苦心，充分迎合了清代王公贵族的喜好，主要是英国发达的各色呢绒等纺织品。这些奢侈品的输入固然有益于中西物质文化的交流，但也容易助长封建末世吏治腐败及奢靡之风。礼品由一家昌荣商行提供，内容及价格如下（另见图3）：

昌荣

福隆大宝行取去

壹号天青白纱一匹，每足7.4元，该银柒拾四元。

壹号三蓝羽纱一匹，每足7.2元，该银柒拾贰元。

壹号甫青大呢一匹17码，每码5.9元，该银壹百元三毛。

壹号三蓝大呢一匹17码，每码4.4元，该银柒拾四元八毛。
共计该银三佰贰拾壹员壹毫。
嘉庆十六年五月廿贰日单

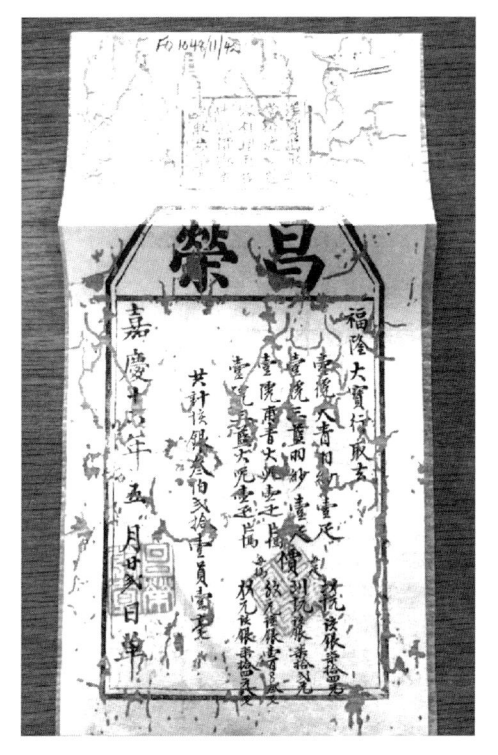

图3　FO 1048/11/42，冷东摄

图3上面方框内的文字是"洋货出水，部堂挂号，贵客自理，自各伴赊借与本号无涉"，也可窥见清代商品交易的术语和规则。

嘉庆年间，福隆行也参与了十三行的各项涉外管理活动。如嘉庆十六年（1811）十家行商写给怡和洋行的公函，内容如下：

径达者：前奉关宪谕，据黄埔口禀报，本月十三、十六等日。均有澳夷三板并不遵例先行通知禀请批照，擅由外海进埔上省私自往来，实属故违功令，谕敕查究。当经弟等查明，十三日所来之澳夷三板，系庀列、央庀列、煲炉等三人因必厘身故，急欲来省查取账目，未及先行禀请批照。其十六日所来之三板，经黄埔关口拦住之后，自知违例，即于十八日驶出回澳，均经弟等代为禀求大人宽恩免其既往外，唯遵奉大人批谕，着令弟等传谕往澳各夷人嗣后如再有不禀请批照敢于私自往来，定即照例严办，断不稍贷，勿谓言之不预等目，并奉咨明督抚宪转敕地方官一体查禁在案，兹将先后奉谕缘由备札寄知，祈请仁兄即日遵照，传谕往澳诸兄，嗣后如欲上省，务要遵照定例，先行通知各行禀请批照，由内河行走，毋又复驾三板不先禀请批照擅由外海进口上省私自往来，致违定例。是所企切，岗此定达，顺候好近不一。

　　　上：大班未氏益花臣照
　　　　潘昆水官　谢梧官
　　　　伍浩官　梁经官
　弟　卢茂官　麦璠官　仝具
　　　　刘章官　李发官
　　　　黎六官　关九官
　　　七月廿四日付

本份公函的主题，是澳门与广州之间的往来管理制度。乾隆九年（1744），首任澳门同知印光任具议请准管理进出口外船和居澳民番七项规条，第一条称："洋船到日，海防衙门拨给引水之人，引入虎门，湾泊黄埔。一经投行，即着行主、通事报明。至货齐回船时，亦令将某日开行预报，听候盘验出口。如有违禁夹带，查明详究。"因此澳门与广州之间的交通管理，是清代外贸制度的基础，而英国东印度公司的人员没有申请和得到批准，擅自往来澳门广州，这样引起清朝政府的警觉和不满，才责令行商晓谕英国东印度公司，严格遵守有关规定。

嘉庆十九年（1814）十家行商发出的公函，内容如下：

径复者：本月初一日得接来信，并当面还公司之信，均已领悉，弟等随将信内并未氏万罗所述情节已回明关宪。初四日关宪大人带同弟等前往督宪衙门，关宪将弟等所禀情节即已对督宪说明。兹奉督宪传谕并关宪面谕，即公司有事面见委员办理，俟未氏斯当东来省日自当委托员到公司，行面见斯当东等谕。端布复顺候，近好不一。

　　　叭厘
　　上　未氏益花臣　均照
　　斯当东

　　　　潘昆水官　关九官
　　　　卢荣官　李发官
弟　　伍浩官　梁经官　仝具
　　　　刘章官　谢梧官
　　　　黎柏官　麦璠官
　　　　九月初四日冲

　　本份公函内容，关乎中外文书往来制度。两广总督李侍尧奏准颁布《防范外夷规条》五款，其中第四条规定割除外夷雇人传递信息之弊，规定了严格的中外文书信件传递制度，主要依靠十三行商作为与外商联系的中介，居中转达官府对外商的谕令、告示和外商的公文意见要求等。广州在鸦片战争前是中国最重要的通商口岸，乾隆二十二年（1757）被清政府指定为唯一与西方国家海路贸易口岸，成为中西商贸及文化交流的中心，也为承载信息交流的邮政业提出更多的要求。但清政府拒绝与通商各国建立正常的邮政联系，主要依靠十三行商作为与外商联系的中介，居中转达官府对外商的谕令、告示和外商的公函书信。而中国传统邮驿体系只传递官方公文情报，不受理民间和海外邮件，满足不了海外贸易和文化交流的需求，英国政府及商人集团亦对清朝政府与邮政密切相关的中外交涉制度极为不满，不断提出交涉，这封公函就是回复清朝政府的回复谕令，仍然坚持已定制度，要求英国方面遵守。

　　除了与欧美国家的贸易，福隆行还从事与泰国的海外贸易。根据梁嘉彬先生研究，据李光涛报：《华商与暹罗》引《失字两广总督阮元残题本》，封面有道光六年五月十四日下礼字样，云："为恭报暹罗贡使雇请商船开行回帆日期……兹据知府高廷瑶详：据洋行商人关成发等禀：据道光五年暹罗贡使丕雅梭挖里巡段呵排腊车突等禀称：荷蒙转奉钦颁诰敕二道，赏件拾箱，使等敬谨祗领，并蒙赐筵席，现值风明合时，急须回帆，奈省河并无合搭船只，只得着通事到虎门口外，雇有海丰县贸易金宝源船一只，系海丰县船照，兹拟道光六年二月二十六日在省雇请西瓜扁艇驳载诰敕赏件等物出虎，过金宝源船，敬谨恭赍扬帆回国，浼代转报，并请给文领赍回国知照，等由。……"可见福隆洋行在倒闭前，曾经理暹罗贡使事务。①

---

① 梁嘉彬：《广东十三行考》，广东人民出版社，2009，第314~316页。

三　福隆行的商欠与破产

嘉庆、道光朝期间，有关福隆行商欠的文献频繁出现在清朝官府的文书中和外国商行的控告信中，福隆行之商欠，显然成为粤海关、十三行商会和外国商馆的棘手问题。

邓兆祥主持福隆行期间，因为经理不善，历年亏折。嘉庆十四年（1809）福隆行对内亏欠安徽婺源颿馨茶商四千六百余两，分文未还。除了福隆行，西成行、会隆行等行商也拖欠颿馨茶商大笔资金，由于资金链的断裂，也导致颿馨茶商的破产。①

祸不单行，压垮福隆行的一根稻草还有"黄亚胜案件"。嘉庆十四年（1810），鞋匠黄亚胜在广州被外国水手杀死，其后凶手被指控为英国水手，中英双方就此案件进行了长期交涉。而涉事英国商船的保商即为福隆行②，被勒令与英国交涉交出涉案水手。由于英国方面的拒绝，粤海关宣布拒绝发给英国船队1811年的离港执照。而福隆行因行商郑兆祥已携款潜逃，暂时由关成发代理③，处在非常尴尬的处境。他们并不具有侦查刑讯等司法权力，但要承担命令英方交出凶手的司法功能；他们并不具有谈判决策权力，但要承担迫使英方低头的外交功能；他们只是双方文书的邮差，但要承担来自双方的压力。这些有其名无其实的自相矛盾地位，使得行商无法具备解决黄亚胜案件的条件。更重要的是，涉外案件的发生对保商福隆行是一场巨大的灾难，向来都是官府勒索的借口，这种勒索的强度并不取决于案情的大小，而是在于商人的财力。凡欧洲人方面有任何违反规章，即可引为理由，视为对该欧洲人所在的船只进行勒索的一个良好机会。④ 1805年，因英国"四轮马车号"事件，潘启官在外夷与粤海关监督之间奔走，但由

---

① 陈国栋：《颿馨茶商的周转困局——乾、嘉年间广州贸易与婺源绿茶商》，《海洋史研究》2017年第十辑。
② 许地山：《达衷集——鸦片战争前中英交涉史料》，商务印书馆，1931，第86页、第118页、第180页。
③ 梁嘉彬：《广东十三行考》，广东人民出版社，2009，第154~155页。
④ 马士：《东印度公司对华贸易编年史》（第三卷），区宗华译，中山大学出版社，1991，第191页。

于外国人"冒犯"禀帖要求，粤海关监督很恼火，罚款潘启官十万两银子。① "海王星号"事件前，卢观恒是最富有的行商之一，但为解决这次事件耗费了大量财富。黄亚胜案件中，福隆行也受到勒索，加剧了债务负担。

更主要的是邓兆祥逃匿时已经拖欠外国商人大量债务白银七万两，积至道光八年（1828）共欠饷银340311两，又陆续积欠英吉利等国各夷人货价银1099321元。为了用积压货物补偿抵债，福隆行曾经试图私自将未付款的1800包棉花从仓库运走，后来又企图私行运走3000包棉花，以挽救彼之破产；然此事失败，因为彼欠外国人之债务达190万元以上，无法清偿。

英国东印度公司为防止因行商破产而危及贸易，在嘉庆年间曾借款给资本薄弱的小行商，或由公司担保让伍家等富裕行商借款给小行商。为了加速清偿这笔债务，广州特别委员会也决定从福隆行这类周转困难的行商手上买入更多的茶叶，并同意对福隆行在1813年以前所欠下的债务不再计息，耐心等待由福隆行未来几年可能获得的利润渐次偿付其债权。总商伍浩官及卢茂官、刘章官等行商也应允代替福隆行操作额外数量的公司购进的茶叶，并将利润全数移转给他们去抵债，因为如果福隆行破产，其债务要由他们偿还。经由这样的安排，希望福隆行在六年之内清偿完毕。

福隆行债务沉重，他们也做出努力偿还，在1823~1824两年间，关祥、关成发父子依靠自己的力量付清债务总额之半，其来源是借自亲友6万元，来自与英国东印度公司交易的利润9万元，以及来自一位美国贸易伙伴顾星的贷款1.6万元。英国东印度公司特别委员会记录道：从顾星手上借到的金额将于三年内偿还，年利率10%。他们也注明：顾星之所以借钱给关祥，"一方面是出于想给那名商人一些帮忙的雅意，另一方面则是把这个借贷当成运用其手上部分资金的一个有利的模式，因为当时市场上几乎没有利用那笔庞大资金的其他机会"。不过，最重要的是：顾星对关祥还债这件事情深具信心。

道光八年（1828）三月二十一日，关成发致信英国大班部楼顿，陈述福隆行商欠原因及恳请宽限，内容如下：

> 关成发顿首再拜，英吉利公司列位仁兄阁下再启者：

---

① 马士：《东印度公司对华贸易编年史：第三卷》，区宗华译，中山大学出版社，1991，第9~10页。

日前曾布一周谅，已邀青鉴矣。弟数次拜谒，俱不许传见，情不得达，志不得伸，心不得明，冤不得白，死非其罪也，冤哉夫！公司百数年以来，以公道忠厚为主，不以私喜而赏，不以私怒而罚。弟去岁之覆败，是诚罪无可逃，实多是因公至误。初则邓商之欠未清，继则西客吴覆成邓商于邓益辉纷纷控告，再又所受公司棉花，美士高臣定下大嘱，包办松罗茶之大亏折，加以衙门勒索，经承负欠不偿，以致不能支持，经手账部，了了注明，乃未蒙见察，即以诡骗二字呈控，又将公司生意股份草除，夫杀一人而数其罪俱死，非细事也。故孟子云：士大夫皆曰可杀，勿听；国人皆曰可杀，然后察之，见可杀而然后杀之，盖恐有冤屈于其中，而伤天地好生之德也，前据公司禀大宪内之事，其可思疑，夫既有思疑，则何难访查确实，岂可因一思疑而杀弟哉。古有以莫须有三字杀人而成千古冤狱，今以思疑二字而竟置弟于绝地也，悲夫！至嚫口殿之棉花已订明二个月交银，乃未到两月而控告，此不得已负欠，并非盗卖。再美士士蔑之借欠弟，又岂知事之变迁如是之速？譬如人之病入沉疴也，未有不请医治服药饵，而束手先告人以必死而不自救也。弟之罪自问实无可宥，而恳乞俯念两世交易之情，细心访察，如有诓骗藏匿，则虽置弟万死亦实甘心；如无藏匿诓骗，务求设法调处，切不宜因一思疑而置之绝地，而更落井下石也。伏思之前西成行倒败，公司数次委曲设法调处。至丽泉行全欠公司之项六十余万，又著各商联名担保。伏望列位仁兄一视同仁，援手一救，如弟得再生务然改过自新，尽心生理，断不敢忘，则列位仁兄再造之恩也。临书泣血百拜，万乞见怜，尚此奉叩。

  大班美士

  二班美士 列位仁兄均鉴

  弟关成发顿首拜

但是关成发的请求未被理睬，1828年5月10日，福隆行宣布破产。剩余的债务则由十三行商会代为赔偿，清朝关于商欠的规定："借贷夷商银两，应杜拖欠弊端也。查原定章程，商民违禁借贷夷商银两，串引勾结者，照交结外国，借贷诓骗例问拟，所借之银查追入官，等因。是行商借贷夷商银两，旧章久为严密。惟行商与夷商交易，有无拖欠尾项，向于夷商出口时虚报了事，不足以昭核实而杜蒙隐。应请嗣后除商民借贷夷商银两，串引勾结者，仍照例究治外，其行商与夷商交易，每年买卖事毕，令夷商将行商有无尾欠报明粤海关存案，各行商亦将有无尾欠据实具结报明粤海关查考，如有行商亏本歇业，拖欠夷商银两，查明曾经具报者照例分赔，未经报明者即不赔缴，控告亦不申理。所有应偿尾欠银两，应饬令行商具限三个月归还，不准延宕。"① 清朝当局下令以行佣（Consoo Fund）分八年偿还外国债权人（美国人及印度散商），而当后者提出抗议时，期限减为七年。②

结　语

沿至乾隆末年，嘉庆、道光年间，行商因拖欠官府课税和外商债款而倒闭破产者颇不乏人，因而面临抄家、下狱、充军的厄运，被流放到伊犁者相续于道。1828年福隆行破产，从此退出了人们的视野，在19世纪交织着家运、国运、世运的历史巨变过程之中，从诞生走向繁荣，从繁荣走向终结，留下了一个十三行家族的历史痕迹。

---

① 梁廷枏著、袁钟仁校注《粤海关志》，广东人民出版社，2002。
② 梁嘉彬:《广东十三行考》，广东人民出版社，2009，第314～316页。

以广州十三行为中心的仄纸买卖

蒙启宙[*]

近代广州是中国及东半球最主要的周转中心以及最主要的移民和贸易中转地[①]，作为广州的"金融中心点"[②]和商业旺地，"清代十三行是商业集团，又是金融集团"[③]。"十三行"行商制度没落后，其国际贸易与金融集团的属性演变成为街区金融。由银行汇票演变而成的仄纸侨批主要流通于广府地区，广东的"侨汇活动皆以广州作中心"，而"广州市买卖仄纸的业务集中于十三行一带"。[④]因此，广州十三行对于中国近代金融的形成和发展具有十分重要的作用。

"广府人或广州人""为来自广州市及广州湾一带之移民，在近代出海华侨中，广府人开端最早，彼等大都由香港澳门等地来至南洋，其中更有前往大洋洲、南北美洲等远地者"[⑤]。从"粤汉路段、黄埔关埠段"到"新宁铁路段"，广府各埠"以土地贫瘠之邑地，而乡民能度丰衣足食之生活，不能不归功于美洲侨汇"[⑥]。美洲[⑦]侨汇可以分为早期的美洲信汇和晚期的仄

---

[*] 蒙启宙，中国建设银行高级经济师，广东省广府文化研究会理事。
[①] 黄清海：《海洋移民、贸易与金融网络——以侨批业为中心》，社会科学文献出版社，2016，第22页。
[②] 《工商银行新行落成》，《广州民国日报》（九）1928年6月11日。
[③] 黄伟宗：《广府文化的五座里程碑及其标志的五个历史时期》，《扎根岭南》，花城出版社，2016。
[④] 姚曾萌：《广东省的华侨汇款》，商务印书馆，1943。
[⑤] 章渊若、张礼平主编《南洋华侨与经济之现势》，商务印书馆（重庆），1946。
[⑥] 区琮华：《美洲华侨与侨汇》，《广东省银行季刊》（第一卷第一期）1941年3月31日。
[⑦] 近代广州地区将侨民的活动范围分为南洋与美洲两个区域，因此，本文所指的"美洲"是指南洋以外的区域，包括美、欧、非和澳洲等区域。

纸侨汇。由银行汇票演变而成的仄纸被美洲华侨用于传递家信和钱银后，改变了美洲侨汇的传递方式。在第二次世界大战中，仄纸侨批的特征得到充分释放，大量的美洲侨汇以仄纸的形式流入广府地区，成为抗日战争时期一条牢不可破的侨汇通道和国际援助通道。美洲侨汇的数量由此超过了南洋，美洲成为我国最大的侨汇来源地。新中国成立之初，仄纸侨批的特征进一步释放，使新生的社会主义国家突破了资本主义的经济封锁。

目前学术界对侨批的研究大都集中在南洋侨批，有研究甚至认为"侨批业是南洋各地与粤闽口岸间特殊的专业金融机构"[1]，而对于美洲侨批，特别是对仄纸侨批的研究并不多见。加上仄纸以银行汇票为载体，具有背书转售等特点，往往被视为银行票据业务。很少将它放在国际移民、国际交往、国际贸易以及国际金融的形成与变迁等宏大的历史背景下加以分析研究。

事实上，仄纸成为侨批后便脱离了银行汇票的母体，成为主要流通于美洲和广府地区的侨批形式，并被赋予了丰富的广府侨乡金融文化的内涵，成为联系美洲华侨、华人与广府侨眷的精神和物质纽带，影响着广府地区的社会变迁和民俗民风。当然，侨批的形成与发展的关键在于，从事侨批活动的机构和个人能够通过侨款的兑换收购或投机买卖获得利润。一方面通过选择最便捷的传递形式获取最大的商业利润，另一方面通过选择最可靠的买卖方式获取最大的投资利润。而广州十三行的仄纸买卖对广府地区仄纸的传递和买卖起到关键的作用。基于上述考虑，本文通过还原历史语境和文化氛围，发掘仄纸侨批在以广州十三行为中心的买卖过程中所蕴含的乡土金融和侨乡文化内涵，勾勒出近代广府侨乡在中外金融文化的碰撞下，所呈现的多元而复杂的社会关系、丰富而无奈的侨民生活。

一 早期的美洲信汇

美洲信汇法"约滥觞于十九世纪六十年代"[2]，而南洋票汇法也始载于19世纪中后期。[3] 因此，美洲侨批与南洋侨批是同根同源的两大侨批分支，其差异主要源于不同侨居国之间，以及国内不同祖籍地之间的生活习俗以

---

[1] 《广东省志·金融志》，广东人民出版社，1999，第283页。
[2] 姚曾荫：《广东省的华侨汇款》，商务印书馆，1943。
[3] 刘佐人：《当前侨汇问题》，《广东省银行经济业书》，1946。

及文化差异。

美洲华侨的地域家族观念十分浓厚,漂泊到哪里就在那里组织同乡会、会馆之类的华侨团体,以此来维持传统的文化和生活习俗,联络感情。19世纪60年代,美国旧金山有永用、合和、广州、勇和、三邑及恩和(分别代表当时广东省的六个县份)等六家会馆,专门办理招募华工,华侨登记,仲裁纠纷以及代理华侨信款的转送等事务,并兼营对华进出口业务。每家会馆与美国各大轮船公司及中国各口岸皆有联络,在香港或广州设有联号,在中山四邑等地设有代理处。并有专人往来于旧金山与中国各口岸之间,将华侨的信款带返回国。每家会馆的会员人数从数百人至数千人不等。这就是美洲早期的侨批局。

美洲侨批局只向会员提供服务,"经办侨汇的美洲商号也有固定主顾,非同乡即同族",是一个地域特色浓厚,以方言为主要划分依据的组织。导致美洲侨汇只能在一个自我封闭、"地方色彩很深的圈子"里流动,制约了美洲侨批业的发展。

仄纸的出现为美洲华侨提供了更为快捷安全的传递信款工具。以传统的信汇方式由美国纽约将侨汇传递到四邑地区,"经过繁琐手续之后""交至侨眷手里时,非三两月不可",而"改为购买港仄,一笔电汇款由纽约至台山仅费时二十四点钟"。"一方面免受损失,一方面可省去六分之五的时间"。① 因此,"自新式银行的仄纸汇款法被侨民普遍利用以来,此种(早期)信汇业务便一落千尺",美洲侨批局成为"完全是便利同乡汇款的一种组织"。② 而南洋"批局仍根深蒂固"。

美洲信汇形式的变革不仅改变了国内兑换商和代理商的经营模式,也影响了美洲水客的生存。这些"来往美洲及南洋各地为侨民携带信款返国,颇著劳绩"的国外水客,"自较有组织的侨汇机关相继建立及仄纸汇款法被普遍采用后,遂逐渐趋于没落"。③ 到了19世纪末,往来于美洲与广府地区的水客便消失了。④

---

① 《台山侨汇逃港裹因》,《环球报》1948年1月27日。
② 姚曾荫:《广东省的华侨汇款》商务印书馆,1943。
③ 姚曾荫:《广东省的华侨汇款》,商务印书馆,1943。
④ 刘佐人:《批信局侨汇业务的研究》,载《金融与侨汇综论》,广东省银行经济研究室编印。

二　晚期的仄纸侨批

仄纸是晚期美洲信汇的主要形式，是银行汇票或支票[①]等票据的总称，取其英文check的译音而命名。仄纸最早主要用于国际贸易结算。"道光七年（1827），美国与中国的鸦片贸易已采用银行汇票，其用法即由美国开出伦敦汇票，携到广东出售。而由鸦片商购入后携至加尔各答等地转售，往伦敦取款"[②]。

在侨批领域，仄纸使用是指"由银行开发汇票，交与汇款人直接寄交，收款人持往付款行收款"[③]的过程。汇款人在交寄仄纸的同时往往会将仄纸出票行和付款行的行名以及汇票之挂号信的号码等要素另函通知收款人[④]，并在信封上注明："信并赤币××张值港纸××元"等字样。因此仄纸具有侨款和侨信两个属性，是一种侨批形式，但习惯上仍然称之为仄纸。

仄纸主要流通于美洲和广府地区，并以四邑地区的流通量最大。例如，1937年流入广府地区的仄纸为7200万美元，其中的6150万美元流入台山、开平、鹤山、恩平等邑，占比为85.4%。[⑤]

仄纸的来源地相当广泛，包括美洲、欧洲、澳洲以及非洲等国家和地区，但以美国的大通银行、运通银行及万国宝通银行发出的仄纸最常见，汇丰、渣打、有利、荷兰、安达等银行仄纸稍少，国内银行发售的仄纸并不多见。仄纸的称谓也相当繁多。有从性质上称之为银仄、赤纸[⑥]、仄票等；有从货币单位上称之为港纸仄、美金仄、先令仄、佛即仄、国币仄及毫券仄等；也有从功能上将美金汇票称为"通天金仄"，将香港汇票称为"港行仄纸"[⑦]，或将由香港各银行付款的港币汇票称为"港仄"[⑧]，等等。最直接的称谓是侨仄。

---

① 容华绶：《广东侨汇回顾与前瞻》，《广东省银行季刊》（第一卷第一期）广东省银行经济研究室编印，1941。
② 谭彼岸：《中国近代货币的变动》，《中山大学学报》（社会科学版）1957年3期。
③ 《粤中侨讯》（第五期），广州中国银行侨汇股编，1947年8月15日。
④ 《粤中侨讯》（第五期），广州中国银行侨汇股编1947年8月15日。
⑤ 姚曾萌：《广东省的华侨汇款》，商务印书馆1943。
⑥ 《粤中侨讯》（第五期），广州中国银行侨汇股编，1947年8月15日。
⑦ 刘佐人：《当前侨汇问题》，《广东省银行季刊》（第三卷第一期），广东省银行经济研究室编印，1947年1月16日。
⑧ 《广州中国银行开办港币汇款兑与市价接近》，《岭南日报》1947年1月10日。

20世纪20~50年代是仄纸使用的鼎盛时期,也是四邑地区兴建碉楼的黄金时期。70年代,侨批业务并入中国银行后仄纸逐步退出历史舞台。2013年,包括仄纸在内的侨批成为世界记忆遗产。

三 仄纸的特征

仄纸分记名票和不记名票两种。"记名票须收款人提出证件证明确为收款人,或觅具店铺证明,方能兑付"。"不记名票(即来人票)凭票即可以兑付,无须担保"。但无论是记名票还是不记名票都要粘贴印花。①

仄纸兑换"手续简便",收款人"背书后可以转售于第三者"。② 背书转售是指收款人在仄纸上写明事由,签名确认后将所持有的仄纸转售给他人的过程。兑换和转售仄纸时,侨眷可以根据实际需要选择不同的货币。例如,"一张美金仄可以用来找换港纸或广东省券甚至白银"③。

购买或兑换仄纸的金额没有严格的限定,收入贫寒的华侨寄递的侨款往往少于一百美元。美洲商号收到这些小额侨款后将其汇成整数,向当地银行购买仄纸寄往香港或国内,汇达后再由国内银行予以拆分,划拨侨眷。而富裕的华侨则可以根据自己的意愿将大额侨款拆分为若干张面额不同的仄纸汇往国内。1947年9月,中国银行在美国推出"原币汇票"业务:"侨胞们在国外汇款时,可向本行国外各行处购买小额原币汇票(如拨汇美金壹千元,可嘱本行填制壹百元美金汇票十张)汇寄侨眷,俟侨眷需款时,可随时向当地本行按当日牌价折合国币提取,各侨眷既不受官价上涨之损失,又可存储美金原币,诚一举而数得也"④。

抗战时期,抗日根据地和游击区内资金奇缺,广东省银行代兑各地侨仄时"先付仄纸面额现款一半"⑤,仄纸汇送至中央银行后,由中央银行按"每批先拨现款八成"给广东省银行,"其余二成候中央银行向发票行将款收回"后与广东省银行清付。⑥ 抗战胜利后,广东省银行将这部分仄纸作为

---

① 《侨资涌进后之六邑》,《粤中侨讯》(第壹期)广州中国银行侨汇股编,1947年4月15日。
② 《粤中侨讯》(第五期),广州中国银行侨汇股编,1947年8月15日。
③ 姚曾荫:《广东省的华侨汇款》,商务印书馆,1943。
④ 《如何汇款回国》,《粤中侨讯》(第陆期),广州中国银行侨汇股编,1947年9月15日。
⑤ 《积压侨汇侨仄》,《侨通报》(海外版)1946年(第三四期合刊)。
⑥ 钟承宗:《地方银行与战时金融政策》,《广东省银行季刊》(第二卷第二期),广东省银行经济研究室编印,1942年9月30日。

"战时托收侨仄"予以清理，及时返还给侨眷。① 其他银行沉淀的仄纸数量也非常庞大。例如，"中国银行积压未付之侨胞汇款总计约数亿元，就中以广东四邑一带占数最多"②。中国银行广州分行应付未付的"侨胞汇仄"也超过侨汇总数的半数。③ 为了及时清理仄纸侨汇，四邑中国银行决定对从"（开平）三埠沦陷"至日寇投降期间，所有应付未付的仄纸以仄面金额的24倍予以偿还，即"每美元折国币五百元付给"④。

仄纸还有防抢防盗功能。1946 年 8 月，台山海口埠裕源银号一本共 15 张由美国运通银行开出的仄纸被匪劫去。该银号连日在《大同日报》刊登声明："仄面写明由九月三日起方能提款"，"请各银行号办庄注意"。同时"向美国运通银行及香港各银行挂失停止付款"。⑤ 为了避免仄纸侨汇在邮寄过程中遗失或被盗取，中国银行在美洲指导华侨"每次将汇票寄交收款人后，一面速将该票出票行名、日期、号码、金额、抬头人姓名、付款行名及寄汇票之挂号信号码等项，逐一详细抄列，另函通知收款人"⑥。

仄纸的广泛流通使用，使广府地区成为既有"用批信方法汇款"又有"用仄纸方法汇款"⑦ 的特殊侨汇区。

四　仄纸的买卖

仄纸兑换商和代理商收购仄纸后，一方面通过转售获得商业利润以维持日常经营，另一方面进行投机买卖以获得最大收益。因此，仄纸买卖可分为兑换收购和投机买卖两种形式。

（一）仄纸的兑换和收购

仄纸的兑换和收购是指侨眷将所持有的仄纸向兑换商或代理商出售，

---

① 《积压侨汇侨仄》，《侨通报》（海外版）1946 年（第三四期合刊）。
② 《中国银行决定清付积压侨汇》，《金融周报》（第十三卷 第十期），中央银行经济研究处编印，1945 年 12 月 12 日。
③ 《未付半数侨仄 国行电复洽照》，《粤中侨讯》（第陆期），广州中国银行侨汇股编，1947 年 9 月 15 日。
④ 《积压侨汇侨仄》，《侨通报》（海外版）1946 年（第三四期合刊）。
⑤ 《各银行号办庄注意》，《大同日报》1946 年 9 月 12 日。
⑥ 载《粤中侨讯》（第五期），广州中国银行侨汇股编，1947 年 8 月 15 日。
⑦ 姚曾荫：《广东省的华侨汇款》，商务印书馆，1943。

取回现金的过程。

早在 19 世纪中叶，广府各地已有侨汇兑换商和代理商的记载。光绪元年（1875），广州的鸿雁信局开始兼营侨批业务。光绪二十六年（1900），广州出现了最早的专营侨批业务的余仁生侨批局。从早期的广安号、保安和号及幸福华侨通讯处到后来的永昌叻庄、何广昌以及汇隆、道亨等银号，广州经营和代理仄纸兑换的商户繁多，银行、银号、邮局、药房、五金店等在经营仄纸业务，"全市金饰店共有二百余家，其中亦有兼营外币买卖者"①。例如，广州金城金铺既专营白金、黄金、钻石、玉器，又代收"各国仄纸"②（见图 1）。

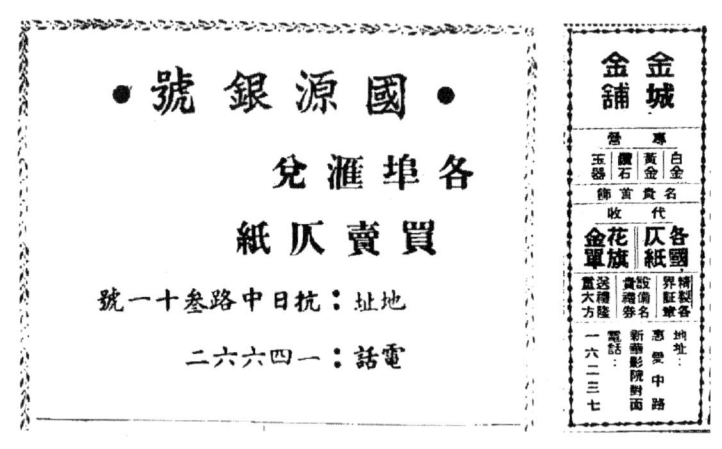

图 1 左：国源银号的广告，《经济评论》（第一卷第二期）1946 年 8 月 17 日
右：金城金铺的广告，载《岭南日报》（第五版）1947 年 1 月 3 日

由于兑换和代理商号众多，广府各地很少使用信局或批局之类的称谓。例如，中山地区将经营侨汇业务、分派华侨信件和汇款的银店称为"信箱"。辛亥革命前夕，中山县城共有"信箱"28 家。

广府华侨"汇款归国均以仄纸寄回家中，由香港外商银行付款，侨属接到仄纸，或赴香港兑现，或就近售与当地银号商店"。③ 但由于仄纸通常有六个月的兑现期。因此侨眷收到仄纸后除非急需现金，否则不会立即把仄纸转让或出售，而是将仄纸暂时保存一段时间，再根据实际情况将仄纸

---

① 《广州金管局工作概况》，《广东日报》1948 年 5 月 3 日（第五版）。
② 《岭南日报》1947 年 1 月 3 日（第五版）。
③ 钟承宗：《地方银行与战时金融政策》，《广东省银行季刊》（第二卷第三期），广东省银行经济研究室编印，1942 年 9 月 30 日。

售予兑换商或代理商。

兑换或代理商号兑换仄纸时要向卖仄人收取邮费和佣金两种费用。邮费按仄纸的张数计算。收费标准各地不同。例如，"在江门、台城及三埠等地，每张付省券二毫，在赤坎及恩平等地则为省券二毫五分"。①

佣金的收取有两种方式。一种是信内扣佣，即在汇费申算时多算一些，不另行抽取手续费。另一种是价外抽佣，即按照仄纸的总价收取手续费。一般在2%～4%。抗日战争胜利后提高到2%～10%。②"距离仄纸取款月愈远，所须时间愈长，所付佣金也越愈大"。"在一个地方之内，买仄取佣亦多寡不同，同族亲友取佣较少，陌生的人取佣较大"。此外，路途的远近和交通的便利与否也是佣金高低的依据。一般情况下，"交通不便和距离香港及广州愈远的地方，佣金亦愈多"。

也有把邮费和佣金一并收取的。例如，岭海银行（见图2）广州分行"对于台邑华侨汇单概不折扣纸水，仅酌收回带工"费：50元以上的仄纸，每100张收费3元；100元以上的仄纸，每100张收费2.5元；1000元以上的仄纸，每100张收费2元。"银赤在二千元以上者，带工特别减收"。

在特殊的历史时期，一些代理商为了吸收仄纸甚至不收任何的费用。例如，1940年11月，广东省银行电告"四邑各行处，收购仄纸一律免收手续费"。③

为了防止伪造，兑换和收购仄纸时需要由当地商号进行担保。一般侨眷难以觅得店保，只能将仄纸卖给本地相识的兑换商号。兑换商号收购仄纸时，在登记本上注明仄纸的购入日期、卖仄人姓名等信息，并要求卖仄人签字确认。银行兑换或收购仄纸时也"须觅保，以昭慎重"。不过，对于"出国侨胞，若能提供护照或其他相片证件，足以证明汇票抬头人即系收款人"，经"查明无讹"后可以照付。④

通常情况下，银行收购的单张仄纸平均面额较银号大。例如，1937年，江门广东省银行收购的仄纸平均面额为272港元，台山中国银行为470港元，而开平赤坎的一家兑换商号为181港元。⑤

---

① 姚曾荫：《广东省的华侨汇款》，商务印书馆，1943。
② 《台山漫话》，《侨通报》1946年第2期。
③ 《广东金融》，广东省政府秘书处编译室编印，1941年12月15日。
④ 《粤中侨讯》，1947年6月15日。
⑤ 姚曾荫：《广东省的华侨汇款》商务印书馆，1943。

图 2　岭海银行的广告载《美洲同盟会月刊》（第三第四期合刊）1927 年 5 月出版

各乡村小商号买进仄纸后将一部分仄纸就地转售，用所得款项购买火油及洋杂各货，以维持日常的营业。另一部分则派伙友带至县城或大墟镇上转售。县城及墟镇都有银号、药店及杂货商铺兼营仄纸的转送和收购业务，其中规模最大的是银号及中西药行，其次是火油行、米商等商号。民国时期，台山经营侨汇业务规模最大是慎信银业药行（见图3），该药行每月经营的侨汇高达 30 万元。1947 年经营的侨款达 460 万港元，佣金达 4.5 万元。①

因此"找换仄纸生意在台山、新会、开平、恩平和中山各地侨乡十分兴隆"。② 县城或大墟镇兑换商和代理商收购仄纸后，一部分直接转卖给当地的进口商以获得商业利润。另一部分则在当地金融交易市场上买卖，或者委托水客带至江门或广州出售，也有用挂号信寄到香港的往来商号委托出售。

---

① 载《广东省志・金融志》，广东人民出版社，1992。
② 陆能柱：《广东旧邮政见闻》，《广东文史资料精编》（第 3 卷），中国文史出版社，2008。

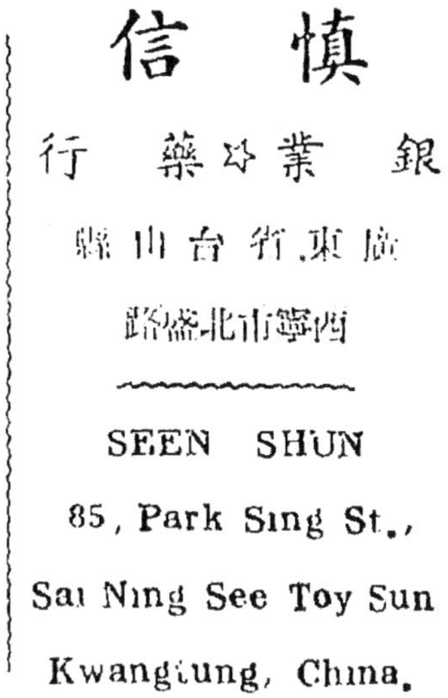

```
   慎   信
银　业　药　行
广东台山县
西宁市北盛路

SEEN SHUN
85, Park Sing St.,
Sai Ning See Toy Sun
Kwangtung, China.
```

图3　慎信银业药行的广告，载《侨通报》1946年第二期

（二）仄纸的投机买卖

对于兑换商和代理商而言，收取邮费和佣金或转售仄纸的收入只能维持日常的经营，要实现收益最大化只能进行仄纸投机买卖。

仄纸的投机买卖分为场外买卖和场内买卖两种形式。通常情况下，有固定交易场所，买卖规则、入场交易条件、交易人员准入等限制的买卖称为场内买卖。其他交易为场外买卖。

1. 短兵相接的场外买卖

广州的场外买卖多集中在十三行，街区内的大华酒家是金融经纪人自发形成的交易场所。也有一部分在附近的太平南路陆羽居茶楼进行交易。"经纪们每天奔跑，一方面找贷款人，一方面找借款人"。港币贷款以"八息八佣计算"。即8%为贷款利息，另加8%的经纪人佣金。[①] 十三行街区内到处"热烘烘，炒友们神色飞舞地跑来跑去，一团团人围聚着打交道，在街上公开成盘"，"街头、巷尾、茶楼随处可见人在讲港币行情，点数港纸"。[②]

好友和淡友浪迹其间，"一分一秒，时间必争；一点一划，锱铢必较。

[①]《高利贷在广州》，《环球报》1948年1月12日。
[②]《消灭金钞黑市》，《环球报》1948年1月27日。

如苍逐臭，如蚁附膻。天下间最短兵相接的战场亦无此处之紧张"①。这是当年《广州二十四小时猛报》对十三行街区仄纸买卖状况的一段描述。

广府各地仄纸买卖也十分活跃，除了兑换商和代理商在炒卖外，一些地方官员也巧立名目谋求暴利。抗战前夕，中山县长张惠长在中山沙坪镇开设嘉南行"代转侨汇"，并"将所收侨款尽转作囤积居奇之用"。抗战胜利后，"张复任中山县长，始将前收侨款，以一元美金作法币二十元之比率发还侨眷"。按此比率，张惠长每兑换一美元便可获得比中央银行牌价多2000元的收益。经社会舆论揭露后，"侨眷为之哗然，邑人无不愤激"②。

2. 厮杀博弈的场内买卖

广州银号和商号直接购入或受托代收仄纸后随即寄往香港联号委托出售，并将所得款项的一部分存入香港联号作为日后在广州购买港单时结算之用，另一部分兑则换成港纸带回广州，在广州银业公市上出售。

"广州银业公市是广州唯一的金银贸易市场，与香港金银业贸易场相类似"③。广州银业公市可谓历史悠久，康熙十四年（1675）前后，广州银业公市便设市于西关珠玑路连珠里"忠信堂"内，当时称为银业公所。1925年，"为利便同业间之集合买卖起见，即于西荣巷二十号开设银市，作为全行买卖场所"④。1937年初改组为"货币证券贸易场"⑤。广州银业公市"交易繁多时挤拥不堪，其叫嚣之声不亚于纽约、伦敦及巴黎的交易所"⑥。

广州银业公市"每日开盘"三次，分"早午夜三市"。每个开盘日（即交易日）编发三种"金银行情单"。⑦ 一种是"早市行情单"（见图4），其价格为当晚至翌晨的行情，一般在每日早市开市后半小时，即下午16时30分付印。另一种是"午市行情单"，其价格为午市开市后约20分钟各种的盘价格议定，一般在每日的12时20分付印。还有一种是"门市行情单"，其价格是每日尾市买卖情况及各换兑店门市价格情况，于每日下午19时左

---

① 《十三行人吃人》，《广州二十四小时猛报》（第三期）1946年6月7日。
② 《如此"父母官"!》，《文萃》第24期，1935年4月4日。
③ 区季鸾编著《广州之银业》，国立中山大学法学院经济调查处处书，1932。
④ 《广州市银业沿革及复员后之概况》，《广州市钱银商业同业公会元旦特刊》，广州市钱银商业同业公会编印，1948。
⑤ 《稳定金融基础货币证券贸易场成立买卖规则亦经拟定》，《广州日报》（第叁张叁页）1937年1月26日。
⑥ 区季鸾编著《广州之银业》，国立中山大学法学院经济调查处处书，1932。
⑦ 黄毓芳：《简述广州银业公市情况》，《广东文史资料精编》（第3卷），中国文史出版社，2008。

右排印，翌晨印发。

"金银行情单"由广州的芬记、禧记和钊记等几家专业公司编印。为及时获得相关信息，这些专业公司每天派员在银业公市内守候，一旦相关价格议定后便迅速编印，分送到广州市内各找换店和订阅商户的手中，成为当天广州兑换商和代理商的价格标准和省属各地金融报价的重要依据。

图4　钊记编印的"早市行情单"，载《广州之银业》国立中山大学法学院经济调查处业书 1932 年 3 月初版

经过漫长的演变，广州银业公市习惯相承，形成了令局外人莫名其妙、难以揣摩的买卖规则。好友和淡友是广州银业公市两大交易主体。买入仄纸者称为"好友"或称"旺友"，卖出仄纸者则为"淡友"。

好淡双方为了追逐最大利润，在买卖规则的约定、买卖价格的走势以及交易量的大小等方面龙虎相斗。广州银业公市既是金融精英施展才华、谋取利益场所，也是尔虞我诈、厮杀博弈的战场。到处是错综复杂的人际关系和金钱纠葛，尽管没有硝烟和鲜血，但其惨烈程度是圈外人难以想象的。在震耳欲聋的"杀"声中，广州银号之间营亏跌宕起伏，导致广州"金融市场波涛万丈，风浪更见险恶"①。

广府各墟镇大都设有仄纸买卖交易场所，买卖方式与广州相仿，但也

---

① 《游资汹涌南流　金融波涛万丈》，《环球报》1948 年 6 月 27 日。

颇有特色（见图5）。例如，"星期日广州外币无市"①，"省电停报"②，但台山金融市场照常营业，开平三埠"炒家不敢盲目进取，是以趑趄不前，皆存观望之心"③。在港仄和通天金仄疲软时，四邑"各钱庄也取其闲情逸致，不买也要摆个姿态"④。

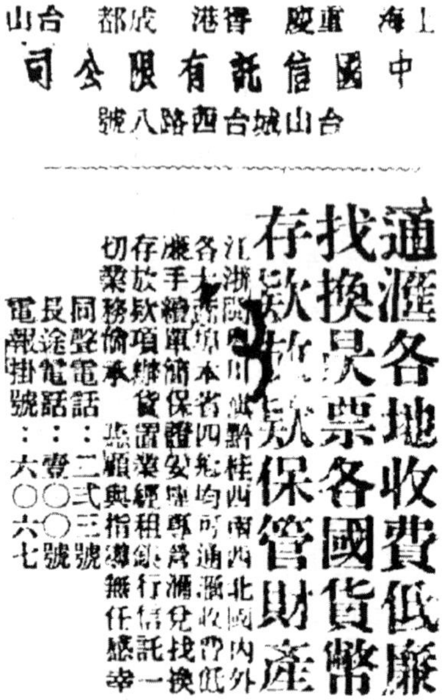

图 5　抗战时期，四邑各地买卖仄纸的广告，载《大同日报》1941年4月2日

各地买卖市场照例向外公布行情信息。为了及时掌握各地动态，各兑换商和代理商大多设有多个行情电话。例如，台山中国信托有限公司向社会公布了同声电话、长途电话和电报挂号等三个电话。"在汇率变动频繁时，每天（在广州、江门和四邑）三地间的行情电话多达三、四次"⑤。

全面内战爆发后大量资金南逃广州。广州的金钞（港币）价格像脱了缰绳的烈马似的往上飙升，导致商品无法标价，银行支票成为通货等光怪离奇的事件出现。仄纸买卖也暗流涌动，无法控制。1948年1月7日，广州"金融又起变化"，"开盘前一切物价多已自动提高"，"下午更是禾雀乱

---

① 《外币市道牛皮　米市续向下泻》，《大同日报》1946年10月14日。
② 《港纸呈俏醒　海味颇疲捱》，《开平日报》1948年2月2日。
③ 《港纸呈俏醒　海味颇疲捱》，《开平日报》1948年2月2日。
④ 《金融独风渐过 米市涨势转软》，《大同日报》1946年10月13日。
⑤ 姚曾荫：《广东省的华侨汇款》，商务印书馆，1943。

飞，人心惶乱"。① 1949 年 3 月 29 日，广州中国银行宣布："从新调整上午通天仄等侨汇价格"，实现"下午支付价与上午同"。事实上，该行当日"侨汇解款（仅）约二百三余美元"。② 连国家银行都不能保证仄纸收购的价格稳定，省属各地仄纸买卖的紊乱程度便可想而知了。

（三）广州十三行在仄纸买卖中的地位

近代广东的进口货物几乎全部来自广州，进出口商人"常购买侨汇来支付货款"③。各地对省单（即广州汇单）的需要十分旺盛。例如，1946 年，"广州一地省港单的买卖，每天总额即达数十亿至百余亿之巨"。④ "各地银号多将所吸收的仄纸的一部分送至广州出售，售得之款或全部存储当地往来号以便卖出省单，或将一部分汇返四邑以应付经常的需求"。每年的四至七月是广州进口贸易旺季，广州的港纸对省券（广东省地方货币）的比价往往超过香港。此时各地"仄纸之流入广州者尤夥"。⑤ 因此，广东的"侨汇活动皆以广州作中心"⑥。

尽管台山是"有名的小广州"⑦，但其金融地位不可与江门相提并论。"江门一埠为四邑咽喉之地，并为南路商业之枢纽"⑧，"故四邑金融多数集中该处"⑨。江门银业的规模及资力远较四邑其他地区大，四邑各地的银号和商号在银根短绌，急需用款时便会将所收购的仄纸转卖给江门同业。"在江门行情与广州行情相同或较广州有利时，此种情形尤盛"。江门是"一个仄纸买卖的居间市场"。⑩

1. 各地仄纸侨批的吸纳中心

广州凭借省府所在地的政治优势，得天独厚的国际贸易中心和金融中

---

① 《金融市风潮迭起，港币蠢动物价浮升》，《环球报》1948 年 1 月 9 日。
② 《侨汇支付价上下午相同》，《国华报》1949 年 3 月 29 日。
③ 《当前的华侨汇款问题》，区予吾译，《商业导报》（第五、六期合刊）1948 年 8 月。
④ 刘佐人：《争取南洋侨汇问题》，广东省银行经济研究室编印，1947 年 10 月 7 日。
⑤ 姚曾荫：《广东省的华侨汇款》，商务印书馆，1943。
⑥ 姚曾荫：《广东省的华侨汇款》，商务印书馆，1943。
⑦ 老乡：《黄金外币装饰下的台山》，《四邑通讯》（第一期）台开新恩四邑青年联谊社主编，1947 年 11 月 15 日。
⑧ 《今非昔比之四邑经济状况》，《广州日报》1934 年 10 月 22 日第三张（三）。
⑨ 《召开维持金融会议》，《侨通报》（海外版）1946 年（第三四期合刊）。
⑩ 姚曾荫：《广东省的华侨汇款》，商务印书馆，1943。

心的经济优势,以及"与香港为辅车相依"① 的地缘优势而成为侨资融通中心。广州的"金融中心点"② 在十三行。"清代十三行是商业集团,又是金融集团","在世界许多国家或地区设有商务代办机构或侨民会馆"。③ 街区内经营厌纸兑换商号和代理商号星罗棋布。"广州唯一的金银贸易市场"④ 坐落其间。

位于街区内的东亚银行广州支行"专做中外汇兑生意,藉以利便同胞,凡欧美日各埠俱有代理,南洋上海并设有支行汇兑"。⑤ 一些商业银行为了扩大侨汇业务,也纷纷迁往十三行街区。"工商银行为华侨唯一金融机关,素以稳健不冒险为宗旨,自民国十四年创设分行于本市以来,营业日形发达。美洲及南洋一带华侨汇款多由该行调剂办理"。该行在"西堤二马路原址不敷应用"的情况下,于1928年6月迁往广州十三行。⑥ 1937年1月《广州日报》公布的7家信用银行中,有3家设址于广州十三行。⑦ 1947年底,广州市钱银商业公会69家会员中有46家设址在广州十三行。⑧ 而广州银钱业"尤以接驳四邑潮汕等地华侨汇款"著称。⑨ 因此,广州厌纸买卖业务"集中于十三行,其中以汇隆及道亨等银号吸收者较多"(见图6)。⑩ 直到现在,十三行街区内还有星罗棋布的侨批局遗址。例如,1918年经营厌纸兑换的商号永昌叻庄、利安号和开平赤坎私营侨批业联营处广州办事处,等等。

作为厌纸买卖交易中心,广州制定了一系列交易规则,例如,汇单交易码式。广州的厌纸交易采用"香港汇单码式,亦即沪汉京津九九七平码"。但"省内各埠所用码式参差不齐,对于交收殊多窒碍"。为了统一厌纸汇兑标准,1928年,广州银业公会通告全市各银号"由旧历五月一日"

---

① 《广州金融狂潮》,《银行周报》(第十六卷 第十三号)1932年4月12日。
② 《工商银行新行落成》,《广州民国日报》,1928年6月11日(九)。
③ 黄伟宗:《广府文化的五座里程碑及其标志的五个历史时期》,《扎根岭南》,花城出版社,2016。
④ 区季鸾编《广州之银业》,国立中山大学法学院经济调查处丛书,1932。
⑤ 《东亚银行广州支行启事》,《美洲同盟会月刊》(第三第四期合刊)1927年5月。
⑥ 《工商银行新行落成》,《广州民国日报》1928年6月11日(九)。
⑦ 《信用银行一览表》,《广州日报》1937年1月2日。
⑧ 《广州市钱银商业同业公会会员名表》,《广州市钱银商业同业公会元旦特刊》,广州市钱银商业同业公会编印,1948。
⑨ 谢配康:《论钱业的特点及其前途》,《商业导报》(第一卷第二期)1948年2月19日。
⑩ 姚曾荫:《广东省的华侨汇款》,商务印书馆,1943。

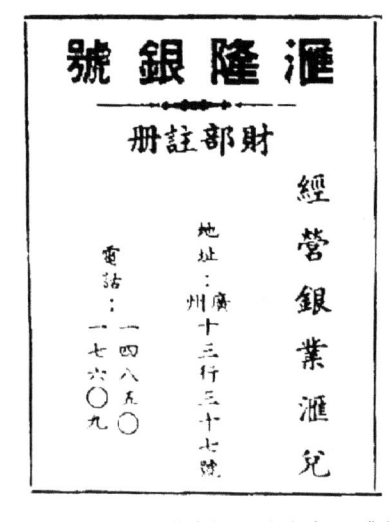

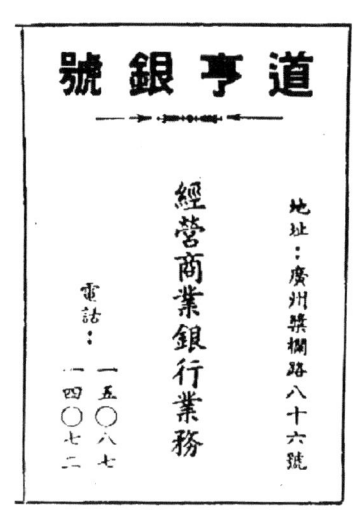

图 6　汇隆银号和道享银号的广告　《商业导报》（创刊号）1948 年 1 月 31 日

起，"所有港沪澳悟及省内各埠各乡汇兑暨各种交收，统照港沪京津九九七平码为准（即番码扣四钱二分），不代零欠平，以省手续，而昭划一"①。

在仄纸买卖过程中，不同国家和地区的货币有一定的关联度。例如，1937 年 1 月，广州的"港纸汇单（仄纸）照西众盘毫券申港纸值"②。抗日战争胜利后，台山金融市场的港纸"和港赤比较常在一千元左右"③。有时"港纸比仄纸高五六百元左右"④，或"港纸比仄纸高六七百元间进退"⑤。因此掌握各国货币间的快捷换算方法十分重要。香港一些传授各国货币快捷换算的教科书在广州等地大行其道。《简捷省毫汇水新书》认为各国货币"汇水涨落，倏忽万变。核算需时，而市情忽转。若撇而不计，更受亏不浅"（参见图 7）。⑥

（四）各地仄纸买卖的行情中心

仄纸买卖跌宕起伏、倏忽万变。为了提高报纸的关注度和含金量，各大报纸大都聘请了金融行情评论家，对当地仄纸买卖及市场走势进行预测

---

① 《银业公会通告划一汇兑码式》，《广州民国日报》（六）1928 年 6 月 16 日。
② 《今早金银市情》，《广州日报》（第叁张第叁页）1937 年 1 月 21 日。
③ 《金融醒中回淡　杂货市情彷弱》，《大同日报》1946 年 9 月 19 日。
④ 《金钞继续猛泻　港币剧降后醒》，《大同日报》1946 年 10 月 18 日。
⑤ 《黄金·外币昨又起波浪》，《大同日报》1946 年 10 月 19 日。
⑥ 《简捷省毫汇水新书》（香港）1927 年春出版。

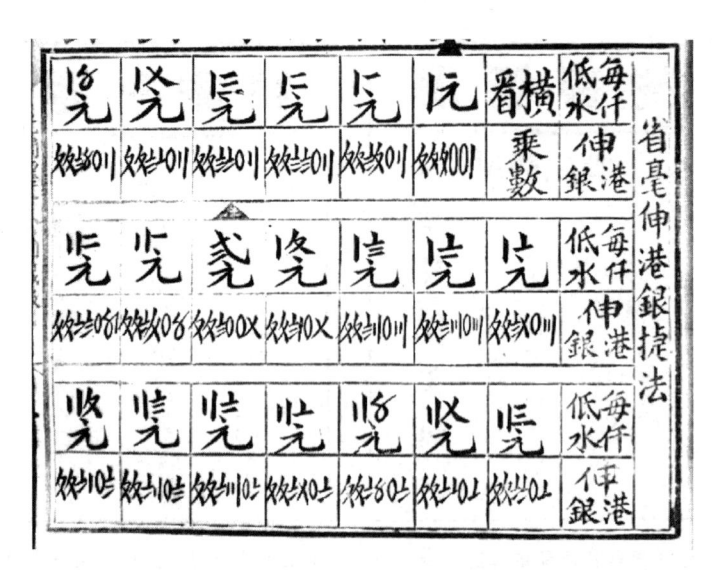

图 7 当年的"省毫伸港银捷法"载《简捷省毫汇水新书》
（香港）1927 年春出版

和解读。这些"金融行情"大都叙及广州行情对于当地的影响。以 1946 年 9、10 月间，台山《大同日报》"金融行情"为例：

9 月 6 日，台山"金融市波动渐趋平稳"，"早盘开市，港赤（仄纸）先成交六九〇，二盘六八九，再盘六八八，此种状态已显示疲淡"。"午市将到，省报（即广州行情）六八八"。"转入晚市后，好友四出活动，希图作何乐釜底添薪，极力捧抬。无奈广州突降为六六九。因此，（好友）虽然护花有意，花却凋谢"。而"美钞镇定，虽然有好有淡，上落甚微，在三一五〇间盘旋，通天金仄（仄纸）徘徊左右，寸步不离"。① 第二天，"早市港赤成交为六七三"，"清茶过后，好友实施攻势，平地生波，市势突然转旺，赤纸（仄纸）扯起六七八"，"惟据省港（广州和香港）报淡，（好友）枉费心神，仅作昙花一现，便成泡影，转趋淡降，在六七四间徘徊。转入晚市，广州报六五五，因而急剧下降，泻至六五〇收市"。"美钞因行情补水，坠向深渊，在二一〇〇间盘旋，通天金单三〇五〇"。②

9 月 15 日"外币闪缩一张一弛，以港赤最为着意，闪动最大。早盘成交六九五，最高达六九六"。后因台山与广州之间的电讯线路"交通梗阻，

---

① 《港币又吹淡风 油糖米市疲慢》，《大同日报》1946 年 9 月 6 日。
② 《商场一片淡风 港币继续下泻》，《大同日报》1946 年 9 月 7 日。

各钱庄和省港通驳困难,价格即跌落,午后缩回六九二左右徘徊,省港报价约属坚挺,后中仍多看起"。"美钞步步为营,稳打稳扎,微感秀气,盘旋于三一五〇间,通天金单二二〇〇"。①

9月21日"仄纸昨早盘成交为六九三,徐徐上扬,午前突破七字,由七〇二,而七〇三,再升为七〇五。三时左右,据广州报为七二五,于是扶摇直上,一路光明,直升至七一五,晚景依然鲜红。省城(广州)尾市为七二六,此间一直涨至七二二收市"。"通天金单涨势最急,午前为一二六〇,晚市涨至三四一,每百元相差达一万六千元之巨"。②第二天,"港赤昨早盆收尾略为好转,成交为七二四。好淡友乘机勾心斗角,互相角逐。因而期货成交最多,有五日期货成交七二五,有十日期货在十日内出货者为七二六,一直至午市,市情不进不退,作牛市状。午后各行庄周转欠灵,现钞挟市,略为趋淡,跌回一二百元。初入晚市突转清醒,回升为七七。刹那间,省(广州)江(门)报价颇紧,突飞猛涨,越过七四〇,尾市再涨至七四五收市"③。9月27日,"港赤昨因前晚尾市的沉弱,早盘好友未敢抬头,任由淡友推出,成交为七四一,比前晚尾市已跌七点子。清茶过后,据广州报价依然推企,未有淡降迹象。好友乘机进攻,略为揸硬"④。第二天,"港仄昨日报醒,据广州报价实不化算,惟一般好友又兴波作浪,将市情炒起,市场变化被好淡友斗争波浪而推着闪缩"⑤。

10月12日,台山"金融行情重放强烈光芒,奋力向上扬,好友推波助澜,锦上添花,好意更浓,港仄再创新高,清茶过后,因广州市情未到,炒家未敢大量沾手"⑥。

在其他地方情况也基本相同。1948年2月1日,开平"三埠金融昨日尚属企稳,港纸开盘二八六,继而顺下二八三。因环境不明朗,好友不感兴趣,甚少染指,而淡友更乘机抛出,于是再淡二八一","查穗市开盘报二八九,午市二九〇,下午二八六,晚市二八七。在此环境之下,后市则有转牛皮状态"。⑦到了2月18日,开平"三埠金融再见上升,港纸开盘三

---

① 《外币闪缩一张一弛 谷米杂货稳定》,《大同日报》1946年9月15日。
② 《外币疾飞猛晋 黄金微露笑容》,《大同日报》1946年9月21日。
③ 《美钞港币昨续激涨》,《大同日报》1946年9月22日。
④ 《港币昨告平静 黄金美钞坚挺》,《大同日报》1946年9月27日。
⑤ 《外币又向上涨 美钞最为得意》,《大同日报》1946年9月28日。
⑥ 《金钞续上扬 米回淡 油糖醒》,《大同日报》1946年10月12日。
⑦ 《金融形成牛皮状态》,《开平日报》1948年2月1日。

二五，继而顺下三二四，因客意略疲，懒斟懒饮，于是复慢下"。"尾市卒升至三三〇，查穗市（广州）开盘报三三七，午市三三八，下午三四四，晚市三四一"，可以预测三埠金融"后市仍然稳硬"。①

由此可见，广府各地仄纸买卖的市场价格相互依赖度也十分明显。

结　语

仄纸是特定历史时期的侨汇形式，是海上金融之路的重要组成部分。作为外来金融文化对广府社会的影响，尽管在仄纸买卖交易过程中良莠不齐，但却是广府地区市井草根和民间金融的真实写照。

广州十三行既是一个国际贸易中心、金融中心，也是侨汇融通中心、仄纸买卖中心。重新审视仄纸侨批的形成与买卖，有助于拓展广州十三行的研究领域，在"一带一路"语境下具有重要的现实和历史意义。

---

① 《港纸续上升 生面亦秀色》，《开平日报》1948年2月18日。

乾隆末年（1794）的广州荷兰商馆*

蔡香玉**

荷兰东印度公司（下称荷印公司）存在的时间是 1602～1795 年，而 1794 年不论在中荷贸易还是荷属东印度贸易的历史上，都是一个重要的时间节点。因为这是荷印公司最后一年有商船从荷兰出发航抵广州进行交易，并且也是公司最后一次派遣使团到北京谒见清朝皇帝，即中国文献所记载的"朝贡"。荷兰人上一次遣使来华还是在康熙二十五年（1686），据此时已超过一个世纪。1795 年，荷印公司因长年积累下来的财务灾难而宣告破产，此后公司再无商船来华贸易。那么乾隆五十九年（1794），广州荷兰商馆的雇员、来华的商船以及贸易状况如何，其与当年荷兰德胜使团的成行又有何关系呢？

本文主要根据荷兰学者克里斯蒂安·约尔赫（Christiaan J. A. Jörg）及中国学者刘勇的研究，借鉴美国学者范岱克为 1762、1763、1764 年度荷兰商馆的"广州澳门日志"所撰写的导言，利用公司广州商馆 1794 年的"决议"（Resolutie，卷目 56）、"指令"（Instructie 1794：Bataviashe Documenten）、"寄出文书"（Uitgaande stukken，255、257）、"往来信件副本"（Copieboeken van uitgaande en ingekomen brieven）（326）等荷文档案（可惜 1791

---

* 本文系教育部人文社会科学研究 2013 年度青年项目"乾嘉之际的广州荷兰商馆"（项目编号：13YJC770001）的阶段性研究成果。
** 蔡香玉，广州大学历史系暨广州十三行重点研究基地副教授。

年至1794年度的"日志"没有保存下来）①，以及荷使德胜在广州寄出的私人书信②，来重构1794年荷印公司破产前夜其广州商馆的商务运作，为荷兰使团在粤活动做铺垫。只有将商馆经营的商务与使团所进行的外交活动二者结合起来考察，彼此兼顾，才能窥得当年荷兰商馆业务的全貌。

一 广州荷兰商馆存废的基本脉络

关于1729～1840年广州荷兰商馆（领事馆）的历史与档案的形成，刘勇已有相对简要的概述：

> 自1729年荷印公司成功直航广州贸易开始，随公司赴华商船抵达广州的大班们便按照"十七绅士"的指示和要求，一直试图在该港设立一个长久性商业据点，以方便公司在华业务的更好开展。此尝试在1762年最终实现：该年荷兰大班获准在广州向行商长期租借一套完整的楼舍以作商馆之用。
>
> 此后30多年里，荷印公司驻广州商馆全体职员在由总班主持的商务理事会的全权领导管理下各司其职，尽心尽力地为公司利益服务。1794年荷印公司结束对华贸易，但公司驻广州商馆并未随之关闭，而是由留守的大班继续维系营生，直至1822年该商馆被改为荷兰驻广州领馆，并最终于1840年关闭。

---

① 荷兰海牙国家档案馆所藏荷兰东印度公司广州商馆档案，卷宗号为"1.04.20"，涉及1794年事务的卷目有：NFC56：商馆决议1793 december 1 – 1795 januari 12，说明：Met rapporten, uitgaande brieven aan Chinezen, eedbrieven en lijsten van goederen；NFC326：Uitgaande brieven. 1791 – 1795, 1 deel；NFC255：Stukken naar Batavia van Isaac Titsingh bestaande uit rapporten, correspondentie met Hernry Browne, hoofd van de Engelse Oost-Indische Compagnie te Canton, Don Manuel de Agote, hoofd van de Spaanse Oost-Indische Compagnie te Canton, supercarga's en extract-secrete resoluties genomen in Canton. 1794, 1 deel；NFC257：Brief van ambassadeur naar het hof van Peking, Isaac Titsingh aan de Commissaris-Generaal van de V. O. C. in Indïen Kaap de Goede Hoop. Met bijlagen bestaande uit copie-verslagen van de Commercieraad te Canton. 1794 – 1795, 1 deel。相关但尚未收集到的卷目有：NFC176：Brieven uit Patria, berichten over diverse factorijen en correspondentie van de Commercieraad. 1794；NFC177：Gedrukte stukken uit Batavia, bestaande uit extract-resoluties van de Raad van Indië met publicaties, placcaten en ordonnanties. 1794；NFC178：Brieven uit Patria. 1794 – 1795。

② Frank Lequin, *The Private Correspondence of Isaac Titsingh*, Amsterdam：J. C. Gieben Publisher, 1990.

驻守广州期间，商馆大班及其助理记录保存了大量涉及商馆内部运作管理、公司在华商贸活动及其他相关文字档案资料，并按照相应的类别汇总成册，交由专人保管。自18世纪末以来，该批档案的管理、存放地点以及编目归类方式经历了多次更改、完善和重新组合，最终以名为"荷兰驻广州商馆档案"（Archief van de Nederlandse factorij te Canton, 1742-1826）之名被保存在位于海牙的荷兰国家档案馆（Nationaal Archief）内。①

在约尔赫以荷印公司对华瓷器贸易进行时段划分的基础上，刘勇略去了17世纪这一段（瓷器在17世纪是重要的出口商品，而当时茶叶所占份额不大），而补充了1795~1822年这一最后阶段，使中荷茶叶贸易的分期更加全面细致。1729~1822年，中荷贸易的运营方式因为茶叶先后发生了若干次重大的变动，广州荷兰商馆因此可作如下分期：

（1）1729~1734年，"十七绅士"直接管理荷兰—广州直航贸易；

（2）1735~1756年，巴城政府授权管理巴城—广州—荷兰转口贸易；

（3）1757~1794年，"十七绅士"设立专门机构"中国委员会"（Chinasche Commissie，或全称为 Commissie voor de vaart naar China）全权管理荷兰—广州直航贸易；

（4）1795~1822年，荷兰政府接手管理荷兰—广州直航贸易。②

"中国委员会"在荷印公司机构范畴内成为一个非常独特的部门，在近半个世纪内专注于单一地区单一商品的贸易。刘勇认为在其管理下，荷兰对华茶叶贸易经营较为稳定，1757~1794年成为荷印公司对华贸易以固定经营方式维持时间最久、运营最成功的阶段。在荷印公司衰落这一大背景下，对华贸易的重组对于公司而言是一个相当了不起的成功。

而在1729~1794年，巴城在荷印公司对华贸易的三个发展阶段中分别充当了不同的角色：

    1. 1729~1734年，巴城完全未参与荷印公司的对华直航贸易。
    2. 1735~1756年，巴城政府成为巴城—广州—荷兰转口贸易的管

---

① 刘勇：《近代中荷茶叶贸易史》，中国社会科学出版社，2018年10月（将出），第54页。
② 刘勇：《近代中荷茶叶贸易史》，中国社会科学出版社，2018年10月（将出），第12页。

理者，但在公司领导层看来其对该贸易经营不善，使得贸易收益远未达到"十七绅士"的初衷。

3. 1757～1794年，作为辅助性参与者的巴城在荷印公司对华直航贸易中的价值才真正得到充分发挥。①

那么导致荷印公司在18世纪末走向终结的原因是什么？公司高层采取了什么措施来改善公司的经营状况？对公司在18世纪最后20年的财务困境和求变策略，伽士特拉（Femme S. Gaastra）在《荷兰东印度公司》一书中是这样叙述的：

> 开始于1780年12月的（第四次）英荷战争给了荷兰东印度公司巨大的打击……1783年6月，"十七先生"一再强调公司的无辜以向荷兰议会提出要求援助的请求……如果能重新开展贸易和船运，那么最后在战争爆发前十年已经明显出现并使部分债务得以偿还的上升势头就能够继续。为了达到这一目的，"十七先生"估计他们需要约1400万荷兰盾的资金。爱国人士仍然对公司继续存在对于国家极为重要这一前提表示接受，但"继续存在"只能通过一次彻底的重组或"调整"来保证，要做到这一点，董事就要交由合法接收人负责。最终决定阿姆斯特丹商部应该增加"第五部分"，该部分由6名荷兰议会任命的新董事和已有的20名董事组成。这个委员会负责设计调整方案以及对巴达维亚提出的要求做出反应。考虑到亚洲公司耗费的巨大数额，显然决定经济状况的关键是在那里。……一个总务委员会带着很高的期望被派往亚洲以在当地进行必要变革，尼德博格（S. C. Nederburg）和弗里吉纽斯（S. H. Frijkenius）在1792年离开（荷兰前往巴达维亚对公司进行改组）……但他们的任务没有完成，因为1795年12月24日《荷兰东印度公司现有经营废除法令》（Decree for annulment of the present management of the VOC）颁布；1796年3月1日，董事被迫让路给由21人组成的"东印度贸易和领土委员会"。公司没有结束，而是国有化了，《特许状》仍旧维持其效力。……1798年新的国家规章中，决定由巴达维亚共和国接收荷兰东印度公司所有的财产和领地以及他们

---

① 刘勇：《近代中荷茶叶贸易史》，中国社会科学出版社，2018年10月（将出），第136页。

的债务。与此同时《特许状》再次续期，到 1799 年 12 月 31 日前一直有效。因此 1800 年 1 月荷兰东印度公司正式结束。然而由于没有新的规章，旧规章在 1804 年 5 月一部完整的新《特许状》制定出来之前始终有效。新《特许状》仍包含了一些垄断公司的观念。由于同亚洲的往来被切断，除了在 1802 年至 1803 年短暂的和平期外，这部《特许状》始终无法付诸实施。①

若从中荷茶叶贸易的角度看，公司在第四次英荷战争之后，广州的荷兰商馆遭遇到如下贸易困境：

> 作为第四次英荷战争的战败方，荷兰海上航运受到巨大打击，1781~1782 年间因遭遇英国战舰的劫掠更是无船前往中国，此后只能在中立国旗帜下小心翼翼地开展对华贸易，而留守广州的大班们由于无法及时得到来自本土的财政补充而被迫多方举债度日，公司驻广州商馆的经营活动陷入财务困境。战争结束后，因自身财政问题的严重和商业信誉的受损以及其他贸易竞争对手数量与实力的不断增多和增强，荷印公司虽然积极努力地恢复对华贸易，但其在整个中欧茶叶贸易中的地位与影响力已今非昔比。就中西茶叶贸易规模而言，自 18 世纪 60 年代就已占据首位的英印公司 1784 年之后发展速度加快，1786 年更是占到广州茶叶出口总量的 50% 以上，超过竞争对手的总和。1784 年才加入对华贸易的美国商人，很快就后来居上取代了 18 世纪后半期长期占据第二位的荷印公司，进入 19 世纪后便成为英印公司在广州茶叶市场上的唯一竞争对手。……
>
> 根据 1817 年的法令，荷兰对华贸易被收归国有。1822 年，商馆在一次大火中毁掉，巴城政府随即被要求承担一切开支重建商馆。最终，根据 1822 年 8 月 21 日皇家法令第 48 条，商馆得以重建并被改为荷兰驻广州领事馆。在财务异常困难的情况下努力经营着商馆的大班布莱特曼（J. H. Bletterman）被任命为首任领事，其后由助理齐曼（Bernardus Zeeman）接任。1840 年，该领事馆被取消。②

---

① 费莫·西蒙·伽士特拉：《荷兰东印度公司》，倪文君译，东方出版中心，2011，第 195、198 页。
② 刘勇：《近代中荷茶叶贸易史》，中国社会科学出版社，2018 年 10 月（将出），第 55~56 页。

结合伽士特拉与刘勇的叙述来看，荷印公司在乾嘉之际，即1794～1800年正处于破产和转制的关键时期，公司没有商船到广州，不管是从荷兰还是巴达维亚。因此1794年是荷印公司派遣商船来华的最后一年。伽士特拉提到的从荷兰派往巴达维亚负责对公司进行改组的"总务委员会"包含尼德堡（尼德博格）、弗莱克尼乌斯（弗里吉纽斯）、阿尔廷（Alting）和西堡（Siberg），正是这四个人在1794年接受广州荷兰商馆大班范罢览的请求，派遣德胜使团来华。他们做出这一决定，也是为公司今后的发展考虑。约尔赫与刘勇在研究贸易的同时都注意到1794年的遣使事件对公司商务的促进：虽然"从商业的角度看，使团没有获得成功。但皇帝对使团表示满意。这些善意的产生，使荷兰人在随后年间的贸易仍旧能够盈利"①；"不甘落后的荷兰人也紧随英国人之后于1794～1795年向北京派出使团，其借口则是庆贺乾隆皇帝登基60周年大典，借此机会图谋为荷印公司获取有利的贸易条件以及向朝廷反映粤海关的高额税赋。在大殿之上，荷兰使节毫不犹豫地行了三叩九拜大礼，并严格遵循繁琐的中国宫廷礼节。……乾隆皇帝十分满意荷兰使节的态度，而给予他们的好处使得荷印公司受益多年"②。二人均肯定了德胜使团的积极作用。那么，1794年的荷兰商馆，其建筑及各部分有何功能？受雇的职员都有谁？商务运作是如何进行的？下文分述之。

二 范罢览与1772年改建后的荷兰商馆

笔者目前参考的荷文档案并无关于1794年荷兰商馆建筑及其内部各区域功能的记录，但参照设馆之初的相关记载，可以窥见一斑，尽管局部区域的功能会有所调整。1762年，荷兰大班胡勒（M. W. Hulle）获准在广州向行商蔡玉官长期租借一套完整的馆舍以作商馆之用，该商馆位于"羊城西关"十三行商馆区的最东面，一直到1840年商馆改为领事馆时，其馆址一直没有改变（见图1、图2、图3、图5、图6）。恰巧1794年担任商馆大班的范罢览也是该商馆的最初一批职员。③ 1772年，在商馆"快乐"馆长

---

① C. J. A. Jörg, *Porcelain and the Dutch China Trade*, Den Haag: Martinus Nijhoff, 1982, p. 72.
② 刘勇:《近代中荷茶叶贸易史》，中国社会科学出版社，2018年10月（将出），第71~72页。
③ 因为有了固定的馆舍，荷兰商馆的"广州澳门日志"也从这一年开始记录，一直到1822年，中间有些年份的日志缺失。

(A. F. L'Heureux，其姓法文意为"快乐""开心""幸福")任上，该馆的商务理事会决定对商馆后部进行改建，拟出方案的人正是当时已升任第三大班的范罢览。

图1　商馆区的风貌，1773年，中国画家，帆布油画，52厘米×76厘米，荷兰阿姆斯特丹国立博物馆，编号：SK‐C‐1724

说明：转引自罗莎琳《荷兰国立博物馆藏三幅广州口岸早期组画》一文①。

图2　图1细部

根据约尔赫的记载，商馆的外观是这样的（参见图3）：

前部的游廊不是位于正面的中间，而是位于从河上望向商馆的右侧。左侧，可以看到细节丰富的立面：宽敞的正面开有大窗户，有栏杆的阳台由两排有木制柱顶的大石柱支撑。还可从建筑前面围栏的布置看到，商馆直接与英国商馆另一个门前面的走廊相邻。荷兰商馆建筑的另一个门的右侧是一名中国商人的商行，1785年属于行商炳官（Pingua）。此前，也是由中国商人使用。②

---

① Rosalien van der Poel, "An Early Set of Three Chinese Export Harbour Views in the Rijksmuseum", *Rijksmuseum Bulletin*, 2013.
② C. J. A. Jörg, *Porcelain and the Dutch China Trade*, pp. 60-61.

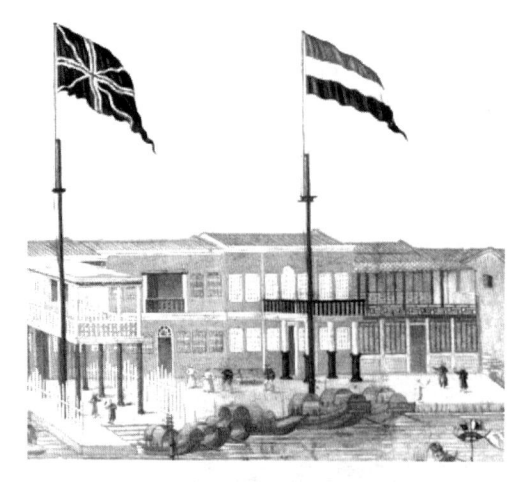

图 3　图 1 细部

根据约尔赫这段描述，在商务兴盛的时期荷兰商馆曾由图 5 中编号第 15、16 两栋建筑构成。1781 年后其商务萎缩，编号 15 的商馆是否曾经易手，仍有待进一步探究。

商馆前部的空间分布及其功能，约尔赫的记载如下：

> 商馆的地面首层是"保险库"，银箱存放在这里。那还有秘书的办公室，职员和簿记员在这里做文书工作，多年的信函、决议、汇总公告、日志、判决书等都在这里存放。地面首层还有"商务办公室"，业务交易在这里进行，货款在这里支付，所有与贸易直接相关的文件，如交易日记账簿与分类账簿、收支账簿、已清赔偿登记册、卸货记录、发货单等都保存在这里。那里至少还有一个大会议室，可能还有一个小会议室，一个商馆长或第一大班的办公室。后面有一些为大班们提供的私人房间。
>
> 二楼靠河边是大餐厅，窗前有阳台。从这一层可走进游廊。此外还有一个储藏室，一间设有两个"英式壁炉"的冬季暖房——因为如果有人在淡季留下，广州的冬天还是挺冷的。这里至少有 14 个提供给大班、助理、簿记员的私人房间。考虑到职员人数众多，在坡顶下会为贴身男仆和佣人分隔出若干空间。①

---

① C. J. A. Jörg, *Porcelain and the Dutch China Trade*, p. 61.

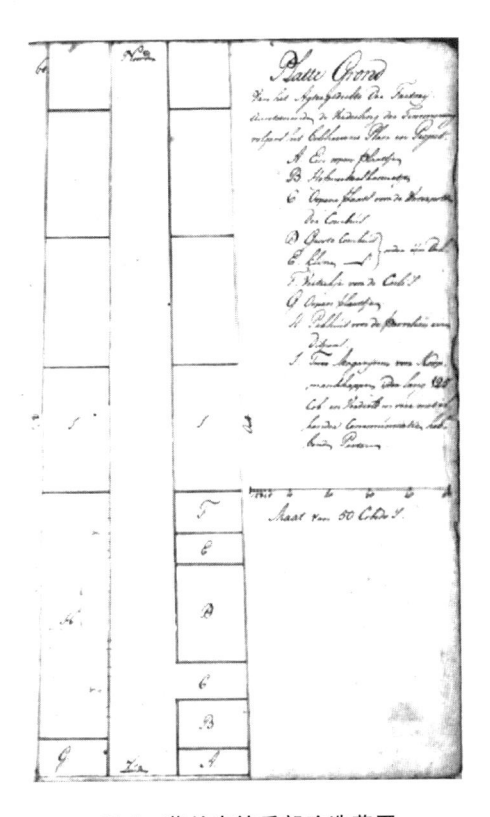

图 4　荷兰商馆后部改造草图

说明：1772 年钢笔绘制，H 区域加建部分用铅笔标示。32 厘米×21 厘米，荷兰国家档案馆藏，广州商馆档案编号35，第 60 号文件，转引自约尔赫《陶瓷与中荷贸易》一书第 73 页。

**图 5　画中商馆区的风貌（约 1794 或 1796 年），帆布油画，
伦敦马丁·乔治画廊（中国画家画）**

说明：转引自范岱克、莫家咏《广州商馆图像：1760－1822 年》一书中间插图。

约尔赫对商馆后部平面图（见图 4）的空间分布做了说明，并介绍商馆其他部分的功能：

> 1772 年，商馆的后面部分，直到那时仍是由行商和原来的业主（蔡）玉官使用的地方，空置了。（颜）瑛舍同意公司把这部分也出租，

条件是"他不用负担任何用于维修或改建的费用,因为欧式建筑与中式的口味如此不同,如果将来要放弃这样的住处或转租给中国人,一切将不得不完全改变并重新改建"。商馆向荷兰的董事们请示批准把商馆这后部区域改建成仓库以储存茶叶。所拟的改建设计由范罢览制定,与这份请示一起寄出并被保存下来。它清楚显示了街道与商馆后部区域的安排。在靠近街道的北部,有一些供买办用于生活住宿的房间,因此买办同时还须看护后门。在 A 和 G 标示的"没有封顶的地区",是为商馆后部楼下房间住客"提供必要方便"的厕所,从卫生角度专门考虑,是不能太靠近厨房。图上给出了用铅笔勾画出的首层仓库 H 的安排布局,它计划改成商船官员上岸休假的餐厅和住宿区。在储藏室(I)的上面还有夹层,它们的地板都要足够高,以避免洪水泛滥时被水淹浸。

没有来得及等到荷兰方面的批准,坚硬的柚木建材已从巴达维亚进口,1772 年底完成了改造工程。因此,当 1774 年,董事们谴责这项专断的行动,拒绝承租和改造,并要大班们支付这些费用时,引起了大班们巨大的恐慌。在后来的年份,也有定期的改造与变更的工程进行,但商馆的外观没有发生根本的改变。

除了可以得到这一维修工作的详细信息外,我们所知还不足以能够画出商馆内部的确切布局。然而,可以粗略地说出最重要的房间所在。商馆实际的入口是在后部,在那里墙上的门户通往十三行街。商馆的后部设有仓库,这在上面已经述及。商馆实际建筑屋顶的形状显示它与这一后部区域处于合适的角度,并与码头平行。①

由于他只提到图 4 中 A、G、H、I 这四个空间的用途,笔者将图中的荷兰文图例说明译成中文,以便更清楚地了解 1772 年商馆改建后商馆后部各个空间的用途(见表 1):

表1　商馆后部的平面图(钢笔画)

根据草拟的方案和计划标注拟改造的部分(用铅笔标注)
A. 露天的小空间(厕所)
B. 管家的小房间

---

① C. J. A. Jörg, *Porcelain and the Dutch China Trade*, p. 60.

续表

C. 厨房露天用水区

根据草拟的方案和计划标注拟改造的部分（用铅笔标注）

D. 大厨房 ｝有顶棚
E. 小厨房

F. 供苦力用的小房间

G. 露天的小空间（厕所）

H. 存放生活物资与药物的仓库

I. 两间商店，每间长 125 尺，并分成四小间，彼此相通

说明：比例尺：一个长度单位是 50 尺

平面图中上半部六个留白的空间是茶叶仓库，这是 1772 年底改建后商馆后部的基本格局。1794 年 9 月底入住荷兰商馆时，荷使德胜对此有何种观感呢？

那年夏初，在巴城总务委员尼德堡与弗莱克尼乌斯的再三请求下，德胜最终接受了出使的任务。8 月 15 日，他乘坐商船"暹罗"号从巴达维亚出发，船长是哈斯（Gas），即中国文献中的咭（口时）。同行的三艘商船分别是："华盛顿"号，船长为范费尔森（van Velsen）；"天鹅"号，船长奥尔霍夫（Olhof）；"海莲"号（Zeelely），船长阿德里安斯（Adriaanse）。[1] 9 月 24 日，德胜在停泊于黄埔的"暹罗号"上首次与粤海关监督苏楞额会面。午后 1 时，德胜与前来接应的商馆成员拉比内尔（J. H. Rabinel）、巴赫曼（C. C. Bagman）与布莱特曼一起搭乘"暹罗"号上的一条小艇前往荷兰商馆，后面跟随着 9 月 23 日到港的"华盛顿"号的小艇以及 9 月 24 日当天上午刚到黄埔锚地的"天鹅"号与"海莲"号上的小艇，一行人于下午三点抵达荷兰商馆。[2]

德胜受到商馆全体成员的热烈欢迎。由于前一年的马戛尔尼使团是直接乘船前往天津，进京前没有在广州居停，德胜也因此被告知上京前广东官府没有为他安排住宿，但当他完成出使任务后从北京返回广州时，他能住到河对岸马戛尔尼爵士入住的一个花园，即破产行商陈钧华（Locqua）的旧宅。有鉴于此，范罢览将他的房间腾出来给德胜使用，而他则改用第

---

[1] Frank Lequin, *Isaac Titsingh in China: het Onuitgegeven Journaal van Zijn Ambassade naar Peking 1794 – 1796*, p. 69.

[2] Frank Lequin, *The Private Correspondence of Isaac Titsingh*, Amsterdam: J. C. Gieben Publisher, 1990. Volume I (1785 – 1811), p. 292.

图 6　英国中型艇画驶离广州商馆，画中风貌约 1794 年 1 月 8 日，根据托马斯·丹尼尔（1749 – 1840 年）油画复制的印刷品，私人收藏

说明：转引自范岱克、莫家咏《广州商馆图像：1760 – 1822 年》一书中间插图。

二大班多载（R. J. Dozij）的房间，多载改用第三大班的房间，依次类推。根据德胜的描述，范罢览的房间不大，但布置的家具很有韵味。他打算租用隔壁商馆的一翼，将墙打通，以便住得更舒适。当时黄埔锚地有很多商船停靠，广州所有商馆的房间都被预订，别无选择，这样安顿是最可行的办法。下午 4 点钟商馆成员围坐在会议室办公桌边相互认识、交谈，一直聊到晚上 9 点才吃晚餐，德胜在夜里 12 点上床就寝，这就是他初到商馆的经历。①

在荷兰商馆停留的近两个月，通过观察，曾任日本长崎荷兰商馆馆长，且深谙日本文化的德胜认为中国人与日本人的风俗习惯非常相似。他所在的荷兰商馆与英国商馆都位于河边，河面被一千多艘舢板覆盖着，停靠着的舢板就像水上的街道，只留足够的空间通行，人流往来穿梭。此处持续忙乱的喧嚣更胜他处。在停靠的船当中，他认为花船最大、最干净且最舒服。德胜看到商馆前不远处就停着一艘载着雏妓、供人玩乐的大花船。……大部分中国人夜里可以前去玩乐，那里比他们的家更加怡人与舒适。而外商们则被禁止前往娱乐。②

德胜事先想象他来广州就像回到迦南应许之地，即梦寐以求的地方，但现实却让他极为失望。他认为只有肉类比巴达维亚好，其他的都更差。直到他上京之前，仆人为他准备的果蔬，除了菊苣和梨子，其余他都不吃。他觉得鱼类总体上乏善可陈，但有一种独特的满大人鱼（Mandarijn visch）

---

① Frank Lequin, *The Private Correspondence of Isaac Titsingh*, Amsterdam：J. C. Gieben Publisher, 1990. Volume I（1785 – 1811）, pp. 292 – 293.

② Frank Lequin, *The Private Correspondence of Isaac Titsingh*, Amsterdam：J. C. Gieben Publisher, 1990. Volume I（1785 – 1811）, pp. 293 – 294.

比巴达维亚所有的鱼都好吃。面包很差,然而所有的东西都相当贵,盖因小官员们时不时向买办要求孝敬所致,而买办的付出又转嫁到外国人头上。他认为日本的商人已经很值得同情,但他们的境况与中国行商相比还是有天壤之别,后者的境况更糟糕。他们越富有,就受到越多的苛索。①

三 1773及1794年商馆的人员构成

约尔赫与刘勇都对广州荷兰商馆的人员构成及相应的职责做了介绍。刘勇这样写道:

> 荷兰驻广州商馆的人员配置基本齐全,主要包括大班及其助理、簿记员、商馆管家、厨师、仆佣、医师、守夜人、鼓手及其他相关人员,在商馆长(由总班担任,即第一大班)的领导下各司其职。他们之间有着明确的等级分工,这可以从严格按照其等级而设的用餐制度中体现:每餐入席时,全体商馆职员按上桌、中桌和下桌分开就座,而不同级别餐桌上的食物种类和数量也有很大差别。此外,每位商馆职员的制服装饰也存在着显著区别,外人比较容易通过他们的衣着和举止判断出其职位的高低。……
>
> 商馆设有商务理事会,由若干名大班及其助理组成,以作为处理公司在华业务的最高决策机构。该理事会在贸易季期间开会,讨论制定并通过公司业务的所有相关决议。参会大班每人拥有一张决定票,而列席助理只有建议票。如若某位或数位大班因故缺席,位次随后的助理则获准行使决定票。
>
> 商务理事会全权负责处理公司所有在华业务:只有在拥有投票权的理事会全部成员列席的情况下,才能进行合同的订立与核准,除非其中某些成员因故无法列席。理事会要对其所做出的每一项决议给出合理充分的解释。虽然并非所有大班都可以列席理事会,但该理事会基本都会依据中国委员会的指示给每位大班分配相应的具体任务,让其做到各司其职。②

---

① Frank Lequin, *The Private Correspondence of Isaac Titsingh*, Amsterdam: J. C. Gieben Publisher, 1990. Volume I (1785–1811), p. 294.
② 刘勇:《近代中荷茶叶贸易史》,中国社会科学出版社,2018年10月(将出),第56~57页。

约尔赫还对商务理事会的其他职能、决议程序以及"船务理事会"做了更清楚的说明，他说：

> （商务理事会）不仅作出买卖和签订合同的决定，而且得到授权起着民事登记办公室的作用，来通过公证的条例；它还是"司法审议会"，行使裁判权，执行判决。要求秘书起草所有理事会决定的书面文件，由所有成员签署，除非他们采用了少数派的意见，并把这情形用文字记上，但这种情形是极少发生的。由多数票产生的决定，如果选票是平均地分布，馆长则拥有决定性的一票。所有决议连同相关的书面文件，与其他贸易文件一起送回荷兰，由董事们评估。馆长、大班与来华商船的船长和一些高级军官，进一步组成"船务理事会"，负责仲裁有关船只的重要事项。在这个理事会中，船长的意见是决定性的。[1]

可见荷兰商馆职员的科层制度如下：馆长一名，对商务拥有最后的决定权；大班有若干名，有些年份多达七名（如1767年），可依据级别的高底分别称为"总班""首班"或"第一大班"以及随后的"第二大班""第三大班"……通常馆长由"总班"或"第一大班"升任，因此馆长常常兼有"总班"或"第一大班"的头衔，只有少数年份是分任。对于大班们日常主管的工作，约尔赫是这样介绍的：

> 对于购进业务与常规的日常商务，通常已经以"十七绅士"指令的方式，分配给各大班。馆长与商馆的第一大班，作出购入茶叶、丝绸和丝织品、贵重商品的决定，并负责签订合同，这些货物占了购货总量的主要部分。第三和第四大班通常负责购买陶瓷。助理或者听命于大班，或者负责采购药品、南京布和其他较不重要的物品。行政上的任务也同样地作出分配。高级别的大班中有一位担任秘书，承担记录、指挥准备工作、安排职员抄写各种文件等职责。另一个大班（不是簿记员）掌管交易日记账和最新记录的各类账册。日志大多由馆长兼总班管理，他负责登入每日事件的概要。簿记员则负责船的支付账

---

[1] C. J. A. Jörg, *Porcelain and the Dutch China Trade*, p. 73.

册、内务账册和其他财务记录,以及协助秘书工作。①

刘勇以 1773 年商务理事会的安排对当年商馆的大班及其助理、簿记员等分派的任务做了详细的说明:

> 大班 P. Kintsius 负责分配、装运等事务钱款的出纳,大班 J. van den Bergh 担任总理事会(Brede raad)书记员以及薪资簿保管员;助理 J. P. Certon 掌管瓷器及其附属物的采购和包装以及担任总理事会的书记员;Egbert van Karnebeek 管理商馆及其全部商务;S. Klinkert 担任贸易账簿及其附件保管员;U. G. Hemmingson 负责起诉当季所有犯事者并协助大班 E. Klinkert 工作;J. H. Alphusius 与簿记员 J. J. Rhenius 同任大班 E. Kintsius 的助理;簿记员 B. Kuijper 及 E. L. Steijn 担任大班 E. Certon 的助理;W. Hanke 任大班 E. van den Bergh 的助理;F. Benthem 留驻商馆受总班调遣。此外,大班 J. van den Bergh 和簿记员 F. Benthem、助理 E. Certon 和簿记员 E. L. Steijn、助理 S. Klinkert 和簿记员 W. Hanke、助理 U. G. Hemmingson 和簿记员 B. Kuijper 分别负责商船"扬·赫林曼"(Jonge Hellingman)号、"福尔伯格"(Voorberg)号、"欧罗巴"(Europa)号及"荷兰"(Holland)号的装货。②

前文已提及,"快乐"先生任 1773 年广州荷兰商馆的馆长,根据约尔赫书中的附录二所记,第一大班是 P. Kintsius,第二大班是 J. van den Berg,助理有 Sebastiaan Klinkert、E. van Karnebeek、J. P. Certon、U. G. Hemmingson、Johan Hendrik Alphusius。簿记、医务员、管家与保卫队长的名单并不在其列。③ 现综合刘勇与约尔赫这两份名录及相应的职责,用表格的形式进行展示(见表 2、表 3)。

从中可以发现不管是商馆事务还是商船的装货分工,每位大班与助理手下都有一位乃至两位簿记员充当助手,可见簿记员一职级别低、人数多,但他们充分参与了商馆与商船的商务活动,其重要性不可或缺。

---

① C. J. A. Jorg, *Porcelain and the Dutch China Trade*, pp. 73 – 74.
② 参见 *Resolutie van de Commercieraad*(25 augustus 1773),NFC 36. 转引自刘勇《近代中荷茶叶贸易史》,中国社会科学出版社,2018 年 10 月(将出),第 57 页。
③ C. J. A. Jörg, *Porcelain and the Dutch China Trade*, p. 204.

表 2 1773 年商馆职责分工

人员	职责	助手
馆长及首班 A. F. L'Heureux		簿记员 F. Benthem
第一大班 P. Kintsius	分配、装运等事务、钱款的出纳	助理 J. H. Alphusius 簿记员 J. J. Rhenius
第二大班 J. van den Bergh	总理事会（Brede raad）书记员、薪资簿保管员	簿记员 W. Hanke
大班 E. Certon？		簿记员 B. Kuijper 簿记员 E. L. Steijn
助理 S. Klinkert	贸易账簿及其附件保管员	
助理 Egbert van Karnebeek	管理商馆及其全部商务	
助理 J. P. Certon	瓷器及其附属物的采购和包装、担任总理事会的书记员	簿记员 B. Kuijper 簿记员 E. L. Steijn
助理 U. G. Hemmingson	起诉当季所有犯事者、协助大班 E. Klinkert 工作	

表 3 1773 年商船装货分工

"扬·赫林曼"号	大班 J. van den Bergh 和簿记员 F. Benthem
"福尔伯格"号	助理 E. Certon 和簿记员 E. L. Steijn
"欧罗巴"号	助理 S. Klinkert 和簿记员 W. Hanke
"荷兰"号	助理 U. G. Hemmingson 和簿记员 B. Kuijper

根据约尔赫的名单，1794 年商馆的馆长是范罢览（A. E. van Braam Houckgeest），第一大班是多载，第二大班是拉比内尔（兼簿记员），第三大班是巴赫曼，秘书是布莱特曼（由医务员兼任，第一节已提及）、助理为馆长范罢览的侄子雅各布·范罢览（Jacob Andreas van Braam，原为簿记员）、斯坦因（Elbert Lucas Steijn）、齐曼（第一节亦提及）。[①] 不过当年巴达维亚荷印当局原打算调整广州荷兰商馆馆长的人选：8 月份荷使德胜从巴达维亚出发前，荷印当局曾下了指令，要求德胜一到广州就从范罢览手中接管荷兰商馆的事务，兼任正使与商馆馆长二职。9 月 25 日，即德胜到达商馆的第二天，就召开了一次商务理事会，宣布了这一人事任免令。但考虑到商

---

① C. J. A. Jörg, *Porcelain and the Dutch China Trade*, p. 204. 必须注意到，斯坦因 1773 年也在商馆充当簿记员，他是范罢览多年的下属。

人在中国地位不高，单凭德胜正使的身份未必能受广东官府重视，所以这一人事任免安排最终没有得到落实。范罢览依旧担任馆长，直到其上京的前一天，即 11 月 21 日，商馆才召开商务理事会做出新的人事任免安排，将第一大班多载提拔为馆长，并保留原职；而布莱特曼作为使团医生、雅各布·范罢览（Jacob van Braam）作为副使范罢览的助手一同进京。因此在使团离开广州后，荷兰商馆的商务理事会成员便只有五名，他们是：第一大班兼馆长多载，第二大班兼簿记员拉比内尔、第三大班巴赫曼，助理斯坦因与齐曼。因此在 1794 年 9 月底至次年初贸易季结束，商馆理事会决议中可见职员的签名顺序排列如表 4：

表 4　1794 年荷兰商馆成员职务

职务	1794 年 9 月 25 ~ 11 月 21 日	1794 年 11 月 22 日起
馆长兼第一大班	范罢览	多载
第二大班	多载	拉比内尔
第三大班	拉比内尔	巴赫曼
第四大班	巴赫曼	
助理	斯坦因	斯坦因
助理	布莱特曼	因陪同范罢览进京而缺席
助理	齐曼	齐曼
助理	雅各布·范罢览	因陪同范罢览进京而缺席

实际上当年广州商馆还有簿记员范斯霍尔（M. A. van Schoor）、柏赫曼（H. C. Bergman）、波斯玛（J. M. Bosma）。至于所有雇员的职责分工，比较明确的是第二大班拉比内尔与助理斯坦因负责瓷器的订购与装载。[①] 而其他人的职责，我们可以在下面一节中从各种商务文件最后的署名中看出一些头绪。

四　1794 年商馆的业务记录

荷兰商馆之所以需要这么多的簿记员，是因为贸易以及贸易以外的各种事务都需要专人进行记录。对各人分管工作的记录，商务理事会是这样

---

① U 1794 - 1795，第 257 页，第 24 份文件。

要求的：

> 大班及其助理应通过多种方式详细记录商馆管理和公司业务。商馆内有专人掌管有关商馆管理和公司业务的簿册。在结存这些簿册时，保管者须附上签名。这些簿册所含信息都将有助于来年继任者了解当年商馆管理状况怎样、贸易经营如何、交易合同由谁在何处签署以及公司是否还有未结清账目等等重要情况。簿册中还力图对每次到港的其他外国船只做尽可能详细的记录：船名、船上的大班和船长、始发的港口、从事的生意以及回程所带物品，而这些信息都有助于公司对输入广州外国货物的出售做出相应的对策。①

> 商务理事会还要求，每年业务结束后大班都要为下一年来华的贸易代表整理出一份包含各种必要信息详细的备忘纪要，其内容包括对商馆内部状况概述以及家具和其他动产的清单，对与哪些商人进行交易、何种商品以何价格被售出和采购等事项的记录，以及大班对广州市场行情及其他相关事宜的看法等等，为新来者提供必要的指导，所以此纪要对来年贸易的成功同样重要。②

这样的规定使荷兰商馆各类文件的记录与保管得以规范化，形成比较完善的文书制度。笔者目前初步整理了1794年贸易季荷兰商馆的商务档案除了"广州澳门日志"遗失外，根据不完全统计，保存下来的商务文书均见表5。

表5 1794年广州商馆商务文书

文件类型	日期	负责人
商馆决议	1794年8月24日	范罢览
	1794年9月25日	同上
	1794年10月15日	同上
	1794年10月25日	同上
	1794年11月4日	同上

---

① *Particulier instructie*（10 oktober 1759），artikelen 9-15，VOC 4543. 转引自刘勇《近代中荷茶叶贸易史》，中国社会科学出版社，2018年10月（将出），第57页。

② *Particulier instructie*（10 oktober 1759），artikel 18，VOC 4543. 转引自刘勇《近代中荷茶叶贸易史》，中国社会科学出版社，2018年10月（将出），第58页。

续表

文件类型	日期	负责人
商馆决议	1794年11月8日 1794年11月15日 1794年11月21日 1794年12月2日 1794年12月20日 1795年1月8日 1795年1月10日 1795年1月12日	同上 同上 同上 多载 同上 同上 同上 同上
家具和其他动产的清单	1794年9月21日 1794年10月15日（补充）	巴赫曼 范斯霍尔
与广州行商的购销凭证	1794年11月14日，卖给倪秉发与伍沛官共36箱小燕窝	拉比内尔、巴赫曼、贝赫曼、泽曼（秘书）
	1794年11月23日，向倪秉发购买80箱八角	拉比内尔
	1794年12月5日，向买办阿德（Atacq）购买4箱Liquoricie和2篮高良姜	波斯玛
	1794年12月6日，应吧城当局要求为巴达维亚与荷兰购买的Radix Liquisitie、茯苓、八角等	商务理事会全体成员（五人）
向吧城当局要求提供来年（1795）补给的清单	1794年11月16日，药物 1794年12月20日，香料、大米、咖啡、油 1794年12月20日，酒、水、肉类以及办公用品如纸、笔、墨、剪刀	J. Vieseliw? 多载 同上
档案清单	旧巴达维亚档案，1794年11月21日	布莱特曼
	广州商馆档案，1794年11月21日	
1794年瓷器购买及装载备忘录	日期不详	拉比内尔与斯坦因
致吧城当局的商务信函	1794年12月14日 1795年1月11日，两通，一长一短，长的一封是1794年的商务活动的总结报告	商务理事会全体成员（五人）

从上面商务与船务文件生成的日期看，可以将1794年荷兰商馆的贸易季进行分期，并与同时进行的备贡活动进行比较（见表6）。

表 6　1794 年广州/黄埔船务文书

文件内容	日期	签发人	地点
1794 年抵达黄埔锚地的外国商船名录			
五位船长致荷使德胜的信件	1794 年 11 月 16 日		黄埔
"天鹅"号船长奥尔霍夫致函多载	1794 年 12 月 20 日		黄埔
船长范费尔森致函多载	1794 年 12 月？日（日期留白）		广州
船长收货确认单	1794 年 12 月 20 日	哈斯 C. S. Kuffeler 第二人为助理，下同	广州
	1794 年 12 月 20 日	奥尔霍夫 Mcgilden	广州
	1794 年 12 月 20 日	范费尔森	广州
	1794 年 12 月 20 日	阿德里安斯	广州
商船载货清单	1794 年 12 月 20 日	哈斯 C. S. Kuffeler	广州
	1794 年 12 月 20 日	范费尔森 De Harder	广州
	1794 年 12 月 20 日	阿德里安斯 J. H. van Vloten	广州
商务理事会致回国船队的命令与指令	1795 年 1 月 10 日		广州
船队总指挥哈斯致商务理事会的确认函	1795 年 1 月 11 日		广州

表 7　1794 年荷兰商馆的贸易与外交活动分期及比较

分期	贸易	朝贡
1794.9.24 之前	8.24 范罢览为首的商馆成体成员在澳门开会，准备新季度的贸易事宜 9.10 商馆多数成员离开澳门，留下拉比内尔在澳门接应德胜带领的船队 9.12 商馆成员抵达广州商馆，等待四艘商船抵达黄埔 清点资产	8.13 德胜写信给荷兰阿姆斯特丹的兄弟扬·德胜，告知出使任务 8.24 范罢览为荷使德胜的到来做接待安排 9.10 德胜船队抵达澳门 9.10~14 等待引水员的同时遭遇台风 9.17 德胜与范罢览在虎门初见 9.22 船抵黄埔锚地

续表

分期	贸易	朝贡
1794.9.24~11.21	9.24 处理荷兰及巴城发来的指令卸货 继续清点资产 11.8 行商们列席商务理事会，共同议价 11.14 行商们开始交货 11.16 致巴城当局要求提供来年的补给清单（药物类） 完成商馆档案清点工作 范罢览卸任商馆馆长	9.24 德胜在黄埔与粤海关监督会面 9.25 德胜与在广州的其他国家商馆大班互访（英国除外） 9.24-10.3 重译表文、准备贡品 10.13 第一次在海幢寺广东官员会面 与英国商馆大班互访 10.14-11.21 每周二设宴招待其他国家商馆人员，联络感情 11.21 德胜给巴城的上司及荷兰、英国的亲朋好友写信，讲述在广州的经历
1794.11.22~1795.1.16	拉比内尔就任商馆馆长 与行商们继续交易 各商船船长确认收货及货物清单 致巴城当局要求提供来年的补给清单（生活物资类） 商务理事会向回国船队总指挥发出航行指令并取得后者的确认 1.16 商船离港	11.22 范罢览以副使身份随同使团入京，同行有德胜、布莱特曼及雅各布·范罢览 11.26 德胜致函巴城当局，对其在粤经历做一详细汇报 1795.1.9 在严酷的冬季中，经过水陆兼程，终于抵达北京 2.15 使团离开北京 5.10 凌晨十二点半 抵达广州荷兰商馆

五　1794年度商馆的进出口货物及交易额

约尔赫曾提示荷印公司输入中国的货物，必须对来自荷兰母国与巴达维亚的货物加以区别。从荷兰带来最重要的货物，第一是银，第二是铅，这是以获取几个百分点的微利用来交换作为压舱物的较便宜的锡和锌。最后可能提到的商品就是布——欧洲提供给中国的不多，但在中国也有一定的需求。而顶级的精纺呢绒以及有特定需求的黑绉纱能在广州找到市场。

大班们从巴达维亚带到广州的货物中获得的利润是很大的，并通常把利润用来购买部分运回荷兰的货物。头等重要的商品是胡椒和班加的锡，中国在亚洲各国中对锡的需求最大，还有胡椒，这些货物的平均利润却达到200%。[①] 虽然像豆蔻、丁香和丁香树果等其他香料，销售的总利润也一

---

① 几个例子给出了关于胡椒贸易情况的印象：1736年，37.5万磅购价为50490荷兰盾的胡椒，从巴达维亚运到广州，售得150765荷兰盾，总利润198.8%。1754年，2147479磅购价为301000荷兰盾的胡椒，卖得736257荷兰盾，总利润144.7%。1772年，1100000磅购价为133785荷兰盾的胡椒，卖得444103荷兰盾，总利润232%。1789年，（转下页注）

定能达到1000%以上，但这些香料只能供给少量的几百磅。

进口的其他货物还有苏木、帝汶（Timor）的檀香木等木材类、靛蓝、珍珠粉、槟榔果、洋红（一种深红色的染料）、木棉和棉纱等。中国行商从这些商品的生产中心自行购入这些商品，价格会更便宜。18世纪的中荷交易中，鸦片也占有一席之地。它在英国散商的港脚贸易中所占比重很大。此外，荷属东印度地区输入广州的货物还有燕窝、广木香（putchuk，或称奇楠）、打火石、窗格玻璃、葡萄干、象牙等。①

1795年1月11日新任商馆馆长兼大班多载向巴城当局汇报1794年度四艘商船带来的货物及其议定的出售价格，详情见表8。

表8　1794年四艘荷兰商船带来的吧城货物②

数量	重量单位	品名	货币单位	数量	重量单位
18690	荷磅	Kas 铅	两	3.8	担
150000	荷磅	Liess 铅	两	4.5	担
2115$^{1}/_{2}$	荷尺	荷兰印花布	两	2.34	荷尺
113186	荷尺	荷兰粗纺毛料	两	0.6	荷尺
2503	荷尺	平纹布第1种	两	1.85	荷尺
2417$^{1}/_{2}$	荷尺	平纹布第2种	两	1.65	荷尺
9443	荷尺	平纹布第3种	两	1.6	荷尺
6094	荷尺	平纹布第4种	两	1.3	荷尺
939844	荷磅	班加锡	两	13	担
600000	荷磅	胡椒	两	11	担
29678	荷磅	丁香（Garioffel Nagelen）	两	110	担
2201$^{1}/_{4}$	荷磅	肉豆蔻	西班牙银圆	100	担
152	荷磅	肉豆蔻皮	两	530	担
8	荷磅	丁香油	西班牙银圆	16	斤

（接上页注①）120000磅购价为155614荷兰盾胡椒，卖得474163荷兰盾，总利润204.9%。荷兰东印度公司在1620~1730年间的胡椒贸易，可参见 K. Glamann, *Dutch-Asiatic trade, 1620–1740*, Copenhagen/The Hague 1958, reprint The Hague 1980, pp. 73–90, 294–300。关于亚洲胡椒贸易的概况调查，参见 J. Bastin, *The changing balance of the early Southeast Asian pepper trade*, Kuala Lumpur 1960. 转引自 C. J. A. Jörg, *Porcelain and the Dutch China Trade*, p. 76。

① 转引自 C. J. A. Jörg, *Porcelain and the Dutch China Trade*, pp. 76–77。
② I 1794 第48号文件。

对于表 8 中各种货币、重量与长度单位的换算，刘勇已做了说明：

> （荷兰商馆的）簿册按要求依规定格式记载使用了大班与中国商人交易时必要用到的中国文、分、钱、两等货币单位和担、斤、两等重量单位，并对其与荷方计量单位的转换进行了规定。此外，簿册中还对时下在广州贸易中普遍使用的西班牙银元及墨西哥银元与荷兰银元和中国银两之间的换算做出相应的规定。正常贸易季中，1 担重量等值于 122.5 荷磅，广州市场上通用的西班牙银币（俗称 piece of eight）1 里亚尔（约为 2.4-2.5 荷盾）等值于 0.72 或 0.74 两。① 另外，1 荷尺约等于 69 厘米。

当年荷兰商船运到广州最主要的两种商品胡椒与锡的售价与利润见表 9。②

表 9　胡椒与锡的售价与利润

600000 荷磅胡椒	（约合）4847 担 96 斤		
减去 2% 的补偿	97 担 96 斤		
余下 4800 担	13 两/担		62400 两
减去 2% 的税率（Chinase ongelden）		1248 两	
余下			61152 两
减去购入成本			21240 两
利润/利润率			39912 两或 188%
4800 担售价 11 两/担，是减去了成本之后的单价			
纯利润			30508 两或 143 $\frac{18}{21}$%
假如现在胡椒今年的售价是 13 两/担，则公司多挣			9409 两或 44 $\frac{8}{21}$%
939844 荷磅锡	（约合）7672 担 19 斤		
减去 1/8% 补偿	9 担 59 斤		
余下 7662 担 60 斤	13 $\frac{1}{2}$ 两/担		103445.1 两
减去 2% 的税率			2068.902 两
余下			101376.198 两
减去购入成本			65240.837 两
利润/利润率			36135.361 两或 55 $\frac{1}{3}$%
减去所有成本后得出 7662 担 60 斤			32380.687 两或 49%
假如现在今年锡的售价是 13 $\frac{1}{2}$ 两/担，则公司多挣			3754.674 两或 6 $\frac{2}{3}$%

---

① 参见 Particulier instructie （10 oktober 1759），artikelen 16-17，VOC 4543；Kristof Glamann。 Dutch Asiatic Trade, pp. 50-51. 转引自刘勇《近代中荷茶叶贸易史》，中国社会科学出版社，2018 年 10 月（将出），第 58 页。
② Ⅰ 1794 第 48 号文件。

约尔赫指出，大班的贸易报告更多关注的是购进回程货物上。他们在各种附录中给出详细的信息，每艘商船的货物根据其类型、数量和价格，详细列在发货单上。大量的这些船运发货单被保存下来，其中有不完整或遗失的，他们能够从交易日记账等其他文件中拿出数据来补充。只有几艘船不能确实列出详情，因为只知道它们货物的总额。这批商船发货单跨越了1729~1793年间的整个时期，是中荷贸易史上独一无二的原始资料。从中，人们能发现购进的商品范围、买入什么货物、每种货物在购物总量中所占的份额、随着时间的进程这些方面发生了什么变化。根据每年的实际情况，荷兰商馆从中国购回的货物分为以下六组：茶叶，陶瓷，生丝（产自南京和广州），纺织品（丝绸和南京布），药品（土茯苓、良姜、八角、西米、大黄、姜黄）和杂项（金、漆器、绘画墙纸、扇子、水银），还有用作压舱物的商品（锡、铅、锌、苏方木、藤）。[1] 约尔赫在书中附录8以精简的形式给出1729~1793年从广州运回荷兰的各种中国商品的费用及在当年对华总贸易额中所占的百分比。1793年的数额如表10所示。

表10　1793年从广州出口荷兰的各类商品

商品	金额（荷盾）	占比（%）
茶	2150190	79.2
瓷器	61842	2.3
生丝	52833	1.9
布料	237848	8.8
药品及其他	64156	2.4
压舱物与花费	147920	5.4
总计：2714789		100

然而他没有提供1794年的相关信息，原因是无法从该年度的贸易档案中找到足够的信息。所幸刘勇在其研究的附录二中提供了1742~1794年荷印公司在广州采购茶叶的相关数据，1794年购入的茶叶种类、数量与单价如表11所示。

---

[1] C. J. A. Jörg, *Porcelain and the Dutch China Trade*, p. 77.

表 11　1794 年荷印公司在广州采购的茶叶①

种类	数量（荷磅）	占比（%）	购买价（荷盾/荷磅）
武夷	158598	5.28	0.43
工夫	1558698	51.87	0.57，0.65，0.70，0.74，0.79，1.01，1.11，1.22
拣焙	863850	28.75	0.77，0.81，0.86，1.08，1.11，1.19，1.29
小种	325330	10.83	0.75，0.79，0.84，0.86，0.88，0.92，1.01，1.15，1.62，1.69，1.72，1.80，1.90
白毫	14502	0.48	0.97，1.76，2.51，2.87
屯绿	7110	0.24	未知
熙春	38736	1.29	2.16
熙春皮	32830	1.09	1.08
珠茶	2712	0.09	2.51
珠兰	2651	0.08	3.59

这些茶叶分别从万和行蔡世文、同文行潘有度、源顺行伍国钊、怡和行伍秉钧、达成行倪秉发②手中购得，具体种类、品牌、数量与价格如表 12 所示。

表 12　1794 年荷印公司从广州行商手中采购的茶叶

种类	品牌	箱子数量	售货行商	价格/担
武夷		332 整箱、400 个二分之一箱	五名行商	12 两
工夫	Hinglaan	689 个四分之一箱	乔官（伍国钊）	31 两
	Taayhongh	567 整箱	同上	同上
	Sjuunmie	814 整箱	潘启官（潘有度）	…
	Mouwhing	512 整箱	同上	同上
	Wonghungh	200 整箱	同上	同上
	Sjusing	362 整箱	文官（蔡世文）	同上
	Saanhang	358 整箱	同上	同上
	Sanki	600 整箱	同上	同上
	Sooymie	306 整箱	同上	同上

---

① 转引自刘勇《近代中荷茶叶贸易史》，中国社会科学出版社，2018 年 10 月（将出），附录一，第 207 页。
② 这五名行商的排行根据马士《东印度公司对华贸易编年史》1793 年与许地山《达衷集》1795 年的数据，参见梁嘉彬《广东十三行考》，广东人民出版社，1999 年，第 290~291 页。

续表

	品牌	箱子数量	售货行商	价格/担
工夫	Sinkie	338 整箱	同上	同上
	Mïlie	345 整箱	同上	同上
	Singhmouw	388 整箱	榜官（倪秉发）	同上
	Comshing	606 整箱	同上	同上
	Tsjoysangh	420 整箱	同上	同上
	Junfong	400 整箱	同上	同上
	Comshung	420 整箱	同上	同上
	Jishing	600 整箱	沛官（伍秉钧）	同上
	Tongwho	300 整箱	同上	同上
	Jiat	600 整箱	同上	同上
	Inmie	300 整箱	同上	同上
	Shang	600 整箱	同上	同上
拣焙	Utsjuun	1005 整箱	潘启官	33 两
	SintSjuun	906 整箱	乔官	同上
	Uuntsju	400 整箱	同上	同上
小种	Vongmoun	225 个四十分之一箱	文官	50 两
	Juun Moun	200 个二十五分之一箱	沛官	48 两
	Suun Moun	350 个四十分之一箱	同上	48 两
	Hihouw	36 个二十分之一箱	Tetqua	45 两
	Pouwjuun	314 个二十分之一箱	乔官	47 两
	Huijuu	98 个二十分之一箱	同上	53 两
白毫	Whoutt.	4 个四十分之一箱	沛官	80 两
	Verlak te kasjes	19 个十分之一箱	同上	70 两
	Tonhie	12 个二十分之一箱	同上	同上
熙春皮	Loeijing	84 整箱	潘启官	30 两
	Soyfoe	16 整箱	同上	同上
	Wansing	100 整箱	沛官	同上
	Sinkie	150 整箱	榜官	同上
		100 整箱	同上	同上
	Sanghie	60 整箱	乔官	同上
	Unkie	42 整箱	同上	同上

续表

	品牌	箱子数量	售货行商	价格/担
熙春	Whotaay	100 四分之一箱	文官	60 两
	Sooyhing	150 四分之一箱	潘启官	同上
	Guijsaang	100 四分之一箱	榜官	同上
	Juuntaaij	100 四分之一箱	沛官	同上
	Sonjok	114 个四分之一箱	乔官	同上
	Honghi	80 个五十分之一箱	同上	同上
珠茶	Comtsan	160 个十分之一箱	榜官	70 两
珠兰	Jessing	240 个十分之一箱	同上	100 两

应该指出，表中出现的"整箱""二分之一箱""四分之一箱"是指茶叶箱子的规格。源顺行伍国钊与怡和行伍秉钧有亲族关系，范岱克近年已有考证。① 他从多家东印度公司档案中钩稽出，国钊的名字最早出现在1772年，当时他是颜泰和行中的簿记（writer）。1780年瑛舍被流放伊犁后，他改在陈源顺家当簿记。1786年秉钧办怡和行，以沛官为商名。去世后，秉鑑在相当长一段时间沿袭其兄商名，接着沛官、浩官二名并用，最后才通知外商，统一使用浩官作为商名。梁嘉彬对伍家的事迹也有所考证，他根据《安海伍氏族谱》，认为其家族第一代从商者是伍秉钧与伍秉鑑的父亲伍国莹。而范岱克则认为伍乔官与伍沛官才是家族的第一、二代从业者。荷文档案中伍国钊的商名写成Kiouqua，范先生发现他的名字在其他东印度公司更多拼写为Geowqua或Kiauqua，即是"钊官"的闽南语发音，而不当写成"乔官"。国钊生卒年是1734~1802年，秉钧是1767~1801年，两人相差33岁，二人是叔伯与侄子的关系还是堂兄弟关系则仍待进一步考证。②

有文件显示1794年瓷器的购买与装载由商馆职员拉比内尔与斯坦因共

---

① Paul A. Van Dyke, *Merchants of Canton and Macao: Success and Failure in Eighteenth Century Chinese Trade*, Hong Kong: Hong Kong University Press, 2016. Chapter five, The Wu 伍 Family 1772-1802.
② 范岱克收集到的欧西各国东印度公司档案都提及沛官是国钊的兄弟，他因此认为国钊与沛官是堂兄弟关系。参见 Paul A. Van Dyke, *Merchants of Canton and Macao: Politics and Strategies in Eighteenth Century Chinese Trade*, Hong Kong: Hong Kong University Press, 2011, p. 266。

同负责。但目前只了解到荷兰商馆曾向瓷器商人 Suchin Kinqua[①] 询问一批药罐所得的报价见表 12，瓷罐需要在内地生产，目前尚不清楚这笔订单是否最终交付。因此当年瓷器的购销详情仍有待进一步发掘。

表 12　1794 年商馆定制瓷罐的报价

规格/器形	价格（两）
1 盎司的小罐	0.01
2 盎司的小罐	0.015
3 盎司的小罐	0.025
4 盎司的小罐	0.05
5 盎司的小罐	0.06
6 盎司的小罐	0.08
12 盎司的小罐	0.15
1 荷磅的小罐	0.2
2 荷磅的小罐	0.28
3 至 4 荷磅的小罐	0.32
6 至 8 荷磅的小罐	0.38

小　结

1795 年 1 月 16 日，完成装货的四艘商船"暹罗"号、"华盛顿"号、"天鹅"号与"海莲"号在荷兰船队总指挥哈斯的带领下驶离黄埔锚地，在 11 艘英国商船陪护下计划经过马六甲海峡直接返回荷兰。之所以与英国船队结伴而行，目的是为了避开因荷法战争（法国在大革命期间入侵荷兰）而在东印度水域搜寻扣押荷兰商船的法国私掠船。"暹罗"号因为搭载荷使德胜来华，在 1795 年 5 月 10 日使团成员自北京回到广州后，该商船离港时已缴纳的各类税费共 8533.52 两白银得以退回。在这四艘商船中，"华盛

[①] 范岱克从丹麦亚洲公司的档案中辑出 1783、1784 年有瓷器商人 Suchin 一名，与丹麦人的瓷器销售额分别为 1725、1883 两；1784 年复有一名瓷器商人 Suchin Xinqua，与丹麦人的销售额只有 118 两。尚不清楚这两位 Suchin 与荷兰人笔下的 Suchin Kinqua 是否有关系。见 Van Dyke, *Merchants of Canton and Macao: Success and Failure in Eighteenth Century Chinese Trade*, p. 302。

顿"号与"天鹅"号的目的地是阿姆斯特丹,"海莲"号的目的地是泽兰,而"暹罗"号的目的地是代尔夫特,可见它们分别是由这几个商会资助的。虽然在英国船队的陪护下,这四艘荷兰商船平安驶离东印度水域,却在离荷兰不远的北海水域发生变故:"暹罗"号、"华盛顿"号与"天鹅"号偏离原目的地代尔夫特与阿姆斯特丹,最终抵达挪威;而"海莲"号被英国人扣押充公。1795年荷兰各商会仍旧派出四艘商船来华,分别是:阿姆斯特丹商会派出的"腓特烈王子"号(Prins Frederik)与"东宅"号(Oosthuijzen),泽兰商会派出"前滩"号(Voorland),鹿特丹商会派出"新地"号(Nieuwland)。但因荷印公司在1795年破产,这四艘商船最终滞留在巴达维亚,没有走完它们计划中的中国之旅。对比1794年从英国及印度来华、停靠黄埔的英国商船有47艘,美国商船有9艘,尽管广州荷兰商馆的新任大班还在用心地规划来年的商贸,殊不知公司的命运已经悄然走到了尽头。

清代中后期广州海幢寺的对外开放与中外宗教文化交流

陈 芸 王元林[*]

坐落于今广州海珠区同福中路与南华中路之间的海幢寺，位列广州"四大丛林"之冠，享有盛名。清代海幢寺，不仅是诗僧文人雅叙之地，也是两广总督外事接待庭园，还是乾隆末年准予停居十三行商馆区的西方人定期游散的休闲场所，西方人称其为"中国南方最著名的寺庙"，海幢寺在中外关系史上起过重要的作用。以往学者对海幢寺的研究集中在海幢寺的沧桑变迁[①]以及经坊刻书[②]，而有关海幢寺在中外宗教交流中的重要作用尚无专文论述。本文拟以清中后期"准夷人赴海幢寺游散"规定分析入手，探讨西方人对佛教的印象和清代广州海幢寺在中外宗教交流中的作用。

一 清代官方指定对外开放的岭南名刹

海幢寺是清代广州第一个向外国人开放的佛寺。作为官方指定来华人

---

[*] 陈芸、王元林，广州大学历史系暨广州十三行研究中心。
[①] 曾昭璇、曾新、曾宪珊：《广州海幢寺建设考》，《岭南文史》2001年第3期；林剑纶、李仲伟：《海幢寺》，广东人民出版社，2007；释新成：《海幢寺春秋》，花城出版社，2008；蔡鸿生：《广州海幢寺与清代"夷务"》，《广州海事录——从市舶时代到洋舶时代》，商务印书馆，2018。
[②] 如张淑琼《清代广州海幢寺经坊刻书与藏版述略》（《岭南文史》2012年第2期）与谢辉《德国巴伐利亚州立图书馆藏清代海幢寺刻经述略》（《国际汉学》2017年第2期）分别爬梳了清代海幢寺经坊刻经在伦敦大学亚非学院图书馆与德国巴伐利亚州立图书馆的藏书情况。

士的休闲场所，优越的地理位置自不待言。寺僧澹归曰："海幢之地，带珠江一水，近城郭而不嚣，入山林而不僻。"① 与光孝寺、六榕寺等广州名刹相较，海幢寺位处珠江南岸，与广州城隔江相望，环境清幽。有横水渡连通珠江两岸，加之与十三行商馆区隔江相望，较易吸引外国人士的目光。

海幢寺规模宏大，钟灵毓秀，是游览胜地。明末清初海幢寺原为郭家园，环境幽雅，光牟等募缘得地建佛堂。在兴建殿宇阁楼之时，兼顾花树种植、营造园林，故海幢寺既为寺庙又是园林，逐步形成了"古寺参云""飞泉卓锡""石磴丛兰"与"竹韵幽钟"等"海幢八景"。② 康熙十八年（1679）广东都察使王令《创建海幢寺碑记》云："海幢之壮丽不独甲于粤东，抑且雄视宇内……碧瓦朱甍，侵霄烁汉，丛林创建之盛，至是盖无以加矣。"③ 沈复《浮生六记》也称："海幢寺规模极大。山门内植榕树，大可十余抱，荫浓如盖。"④ 据林剑纶、李仲伟考证，清朝之时海幢寺规模约为今光孝寺的三四倍，北至珠江之滨，南倚万松岭、宝岗，东起现前进大街、牛奶厂街，西侧与海幢寺、伍家花园相邻。⑤ 海幢寺地阔清雅，成为官宦与雅人韵士结交酬唱之地，也成为旅游休闲与参佛之地。乾隆五十八年（1793），两广总督长麟首次在海幢寺为马戛尔尼使团接风洗尘⑥，次年又在此会晤荷兰使团⑦，至此，接待外国来宾的重任落在了山林郁葱、寺院宏伟的海幢寺身上，海幢寺亦成为广东官员举行外事活动的最佳场所。

在广州一口通商背景下，来广州贸易的外商日多。据考证，从乾隆十四年（1749）至道光十八年（1838）到达广州的商船共5390艘，后四十年

---

① （清）澹归和尚著、段晓华点校《徧行堂集》卷九《募建海幢寺疏》，广东旅游出版社，2008，第247页。
② （明）郭棐著、陈兰芝辑、王元林校注《〈岭海名胜记〉增辑校注》中王令所写《海幢八景》诗，三秦出版社，2016，第558~559页。
③ 《〈岭海名胜记〉增辑校注》，第550页。
④ （清）沈复：《浮生六记》卷四《浪游记快》，人民文学出版社，2010，第67页。
⑤ 林剑纶、李仲伟：《海幢寺》，广东人民出版社，2007，第8页。
⑥ 〔英〕斯当东：《英使谒见乾隆纪实》，商务印书馆，1962，第495页。(据《使节团在广州和澳门》一章载："使节团被招待住在西岸。馆舍共有庭院若干进，非常宽敞方便。……馆舍四周是一所大花园，有池塘及花坛多起。馆舍的一旁是一所神庙，另一边是一个高台。"）
⑦ （清）王文诰：《韵山堂诗集》卷一《长牧庵制府带同荷兰国贡使诣海幢寺接诏恭纪八首》，光绪十四年（1888）浙江书局刻本。

间来华贸易的洋船约占总数70%。① 因贸易需要与季风限制，每年四、五月至十、十一月，外商须停居广州半年。为防范外商与华人接触，乾隆二十四年（1759）订有"防范外夷规条"："夷船至粤销货后，令其依限回国。即有行欠未清，亦应在澳门居住，将货物交行代售，下午顺搭回国"，又"夷商到粤，寓歇行商馆内，稽查管束，不许任意出入"，且凡夷商入行商贸，必"责成通事、行商报明管束，毋许纵令出外行走"，对洋商来广州贸易、居住与出行从严限制。② 马士称其为"限制外商自由之章程"③，致使外商集中聚居于十三行商馆区内。由于外商远洋而来，至广州后被限制在狭小的商馆之内，容易致病，英商波朗（Brown）禀求两广总督"查核或请准进城，或在城外指一个地方，或准骑马，或准步行"。④ 偏居珠江河南的海幢寺初具规模，与十三行商馆区隔江相对，且寺内景观极佳，适宜修身养性，可避免外国人与城内华人接触。虑及此，乾隆五十九至六十年（1794~1795）四月两广总督批准："该夷等锢处夷馆，或困倦生病，亦属至情。嗣后应于每月初三，十八两日，夷人若要略微为散解，应令赴报，派人带送海幢寺、陈家花园，听其游散，以示体恤。"⑤ 海幢寺正式对外开放，外境人士可在规定日期到此闲游。嘉庆年间，陈家花园荒废，《粤海关志》载嘉庆二十一年（1816）两广总督蒋攸铦奏折："酌定于每月初八、十八、二十八日三次，每次十人，人数无多……准其前赴海幢寺、花地游散解，夷人每次不准过十人以外"，虽每月出游次数增至三次，但当政者并未放松对外国人的辖制，"限于日落时仍赴各口报明回馆，不准饮酒滋事，亦不得在外过夜"。⑥ 尽管受到条条框框的限制，外国商人、水手、传教士、外交家、艺术家都只能按例来海幢寺游赏。此后的海幢寺，不仅是西方人游玩散步的场所，仍继续作为接待外国人的"迎宾馆"。1816年英国阿美士德使团来华，次年1月1日到达广州即安顿于Homan Temple（河南寺，章

---

① （清）梁廷枏著、袁钟仁点校《粤海关志》卷二十四《市舶》，广东人民出版社，2014，第489~493页。(据《历代夷船来数附》，笔者统计：乾隆十四年至六十年，来华商船共计1504艘；嘉庆年间：来华商船共1905艘；道光元年至十八年：来华商船共1981艘。)
② 《粤海关志》卷二十八《夷商三》，第550~553页。
③ 〔美〕马士：《中华帝国对外关系史》（第一卷），张汇文等译，上海书店出版社，2006，第79~80页。
④ 梁嘉彬：《广东十三行考》，广东人民出版社，1999，第156页。
⑤ 许地山编《达衷集》（鸦片战争前中英交涉史料）卷下《粤督批英商啵啷所禀十一事件》，商务印书馆，1930，165~166页。
⑥ 《粤海关志》卷二十六《夷商一》，第519页。

文钦注指海幢寺)①,六日后两广总督长麟于海幢寺接见阿美士德勋爵,海幢寺在外事活动中所起作用亦日渐凸显。

清廷对来广州的洋商、传教士的自由一直有严格限制。道光十一年(1831),"防范外夷章程八条"奏准遵行,严令夷商居住商馆区内,不得擅自出入。道光十五年(1835)再订"增易防范外夷章程","夷人在夷馆居住,不准擅自出入……在馆居住夷人,只准于初八、十八、二十八三日,在附近花地、海幢寺散游一次,每次不得过十人,限申刻回馆,不准在外住歇",重申限制来华人士的居住与出游。②《晚清华洋录》描述当时美国传教士之女苏珊·京与其父母无法进入广州城游玩失落的心情:"1839年的六月尾,苏珊和她父母问致祥(著者曾祖父),他们可否进入广州城游玩……法例禁止外国人进入广州城。他们只能爬上商行的屋顶,远远眺望广州城内的风景。"③因不允外国人进入广州城内,此项规定在鸦片战争之后一直未有改变。由于第二次鸦片战争商馆区毁于一旦,外商、传教士等迁居旧商馆区对岸的河南地带,与海幢寺更是"近水楼台"。19世纪末,海幢寺还迎来了俄罗斯皇储——尼古拉二世,随行人员乌赫托姆斯基记录下1891年俄储参观海幢寺的日程:"天色渐晚。晚餐前太子殿下化名乘小船去了城市南郊的河南岛,参观那里的佛教寺庙 Hai-chwang-sze(海幢寺)。"④可见,虽然一口通商体系向条约口岸体系转变,但18世纪末至19世纪末,海幢寺一直承担着接待来华人士的重要职责,当时外国人将其视之为广州最重要的寺庙也就不足为奇。

得天独厚的地理环境、宏大的规模和清幽的寺院,是海幢寺成为清朝指定向外国人开放场所的重要条件,其声名远播于西方却是在广州对外贸易发达基础上当政者小心翼翼初步接触外界中促成的。海幢寺是清中后期除陈家花园、花地外,官方规定外国人定期可前往游览的宗教场所,随着西方人接连不断地造访,广州海幢寺成为商人、艺术家、传教士、政客等笔下不可或缺的素材,使更多外国人由此了解中国佛教。清代海幢寺的对

---

① 〔美〕马士:《东印度公司对华贸易编年史 1635–1834》(第三卷),区宗华译,章文钦校注,广东人民出版社,2016,第304~305页。
② 《粤海关志》卷二十九《夷商四》,第564~572页。
③ 〔美〕李士风:《晚清华洋录:美国传教士、满大人和李家的故事》,上海人民出版社,2004,第41页。
④ 〔俄〕埃·埃·乌赫托姆斯基:《俄储中国行》,载自伍宇星编译《19世纪俄国人笔下的广州》,大象出版社,2011,第213页。

外开放,恰是中西宗教交流和碰撞下将中国佛教推向世界的关键。

二 西方人认识中国佛教的重要窗口

在清廷管制政策下,海幢寺成为打开外国人视野的一扇窗户,当时来到广州的外国人对其寺貌有专门的描述。美国旗昌洋行大班亨特在《旧中国杂记》中特有一篇《海幢寺》,称"到商馆对岸河南的大庙一游,总是很有意思,这座庙宇是华南各省中最大最漂亮的寺庙之一"①,给予海幢寺很高的评价。英国来华摄影师约翰·汤姆逊描绘海幢寺之景:"踏着从江岸边一直铺至寺门前的宽阔的花岗石步道,进入绿树掩映的前庭,游览者会发现自己置身于一个宽敞的院落。"② 其笔法下的海幢寺风光生动细腻,使人有身临其境之感。杜宁在其著作《番鬼在中国》记述他从码头走入海幢寺门之时的心境:"当你通过一道只可容纳一人的小门后,你会大吃一惊,景象完全改观,接着刚才混乱的是一股庄严、宁静的氛围。"③ 前来海幢寺游览的来华人士均赞赏其亦寺亦园、静谧优雅的风光,他们长期被限制自由的苦闷在此得到暂时的缓解。而在他们描绘下的海幢寺也成为西方人了解中国佛寺的"敲门砖",艺术家们甚至以画作、照片的形式将中国佛寺的形象传到西方,其中著名画作有法国画家奥古斯特绘制的设色石版画《海幢寺》等,形象逼真。④

值得注意的是,18世纪末至19世纪末,来到海幢寺观光的外国人士在观赏景观之时,同时透过寺内僧侣的日常生活和宗教活动来看待中国的佛教。亨特记录了海幢寺僧每日诵经的场面:"每到晚上,和尚们,约有200~500人,聚集在三间一排的大殿上诵经。诵完经后全体绕场行走,一边唱着经忏,点着香,打着钟,最后在表示过去、现在、未来的三尊巨大描金佛像的中间那一尊前面行跪。"⑤ 来华传教士肩负传播基督教的使命,他们极为迫切地试图了解中国的佛教,而为基督教在中国的生存找到适合的途

---

① 〔美〕亨特:《旧中国杂记》,沈正邦译,广东人民出版社,1992,第188页。
② 〔英〕约翰·汤姆逊:《中国人与中国人影像:约翰·汤姆逊记录的晚清帝国》,徐家宁译,广西师范大学出版社,2012,第124页。
③ Downing, C. Toogood, *The Fan-Qui in China in*1836 – 1837, London: Henry Colburn, 1838. Reprinted Shannon: Irish University Press, 1972, pp. 8 – 9.
④ 广州博物馆编《广州历史文化图册》,广东人民出版社,1996,第115页。
⑤ 〔美〕亨特:《旧中国杂记》,沈正邦译,广东人民出版社,1992,第188页。

径，因此，他们对于海幢寺宗教活动的洞察力更为敏锐。英国传教士格雷在1873年的记载中描述了海幢寺僧的礼塔仪式："每一年的某些日子，僧侣都会虔诚参拜，在这些场合里，他们排列在塔的两旁，朗诵各种经文，礼仪颇为缓长，结束时，僧侣在殿宇外庄严地绕行三次。"① 美国第一位来华的新教传教士裨治文还关注到寺内僧侣的文化教育水平："现在寺院大概有一百七十位僧人左右……其中，只有少数的僧人受过良好的教育。"② 因此，在裨治文之后的传教活动中，教育和文化活动一直是重中之重，他开办的益智会，以"出版能启迪中国人民智慧的一类书籍，把西方的学艺和科学传授给他们"③ 为目标。

作为基督教、天主教的虔诚信徒，来华的西方人还会在海幢寺思考宗教间的共性，进行相互之间的交流。1877年，跟随传教的丈夫来到广州的格雷夫人，在寄给远在英国母亲的信件中提及海幢寺的"僧人们剃光的头和祷告时虔诚的仪态，更令他们看上去很像天主教的僧侣"④，西方人注意到僧人诵经的诚敬与天主教徒祷告时对上帝的尊崇颇为相似，说明他们开始认识到佛教与基督教之间的某种联系。恰如赖特所说："欧洲的早期基督教堂和中国的佛教寺庙在仪式上的相似之处是如此引人注目，以至于任何人都很难否认这种从基督教戒律和佛教戒律之间开始的相似性给传教士们的事业提供了激励。"⑤ 这些外国人士通过海幢寺认识到中国佛教与西方基督教的"相似性"，大概是指在欧洲宗教改革以前信徒需要遵循种种仪式和戒律的"因行称义"与印度佛教中国化的中国佛教中约束僧侣的"三皈五戒"有相通之处。传教士试图通过这种"相似性"搭建起佛教与基督教之间的桥梁，以此传播基督教的教义。正因如此，从更深层次了解中国佛教势在必行，马礼逊认为："佛教，特别是中国佛教，我们仍所知甚少……那些以向佛教徒和道教徒出版福音为职志的人们，应当对那些他们正努力颠覆的独特教义相当熟稔。"⑥ 而在当时广州的信教人群中，佛教信徒的比重最大，卫三畏在《中国总论》中记载："全广州共有多少男女宗教界人士，

---

① John Henry Gary, *Walks in the City of Canton*, Hong Kong: De Souza&Co, 2011, pp.49-51.
② Elijah Bridgman Coleman, *Description of the City of Canton*, Guangzhou, 1839, p.74.
③ *Chinese Repository*, vol.3, Guilin: Guangxi Normal University Press, 2008, pp.378-384.
④ 〔英〕格雷夫人：《在广州的十四个月》，梅贝坚译，香港茉莉花出版社，2011，第28页。
⑤ 〔英〕乔治·N.赖特、〔英〕托马斯·阿洛姆供图《帝国旧影：雕版画里的晚清中国》，泰传安译，中央编译出版社，2014，第81页。
⑥ *Chinese Repository*, vol.1, p.175.

无从确知,也许超过 2000(人),其中九成是佛教徒。只有三座基督教派的庙宇,他们的人数和影响远远不如佛教。"① 海幢寺对外国人的开放,给予传教士发现中国佛教与基督教之间共性的机会,基督教义及福音才能借此较快为华人所接受,加速传教士在华传教的步伐。

尽管西方人极尽笔墨地描述海幢寺及其宗教活动,致力于扩散基督教影响力的传教士们也在深入了解海幢寺的过程中寻找佛教与基督教的共通之处,但他们还是忠于自己的信仰,把了解佛教作为传播基督教的手段,并非全然理解中国的佛教。正如画家奥古斯特多次参观海幢寺所言:"无法理解为什么在这个民族居住的地方会有这么多的宗教建筑,他们看起来除了拜祭祖先就没有其他祭礼了,而除法律之外也就没有其他道德规范了;他们把身上的重负都转移到僧侣身上,要他们来请求上天,请下各位神仙。我无法抓住任何一个帮助我理解他们信仰的标志。"② 西方人有此认识,是不同宗教意识形态碰撞的结果,从侧面反映了中外宗教文化交流的过程,这与传教士试图将基督教传入中国受到阻力是一致的。

自乾隆末年海幢寺成为官方指定来华人士的活动场所,寺内寺外已到处有西方人活动的史迹,他们对海幢寺的理解也从景观极佳的一座佛寺到其背后代表的中国佛教,认识层面不断加深。此间,无论是不同宗教文化的融会贯通,还是对中国佛教的迷惑不解,中国佛教都在这些来华的西方人笔下为世界所知。

三 中国佛教走向世界的传播平台

当 18 世纪末至 19 世纪末来华人士将从海幢寺认识和理解的佛教传扬世界时,海幢寺也承担起宣传中国佛教的重任。

寺内的僧侣在传播佛教的环节中自是十分重要的主体,但他们绝非主动地、强硬地摆出佛教的一套教义强迫西方人去相信,而是持尊重而平等的态度与之相处。传教士格雷及其夫人在 1878 年曾参加海幢寺当选方丈授予圣职的典礼,格雷夫人《在广州的十四个月》中点明他们"收到一封来

---

① 〔美〕卫三畏:《中国总论》上册,陈俱译,陈绛校,上海古籍出版社,2005,第 116 页。
② 〔法〕奥古斯特·博尔热:《奥古斯特·博尔热的广州散记》,钱林森等译,上海书店出版社,2006,第 42 页。

自河南海幢寺当选方丈的红色请帖"①，表现了寺僧对于西方人之以礼相待。此外，格雷夫妇还在僧人们诵经之时造访海幢寺，恰逢教徒晚祷之际，"僧人们允许亨利在祷告时刻站到神龛的里面，这是给他最大的礼遇"②，反映了寺内僧侣对于异教教徒的包容。亨特亦曾谈及与"海幢寺内的'首席僧人'混熟了，有几次他请我们共进早餐或吃晚饭"③的情况，僧人们平等待人，不曾因宗教信仰不同而轻视他人。正是海幢寺能保持求同存异，才能将中国佛教传播到世界。

清代海幢寺传播佛教的主要阵地是亨特所称"一个内容充实的图书馆和一个印刷作坊"。④ 图书馆当时称为"藏经阁"，后改建为观音殿，《重修观音殿碑记》载："畴昔此间原为藏经阁，乃阿字和尚建自康熙十八年（1679），彼时本省臬台关中渭川王公为护法，至五十八年（1719）改作观音庙。"⑤ 格雷记述："这座殿宇（观音殿）的两旁放置好几座大书橱，书橱内则安放佛教经书。"⑥ 正好旁证了藏经阁改建观音庙的史实。且无论是昔日的藏经阁还是改建后的观音阁，因存有佛经以供借阅，均达到使来访者了解佛教的目的。现海幢寺也将这一传统延续下来，寺内设有图书馆（位于今海幢寺正门左侧），但参阅佛经已不置于观音殿内。

发挥传播更大作用的是海幢寺的印经坊，"在那里，教义被刻在木版上，木版不断地印出书来，用来赠阅或出售"。⑦ 又如格雷言："离云水堂不远是寺院的书局，或称为印刷局。在这个建筑内，为本寺或其他寺院印刷佛教经典……在经坊里的一间房子摆了不少的木架子，上面小心的排列数十块刻经木板。"⑧ 卫三畏亦称海幢寺内印刷室"规模可观，藏有书版，所印的书卖给信徒"。⑨ 可知印经坊约位于云水堂附近，清代海幢寺的绝大多数佛经都是在印经坊内印刷的。在此印刷出版的书籍，成为"海幢寺经坊本"，如唐代慧能撰《六祖大师金刚经口诀》、明朝德清著《般若波罗蜜多

---

① 〔英〕格雷夫人：《在广州的十四个月》，梅贝坚译，香港茉莉花出版社，2011，第218页。
② 〔英〕格雷夫人：《在广州的十四个月》，梅贝坚译，第28页。
③ 〔美〕亨特：《旧中国杂记》，沈正邦译，广东人民出版社，1992，第189页。
④ 〔美〕亨特：《旧中国杂记》，第188页。
⑤ （清）黄任恒著，黄佛颐校订，罗国雄、郭彦汪点注《番禺河南小志》卷七《金石志·重修观音殿碑记》，广东人民出版社，2012，第319页。
⑥ *Walks in the City of Canton*，pp. 57 – 58.
⑦ 〔美〕卫三思：《旧中国杂记》，第188页。
⑧ *Walks in the City of Canton*，p. 62.
⑨ 〔美〕卫三畏：《中国总论》上册，第114页。

心经直说》、清代道独的《华严宝镜》等,俱曾在海幢寺印刷刊行。清朝时海幢寺出版的经书、诗文集不在少数,但由于明末清初僧侣曾参与支持明朝政权,以致乾隆年间大兴文字狱时遭到损毁,十不存一。据《海幢寺春秋》依凭现有资料所考刻本有二十种①,实则远不止此数。即使如此,当时海幢寺印经坊内出版刻印的佛教经典、教义宣传的册子依然成为宣传佛教的有力武器。

海幢寺部分刊印的佛教典籍成为传教士收藏中国图书并带回自己国家,成为中外图书交流的重要部分。传教士马礼逊曾在《致特选委员会主席咸臣先生和其他委员的信》中提及:"为了丰富英国的中文文献,我想把我收藏的中文图书带回英国,并留在那儿;我的收藏总共有几千册,我请求委员会批准我携书乘船。"② 其请求得到允许,马礼逊的中文图书带回了英国。由于马礼逊多年在广州传教,深知佛教在中国宗教中的地位,又多次来往于海幢寺选购佛家书籍,因此其带回英国的中文图书中有不少是海幢寺的经坊本,现收藏并保存在英国伦敦大学亚非学院图书馆。据张淑琼统计,散藏世界各地约二十个图书馆馆藏海幢寺刻书 44 种,藏版书 82 种,伦敦大学亚非学院图书馆存有海幢寺刻书 13 种,藏版书 71 种③;在德国巴伐利亚州立图书馆由诺依曼从广州购得的文献,据考海幢寺刻本 28 种。④ 其中《诸经日说集要》《维摩诘所说经注》《佛说阿弥陀经疏钞》等多为佛教经典之作,海幢寺所印刷的刻书和藏版书流传海外,使中国佛教传播至世界。

海幢寺还借由外销画作为载体将其佛寺形象远传海外。在《大英图书馆特藏中国清代外销画精华》一书中,专有一卷为《海幢寺组画》,收录了90 余幅清代广州海幢寺的外销画,所绘正是清代官方指定外国人休闲的娱乐场所——海幢寺,同时全面展示了当时海幢寺的繁盛。当时来华人士笔下难以言说的海幢寺形象跃然纸上,画作远销海外,使西方人对于中国的佛寺有了直观的认识。这些画作不仅描绘海幢寺外的码头、雄伟的山门、寺内的总体布局、建筑结构,甚至连当时海幢寺放生社内的猪棚⑤都事无巨

---

① 释新成:《海幢寺春秋》,花城出版社,2008,第 290 页。
② 〔英〕艾莉莎·马礼逊:《马礼逊回忆录》第二卷,大象出版社,2008,第 119 页。
③ 张淑琼:《清代广州海幢寺经坊刻书与藏版述略》,《岭南文史》2012 年第 2 期。
④ 谢辉:《德国巴伐利亚州立图书馆藏清代海幢寺刻经述略》,《国际汉学》2017 年第 2 期。
⑤ 王次澄、吴思芳、宋家钰等:《大英图书馆特藏中国清代外销画精华》,广东人民出版社,2011,第 118~119 页。

细地记录下来。此外，还有描绘各种佛教建筑、寺内僧人生活、宗教活动等不同题材的画作，将佛教的故事传扬海外。由于这些多角度、全方位的外销画都是熟悉海幢寺的广州画家所绘制，集中捕捉海幢寺内独有的特色，又融合了中西风格，满足了西方人的需要，其更能在这些荟萃之作中了解中国佛寺及其背后佛教的内涵。

正因海幢寺图书馆与印经坊留存的大量宗教图册与外销画作中直观反映了中国佛寺形象，海幢寺从不自觉到自觉成为向外界传播中国佛教的阵地，成为展示中国宗教文化魅力的一扇窗户。

四 余论

由于海幢寺位于广州十三行商馆区珠江对岸这一特殊的地理位置，加之其规模宏大、环境清幽，在广州一口通商的背景下，为防止外国人与广州城内华人的接触，清廷选择向来华人士开放海幢寺，把外商、传教士、政客与佛教徒聚集一处，造就海幢寺成为中外交往的佳所，海幢寺这一佛家的幽雅之地竟成为广州最早向西方人开放的佛寺。西方人由此打开视野，关注到中国的宗教，与海幢寺的僧侣认知，而其中传教士很快在认识佛教的基础上思考中西宗教的共性，从而为他们的传教事业打下根基。海幢寺在18世纪末至19世纪初成为中外宗教文化交流的重要窗口而名垂史册。

广州十三行与海上丝绸之路综论

冷 东[*]

广州是海上丝绸之路的重要枢纽，广州十三行在国际商贸和文化交流活动中扮演了不可替代的角色。乾隆二十二年（1757）清朝实行"一口通商"政策，通过粤海关组建"以官制商、以商制夷"的行商队伍，十三行商馆区成为海外贸易和文化交流的中心。经过清政府的精心策划和逐步完善的广州十三行一方面体现了中国作为主权国家对中外贸易的管理；另一方面又产生了封建末世吏治腐败的种种弊端，西方侵略者长期以来不断破坏这一管理体制，最后通过鸦片贸易和鸦片战争摧毁了这一管理体制，并通过清政府签订中英《南京条约》等不平等条约，中国历史从古代向近代过渡，对外关系从亚洲藩属国向西方国家过渡，对外贸易从朝贡体系向条约体系过渡，改变了中国长期以来依托海上丝绸之路与外部世界开展和平交流、互惠贸易的局面，为中华民族留下惨痛的教训。

广州既是传统海上丝绸之路的重镇，始终伴随二千年海上丝绸之路的发展，也是建设 21 世纪海上丝绸之路的领头羊，广州十三行在国际商贸和文化交流活动中扮演了重要角色，是具有国际影响的学术领域、建设一带一路的重要支撑以及富有广州特色的文化资源。

一 广州十三行与海上丝绸之路的研究状况

20 世纪上半叶，国内外学术界开始广州十三行史籍整理和学术研究。

---

[*] 冷东，广州大学十三行研究中心。

既有梁廷枏《粤海关志》，在十三行商馆区出版的《中西洋考每月统记传》和《中国丛报》等中外文资料；也有陆丹林《广州十三行》，张德昌《清代鸦片战争前之中西沿海通商》、法国学者高第《广州之行商》，美国学者马士《东印度公司对华贸易编年史，1635－1834》，日本学者《广东外国贸易独占制度》《十三行》《广东十三洋行》等中外研究成果。代表作是1937年梁嘉彬出版的30余万字的学术专著《广东十三行考》。梁嘉彬身为广州十三行商的后代，具有对祖先历史的关注热诚和占有资料的独特优势，加之清华大学治学和中山大学工作经历所奠定的严谨学风和扎实功力，辅以海外求学所拓宽的学术视野和外文资料的积累，使该书在学术界引起较大反响，成为学界研究广州十三行的必读书目。

新中国成立后至20世纪80年代，仅有彭泽益《清代广东洋行制度的起源》、汪宗衍《十三行与屈大均〈广州竹枝词〉》、梁嘉彬的胞兄梁方仲《关于广州十三行》等少数成果，但有关鸦片战争和买办阶层大量研究成果也涉及广州十三行的评价。同期广州十三行仍是国外学术界关注的重点，乃至产生了一部巨著——法国的路易·德尔米尼的博士论文《中国与西方：18世纪广州的对外贸易》，全书5大卷，约400万言。此外广州十三行出口的外销艺术品也是国外学术界关注的热门领域，《十八世纪中国的外销艺术》《中国贸易中的外销画、瓷器、家具等商品》等都有较大影响。

20世纪80年代至今，广州十三行研究逐渐升温，出现了一次次颇具规模的研究热潮。主要表现为《广东十三行考》《东印度公司对华贸易编年史》《广州"番鬼"录》等著作出版或再版；《清宫广州十三行档案精选》《葡萄牙东波塔档案馆藏清代澳门中文档案汇编》《叶名琛档案》等资料出版；学者们开始从不同角度展开研究和探讨，出版了章文钦《广东十三行与早期中西关系》，黄启臣、梁承邺《广东十三行之一：梁经国天宝行史迹》，李国荣、林伟森《清代广州十三行纪略》等学术著作一百余部；发表彭泽益《广州十三行续探》，汪敬虞《是住冬还是住夏——关于鸦片战争前广州外国商人的"住冬"问题》，隋福民《清代"广东十三行"贸易制度演化》，萧国亮《清代广州行商制度研究》，张简《"十三行"名称由来考》，黄福才《鸦片战争前十三行并未垄断中外贸易》，李金明《清代经营海外贸易的行商》，张荣洋《广州的行商》，陈国栋《中国行商的破产（1760～1843）》等论文一千余篇；此外在澳门、粤海关、历史、地理、军事、宗教、社会、生活、文艺等领域的研究均日趋细化。此外，广州十三行研究学科建设也取得了成绩，政府部门逐渐重视，科研基地和科研机构相继成立，档案文献信息资源中心建成，社会及学术活动日益活跃，电视媒体介入宣传，文学戏剧开始创作，博物馆、档案馆参与宣传展览。广州十三行已经成为具有世界意义的历史文化遗产，也是具有国际影响的学术领域，但与传统海上丝绸之路的关系还有待深入研究。

不能回避，在对十三行的总体评价、性质定位上学术界还分歧明显，如历史学家朱希祖先生认为：十三行在中国近代史中，关系最巨，以政治而言，行商有秉命封舱停市约束外人之行政权，常为政府官吏之代表，外人一切请求陈述，均须有彼辈转达，又有唯一之外交权；以经济而言，行商为对外贸易之独占者，外人不得与中国其他商人直接贸易。此等特殊制度，无论中国外国，皆蒙不利，鸦片战争，即为击破此种外交制度及通商制度而来，自此一战，中国一蹶不振，外交经济，皆为不平等条约所束缚，百年以来，皆受十三行所贻之祸。[①] 相当多的学者对十三行持否定或批判态度，如认为十三行与鸦片走私有关，导致鸦片战争，使中国沦落到屈辱的百年近代史，把十三行视为清朝实行"闭关自守"的产物，与当时世界历史的发展方向背道而驰，十三行的繁荣鼎盛是以牺牲沿海各港口的贸易作为代价取得的，阻碍了中国对外贸易的发展，成为加剧中外冲突的直接原因之一，十三行本身也成为清代封建外贸制度的牺牲品。还有十三行是否走私鸦片和导致鸦片战争？如何解释十三行商累遭破产、抄家、下狱、充军的厄运和"传及三代，堕落不堪"的命运等，都未在学界达成共识。从研究成果分析，20世纪80年代前梁嘉彬《广东十三行考》主要考证行商沿革，为研究十三行奠基性代表作，虽有缺陷但迄今无人超越。此前少数成果集中在起源、名称等专题考证。其后研究成果增加，多为评述介绍，诸如运行体制、起源、名称仍众说纷纭，缺少高质量的学术成果。少数人物及家族研究限于一般性介绍，缺少十三行行商全面学术研究。海外研究成果（包括港澳台）在外文资料和原始档案利用上具有优势，专题考证颇具功力，与海洋文化研究结合的方法值得借鉴，但主要集中在经贸、传教士及外销艺术品研究等领域，而且多未翻译成中文，影响有限。可见虽然十三行研究取得了一定成绩，仍有待深入，任重而道远。

广州十三行的历史局限是明显的，但它是在中华传统社会基础上产生

---

① 朱希祖：《广东十三行考·序》，广东人民出版社，1999年。

的，是与中国社会同步发展的，是在历史大变动中产生、动荡、发展和衰亡的，作为传统海上丝绸之路盛极而衰的记录和节点，记录了在中国封建社会后期中央与边疆、整体与区域、国内与海外关系、丰富多彩、千姿百态、耐人寻思，值得深入研究总结，并为21世纪海上丝绸之路建设提供历史参考。

二 广州十三行与海上丝绸之路的相互关系

一位中国学者说过："在中国历史上，不管国家处于何种状态，广州都是对外开放的。"[①] 由于独特优越的地理位置和自然环境，广州自古以来就是岭南地区政治、经济和文化中心，随着中外商贸往来日益频繁，广州成为中国重要的商贸重镇，在18、19世纪将传统海上丝绸之路推向高峰，促进了中外经贸繁荣，加强了世界文化交流，谱写了和平友谊篇章，奠定了城市发展基石。

中国是著名文明古国，海上丝绸之路承载着中华文明演绎了中西文明交融的一次次浪潮，丝绸之路、瓷器之路、茶叶之路依次展开。清代中期在国家政策的主导下，丝绸之路、瓷器之路、茶叶之路通过广州十三行三位一体地结合起来，深刻影响了世界范围的社会生活与制度变迁，改变了世界，也改变了中国。

（一）三位一体的国内枢纽

在1757~1842年近一个世纪中，广州十三行是清朝唯一特许的与西方国家进行贸易的专门机构，广州成为西方人士及产品进入中国的主要通道。清廷赋予十三行行商享有对外贸易的特权，凡茶叶、生丝、土布、绸缎大宗出口商品，只能由行商承办，"外蕃各国夷人载货来广，各投各行贸易……惟带去货物，令各行商公司照时定价代买"，"公行之性质原专揽茶、丝及各大宗贸易"。广州成为茶叶、丝绸和瓷器之路国内集散枢纽。

1. 清代茶叶之路

人类离开水就不能生存，解决了水的基本需要，人类离开饮料就不能满意地生活。中国是著名茶的王国，茶及其衍生的茶文化发端于神农、闻

---

① 李庆新：《濒海之地：南海贸易与中外关系史研究》，中华书局，2010，第6页。

名于春秋、兴于唐宋、极于明清,数千年薪火相传,不仅培育出诸多享誉世界丰富多彩的茶叶品种,也形成了源远流长、内涵深邃的茶文化。在中国茶叶的吸引下,在长达两个世纪的时间里,欧美国家要跨越25000英里几乎半个地球的距离,耗时半年航行时间,来中国进口这种"东方树叶"和"神奇小草"——茶叶。茶叶成为中国出口商品的第一大宗,目的地只有一个广州十三行。难怪有人把茶叶贸易比作"东印度公司商业王冕上最贵重的宝石"。

北纬27~30度之间是中国皖南、浙赣和闽浙交界的重峦叠嶂之地,由于得天独厚的地理环境和气候条件,成为茶叶之路的源头。浙江、安徽的绿茶,福建的乌龙茶,每年经由水路运往广州通过十三行行商出口,品种不下10种。中国外销茶的流通环节已经形成完整、分工明确的三位一体生产流通体系,基本转运程序是:茶农—茶商—十三行。

绿茶主要产于松萝山西北端的徽州以及婺源,由此而产生了绿茶的名称"松萝茶",而松萝山正是将安徽与浙江分隔开的山脉。绿茶的主要市场是小城钱塘,距杭州36公里,从那里再沿桐江向西南方向驶去,经过396公里的航程之后,便到达了江西省边境上的常山。茶叶从那里卸船之后,又由脚夫搬运而翻过群山,然后到达玉山,再经水路航行66公里的短程之后,便到达河口镇。绿茶与黑茶在那里汇合,再分别取道山路和江河航路,直赴广州。可见,中国茶叶海外贸易的转运过程,促进了地区之间的经济联系,带动了过境地区经济的发展,也促进了国内交通网络与海外市场的衔接。

2. 清代丝绸之路

中国是世界上最早发明养蚕业的国家,丝绸是中华民族的伟大贡献,并通过丝绸之路传播到世界各地。丝绸自古以来就是中国对"西方"输出的重要产品,其影响深远,并由此而产生了陆上和海上丝绸之路,成了中西交通的两条大动脉。西方世界了解中国,首先是从丝绸开始的,美丽神秘的中国丝绸使西方社会为之倾倒,丝绸一度成为西方世界最昂贵的奢侈品之一。[①] 清代中期,丝绸及生丝是海外贸易中的大宗商品,为广州十三行所垄断,对西方社会及中国社会均产生了重要影响,也衍生了中西丝绸文化交流的丰富内容。

---

① 刘方文:《海上丝绸之路与广州十三行》,《广州蚕业》2000年第1期。

清朝政府实行的丝绸专营垄断制度，全国各地的丝绸及原料均要运到广州后出口，或在广州加工成丝制品后再出口，客观上促进了商品经济的发展，形成了统一的丝绸业国内市场。乾隆二十四年（1759）李侍尧奏疏中称："惟外洋各国夷船，到粤贩运出口货物，均以丝货为重。每年贩运湖丝并绸缎等货，自二十万余斤至三十二三万斤不等。统计所买丝货，一岁之中，价值七八十万两，或百余万两。至少之年，亦买价至三十余万两之多。其货均系江浙等省商民贩运来粤，卖予各行商，转售外夷，载运回国。"① 可见以广州为中心的丝绸市场规模之大。

每年的新丝上市季节，江南产区丝绸商人云集，一派繁忙景象。② 丝绸商以粤商为多，所以江南地区多设有专门接待粤商的"广行"。③ 粤商资金雄厚，收买丝货后远销到广州，"买丝银两，动至百万，少亦不下八、九十万两。"④ 江南民谣称："街头五月卖新丝，奠价无烦设市丝。今日广南来大估，月明侑酒唱歌儿。"⑤

除粤商将江南丝绸产品大量运销广州，江南丝绸商也成为丝绸商品市场的重要组成部分，江南生丝或丝织品也通过江浙本地商人贩运到广州再出口，"苏、杭二处走广商人贩入广者不知凡几"。⑥ 如浙江双林镇上有数以千计的大小丝商，"土客总之，吾镇贸易之人衣食于此者，十居五焉。"⑦

除了生丝原料，江南地区的丝织品也是国内丝绸市场的重要内容。苏州、杭州、南京等地的原料生丝也多由杭嘉湖地区蚕丝专业市镇提供，南浔镇的丝织品多卖到苏州，所谓"白丝缲就色鲜妍，卖与南浔贾客船。载去姑苏染朱碧，阿谁织作嫁衣穿。"⑧ 南京的丝织业发展更快，所产"江绸""贡缎"驰誉全国。苏杭等地的丝织品除了供应官方享用外，也有很大部分流通到广州，经行商转手出口。如南京绸缎"南越五岭、湖湘"，⑨ 而苏州

---

① 李侍尧：《奏请将本年洋商已买丝货准其出口折》，《粤海关志》卷25，第492页。
② 转引自刘石吉《明清时代江南市镇研究》，中国社会科学出版社，1987，第45页。
③ 转引自王元林、范招荣《清代中后期外销丝货的国内流通与十三行在外销丝货中的作用》2011年"广州十三行与清代中外关系"国际学术研讨会文集，第174页。
④ 陈学文：《湖州府城镇经济史料类纂》，浙江省社会科学院，1989，第63页。
⑤ 茜攀龙：《浔溪竹枝词》，转引自蒋猷龙《浙江省丝绸志》，方志出版社，1999，第493页。
⑥ 陈学文：《湖州府城镇经济史料类纂》，第63页。
⑦ 陈引自李绍强、徐建青《中国手工业经济通史（明清卷）》，福建人民出版社，2004，第380页。
⑧ 沈树木：《城南棹歌》，转引自咸丰《南浔镇志》卷24《物产》。
⑨ 同治《上江两县志》卷下《食货》。

则"远连交广，以及海外诸洋，梯杭毕至"。①

江南丝绸及原料转运至广州有内河与海运两条路线，为防止走私以及考虑海运风险，清朝政府"禁止一切本国船只将丝茶由海路运往广州"②，所以江南丝绸及原料均通过内河转运到广州，基本路线是沿长江到江西鄱阳湖，再通过赣江到达珠江，江西成为江南与广州"丝绸之路"的枢纽。丝绸商"挟重赀以邀厚利，走番舶而通百蛮，必先经赣关"。③ 广州则地处珠江口，有东江、西江、北江等珠江水系流通广东全省。广州作为丝绸贸易中心，国内形成珠江通赣江入长江，转京杭大运河可联系江南及北京的交通网络；国外形成珠江通南海，与东南亚及世界的贸易网络，成为清代丝绸贸易国内外交通中心。

3. 清代瓷器之路

中国是瓷器之国，中国古代瓷器初创于商代，东汉时期成型，唐至两宋辽金，名窑遍布全国，品种多样，各有市场，难分伯仲。元明以后，陶瓷地理分布格局发生变化，明代宋应星《天工开物》中称：陶瓷精美者，中国惟五六处，北则真定州平凉华亭、太原平定、开封禹州，南则德化、姿源、处州等地。"若夫中华四裔驰名错取者，皆饶郡浮梁景德镇之产也"。④ 考古发现表明，明清虽然还有一些产地在制造各类不同的陶瓷器，但在质和量上都无法与景德镇制品抗衡。到明代中期以后，景德镇的瓷器几乎占据了全国的主要市场，其他地区的窑场生产都处于次要地位。清代景德镇的瓷都地位更为突出，除了宫廷用瓷外，社会上的民间用瓷几乎绝大部分由景德镇供应，从制坯、装饰、施釉到烧成技术都达到高峰，中国瓷器的制造工艺及艺术价值在人类社会实践以及艺术创造中，都占有极高的地位。中国的瓷器，已经成为中国的外销名片，欧洲社会的白色黄金。

当时，江西景德镇的瓷器运输到广州，先从景德镇启航，溯赣江而上，经江西的清江、吉安而到达赣州，然后从江西越过大庾岭，到达广东的南雄，再从南雄顺北江而下，经韶关、英德，最后到达广州。

可见，在清代"一口通商"政策制约下，茶叶、丝绸和瓷器大量商品

---

① 苏州历史博物馆等编《明清苏州工商业碑刻集》，江苏人民出版社，1981，第331页。
② Chinese repository, vol. Ⅷ, 1839 年 7 月，第 144~149 页，转引自姚贤镐《中国近代对外贸易史资料》中华书局，1962。
③ 乾隆《赣州府志》卷《关隘》。
④ （明）宋应星：《天工开物》。

通过广州出口，对中国社会经济产生深远影响。中国商品海外贸易在国内的转运过程，必然促进了地区之间的经济联系，带动了过境地区经济的发展，也促进了国内交通网络与海外市场的衔接。江南地区生产的丝绸及生丝原料为海外市场所青睐，外国商人需预付一半以上货款，以便十三行商在江南采购①，而且运输遥远，时间漫长，价格也增长，这也促使海外商人对质量更加严格。而其连带效果则是促使江南地区不断发展技术，促进了丝绸业的进步或由客商运来广州售给行商，再由行商转售给外商。十三行商多从江南进货，也促使江南丝绸生产各环节进一步提高质量。如清代江南地区养蚕技术大有提高，养蚕各个环节分工越来越明确，出现了专门的蚕种市场，将最优的蚕丝用来出口②，也促进了国内交通网络与海外市场的衔接。

当然这条三位一体的道路也有很大的局限，清政府把西方国家来华贸易严格限定于广州，而不是茶叶、丝绸和瓷器的主要出产地。这些产地距离广州十分遥远，如瓷器是易碎品，除小段陆路，运送瓷器一般是通过走水路转运至广州的，路程非常艰险。江南距离广州遥遥千里，往返需要三四个月，而在上海出口仅仅需要数天③，经由广州出口所费时间是由上海出口的数十倍之多。长时间的跋涉导致巨大的损耗，"如生丝一项，由产区运粤之路程，较之运沪遥至十倍，而运费增益及利息之损失等，估计之数，约达百分之三十五至四十之多"。④ 长距离的转运过程虽然间接促进了地区之间的经济联系和过境地区经济的发展，但并非经济发展的自然规律，制约了国内丝绸业、茶叶和瓷器业的发展。

（二）三位一体的国际运输

当海上东北季风盛行的冬天到来，欧美商船船舱满载中国商品放洋西归，如何装载船舱成为重点考虑的问题。

从重量上，瓷器是最笨重的，也是最易碎的。北宋以来，采购瓷器几乎是每艘外国商船返程计划的一部分，这是因为瓷器是远洋商船最理想的压舱货物，它重量大不怕潮，装载在船舱底部，既可防止丝绸、茶叶受损，

---

① 〔美〕马士：《东印度公司对华贸易编年史》，区华译，朴树惠校，1991，第477页。
② 浙江丝绸工学院、中国丝绸工作情报站编《浙江丝绸史料》，第134页，1978年刊行。
③ 《上海丝绸志》，上海社会科学院，1998，第38页。
④ 转引自《上海丝绸志》，第40页。

又保证了船只的平稳航行。对于瓷器这种易碎品，海上运输较之陆路转运，能大大减少它的损坏率。① 但是也不尽然，例如荷兰商船在购入茶叶后，必须由欧洲人重新包装。为此，人们将使用坚固的箱子，或用铅皮包着的箱子。每艘商船回荷兰的航行历时超过八个月：在船的底部放着装茶的箱子，上面压着瓷器货物。②

从比例上茶叶为最大成分，占据了所有驶往中国商船回程运货量中的70%~90%的比例，正是茶叶将欧洲船队引向了中国，装满其船舱的其他商品仅被作为拼盘的配料。③ 茶叶"不仅是当时广州对英国的首要出口货，也是对一切国家的首要出口货"。④ 茶叶贸易所占商品总货值的比例相当大，嘉庆二十二年至道光十三年（1817~1833），广州出口的茶叶货值达到193132325银元，占同期出口商品总货值318301541银元的64%。⑤ 鸦片战争后，茶叶出口贸易依然居首位，道光二十六年（1846），广州出口茶叶货值达到17199374元，占同年广州出口货值23198493元的74.14%。⑥ 包装完好的茶叶不会变质，过去，有时为了凑齐一船货，货船要在广州花费一年时间，并且又要经一年才能抵达伦敦，接着又要存储一年，用手摸摸，再尝尝，这批三年的陈茶和三个月的新茶没什么区别。1955年，一个茶商发现一桶密封的茶叶，这属于他祖父，他的祖父死于1840年的鸦片战争，115年后，这茶依然完好精致，与现代的茶没有丝毫差别。1745年9月，瑞典商船"哥德堡号"即将完成她的第三次中瑞航行，驶入哥德堡港。然而就在离岸约900米远的家门口触礁沉没！1984年"哥德堡号"沉船被考古工作者发现，由于茶叶封装良好，一些茶叶打捞出来后，还可以闻到迷人的芬芳，完全能够饮用！

从价值上和重量上，丝绸最轻也最为昂贵。外商青睐的"细、圆、匀、坚"和"白、净、柔、韧"的上等生丝和优质丝绸，通常会放在商船货舱的顶层，仔细保管。

---

① 余春明：《中国名片——明清外销瓷器探源与收藏》，三联书店，2011。
② 包乐史：《有臭味的茶叶》，冷东编《广州十三行文献研究暨博物馆建设》，世界图书出版公司，2015。
③ 斯当东：《英使谒见乾隆纪实》，笃义译，商务印书馆，1963，第496页。
④ 严中华：《中国近代经济史统计资料选辑》，科学出版社，1955，第10页。
⑤ 黄启臣根据马七《东印度公司对华贸易编年史》第4卷参考数字推算。见黄启臣《广东商帮》，黄山书社，2007，第52页。
⑥ 彭泽益：《中国近代手工业史资料（1840—1949）》第一卷，中华书局，1962，第490页。

诸多商品混装在一起,也促进了商标的发展。十三行行商最先接触到西方近代经济模式中的商标方式,例如"联合东印度公司"的商标是两个支柱穿过一条心,4个空格中填入 V·E·I·C 4个字母①,这种新颖的商标在广州久负盛名,凡贴有这个商标的货品,买者不再启封查验,即可成交,原封流行帝国各地。②

受到西方商标的影响,十三行商迅速适应世界市场经济模式,寻找符合国际惯例并适合于中国市场的商标营销运作规律,积极创造出多种国际知名品牌,并应用到国际运输。潘氏行商同文行和同孚行以潘启官命名的茶叶商标"Poankeequa"驰誉欧洲市场,③ 在国际市场上以同文行字样包装的茶叶被视作最好的。④ 法国拉罗谢尔城奥比尼－贝尔浓博物馆收藏有一幅以通草纸绘制的中国外销彩画,作画时间约在19世纪20~30年代,画中有两个色彩亮丽的长方形销往欧洲的茶叶箱⑤,赫然印有"同孚名茶"四个大字。这种"商标"的茶叶在海外市场也是价格的象征。

伍氏行商怡和行以高质量的茶叶和良好的信用誉满海内外,也采用在茶箱上加印店号标记的办法,既作为商品的标识,也作为商号的宣传。在世界各地"行销着一种以他的行号为商标的质量甚佳的箱装茶叶"。在美国,凡带有伍怡和图记的茶叶,就能卖得起高价"。⑥ 伍怡和行所供应名为"Lap"的茶叶,曾被英国公司鉴定为最好的茶叶,卖出高价。⑦

广州的外销瓷多是商人从江西景德镇购买的大批白瓷,另雇工匠在广州根据国家市场的需求,仿照西洋画法制成彩瓷,然后售往海外。为使自身的商品名扬海外,并防止别家假冒,在广州加工瓷器的商人往往加上了自己的店号。"在1750年代和1760年代里,多家小瓷器经销商通过叶义官的'广源行'经营生意。瓷器与瓷器商的名称很好辨认,经常带有汉字'昌'在里面,'昌'是富有和昌盛的意思。一些由叶义官授权的精品店的

---

① 联合东印度公司之缩写,拉丁文 U 作 V。
② 〔美〕威廉·亨特:《广州"番鬼"录》,冯树铁译,广东人民出版社,1993,第22页。
③ C. J. A. Jorg. Porcelain and the dutch China Trade, the Hague, 1982, p.71.
④ 周湘:《广州外译行高人》,广东人民出版社,2002,第54页。
⑤ 陈玉环主编《西方人眼里的中国情调:伊凡·威廉斯捐赠十九世纪广州通草纸水彩画》,中华书局,2001,第19页,彩图21。
⑥ William C. Hunter, the "Fanlewag" at Canton, pp. 48 - 49; Foster Rhea Dulles, The Old China Trade, pp. 128 - 129. 转引自章文钦《广东十三行与早期中西关系》,广东经济出版社,2009,第50页。
⑦ The Management of Monepoly. 122 - 125.

店名是：瑶昌，聚昌，裔昌，广昌"。① 1782 年成为行商的瓷器经销商杨丙官，在他自己成为行商之前也是以广源行的名义经销商品。

在丝绸及生丝贸易中也可以看到商标的雏形，在一幅绘有"广泰森"丝厂的外销画中，广泰森丝厂门前雇工们装运的丝袋上加印了"广益""和意"等字样，并有阿拉伯数字编码，具有明显的商标色彩。

在当时条件限制下，漫长的国际运输也有很多不利情况。例如限于贸易季度的漫长和路途的遥远，运输过程中也会出现较大幅度地破损，成本价格大大增加。

1774~1776 年一位荷兰的高级医生西结·伦巴德来到中国广州，考察中国茶叶从产地至欧洲的运输和存放问题后，提交了一份考察报告《从工夫茶和几种稍次的茶，到武夷茶，在从中国运到荷兰的过程中常常变质的原因分析，以及防止变质的最有效措施》，他得出这样的结论："中国苦力用脚将茶叶在茶箱中踩实时洒下的汗水或呼出的气体"是茶叶变质的罪魁祸首。然而这种解释只适合于普通质量的武夷和工夫茶。质量最好的茶情况不是这样，比如熙春茶，因为这种茶是小心地用手放到箱子里，而不是被踩碎。从九月至十二月这四个月间，当英、法、荷、瑞典和丹麦商船在广州河道（珠江）下碇时，许多中国苦力寻找打包茶叶和商船货物的工作。两三名苦力站在一起将茶叶在箱子里层层踩实，直至装满。在伦巴德看来，苦力们衣衫不整，"除了一条薄薄的短裤之外别无他物，裤子的长度不长，仅从臀部到膝盖以上一掌长短"。因此，汗液能顺着他们的大腿和脚滴到茶上。此后在漫长的回国航程中，茶叶会变质，成为有臭味的茶叶。

伦巴德郑重将论文呈送巴达维亚《科学与艺术学会》，但是此文被欧洲各国政府束之高阁。因为在欧洲各国政府看来，在炎热中装箱的问题没有那么严重，必须挑选肥硕的成熟苦力的主张简直是可笑的，不能设想一位高级医务员有办法从一群咕哝抱怨不已，等着开工的苦力中，根据体重挑选出一百名出来。假如那样做的话，无疑将引发整群人罢工抵制。更重要的是，此文会影响中国茶叶在欧洲的销路，使许多读者从此失去品尝一杯好茶的欲望。②

---

① 〔美〕范岱克：《广东叶氏商人（1720—1804）》，章远荣译，载谭元亨主编《十三行新论》，香港中国评论学术出版社，2009，第 104 页。
② 包乐史：《有臭味的茶叶》，载冷东编《广州十三行文献研究暨博物馆建设》，世界图书出版公司，2015。

无论如何，中华帝国生产的丝绸、茶叶和瓷器是海运货物的三位一体最佳组合，形成茶、瓷、丝的三位一体海外贸易，西方国家在与中国的贸易中，怕水而价值高的茶叶和丝绸放置船的中央，瓷器成为保持平衡的压舱品，这也是大帆船时代"海上瓷器之路"的魅力所在。

（三）三位一体的文明生活

西方世界了解中国，首先是从丝绸开始的，美丽神秘的中国丝绸使西方社会为之倾倒，丝绸一度成为西方世界最昂贵的奢侈品之一。[①] 中国丝绸及原料大量进入西方社会，深受西方社会的欢迎，引发西方社会"中国热"。丝绸不再是贵族阶层的专利，而进入平民百姓的生活，促进了西方社会的发展，刺激了欧洲丝织业在美术及技术方面的进步。[②] 丝绸丰富的色彩以及各种不同的编织方法再配以不同形式的花纹图案，形成一个色彩绚烂的感性世界，对西方社会同样具有重大的影响；丝绸在质感上柔软、舒适、细致的感受和清新、自然、轻盈等情感上的愉悦，也会对西方文化中的审美情趣产生潜移默化的作用。

中国瓷器胎质坚硬细密，表面釉料润泽透明，断面不吸水分，叩击声音清越，耐酸碱高温，和食物接触没有化学反应，器表光滑，容易清洗，不利于细菌的私附和繁殖。因此，作为生活日用品特别是饮食器皿最为适宜，具有任何其他材料所制器皿不可比拟的优越品质。因此，中国历史上长期向世界出口大量精良、实用的瓷器，对人类的饮食卫生和健康长寿做出重大的贡献。作为使用价值与艺术价值的完美结合，中国瓷器在欧洲曾被视为奢侈品、收藏品和珍贵器皿，一度是富裕和地位的象征。瓷器所表达的文化意境和艺术情趣影响了欧洲的时尚潮流，激发出欧洲启蒙思想家全新的想象力。西方艺术家以中国瓷器作为艺术品的典型材料，从路易十四时代凝重沉闷的"巴洛克"风格中解脱出来，开创出清新浪漫的"罗可可"艺术，在18世纪盛行于欧洲，它传递了一种中国式的纤细优雅情调。

在所有的饮料中，只有茶叶成功地征服了全世界。在世界各地茶叶无处不在，茶叶在世界上的消费超过了咖啡、巧克力、可可、碳酸饮料和酒精饮料的总和。比较其他饮料，酒精饮料在阿拉伯地区是受到禁止的，也

[①] 刘正文：《海上丝绸之终与广州十三行》，《广东蚕业》202年第1期。
[②] 刊奇温：《十八世纪中国与欧洲文化的接触》，朱杰勤译，商务印书馆，1962，第32、36页。

不适合妇女儿童饮用。咖啡、可可产量有限，价格偏高，不适合社会大众日常消费，而且味道苦涩，需要加糖，也无法满足大众口味；牛奶在冷冻设备和便捷快速交通工具发明以前也无法普及。而茶叶容易种植和生长较快，能保证足够的产量；口味为大部分人所接受；开水冲茶或煮茶不仅达到了消毒杀菌的作用，而且长期饮用对身体有益；价格比较便宜，能为中下层人民所接受。总之，茶叶进入世界后，占据了生活的核心位置，成为全球性的文明饮料。

18世纪以后，世界对中国丝绸、瓷器和茶叶的接纳和依赖改变了独立形态本质，向茶、瓷、丝的三位一体飞跃。在欧美社会生活中出现这样的情景，瓷器的价值得到了重估——它是贮存和品啜茶叶的最佳容器。茶汤在青花瓷盏里散发着热气，茶神站立在里面，犹如一位隐形的女神。茶叶和青花瓷的伟大结盟，得到古老的丝绸制度的声援。丝绸越过数千年岁月，继续扮演雍容华贵的角色。它是制作衣物、桌布和茶巾的原料，融入了奢华的饮茶制度，形成一体化的东方效应。这其实就是"瓷—茶—丝"的"三位一体"。瓷是茶的容器，而丝绸则是它的柔软服饰，犹如一个用弧线和S线构成的梦境，为洛可可（rocaille）风格提供非凡的灵感。瓷—茶—丝，此外还应当包括明代家具和亭阁，就是欧洲人展开东方想象的核心语词。在细腻的皇家骨瓷表面，浮现出英国本土的青色植物图像。英式青花瓷跟纯银茶壶、茶匙和蕾丝桌布，形成新的器物小组，它们进驻维多利亚风格的茶室，环绕在耳语的绅士和淑女四周，验证着他们的高雅趣味，代表着最高品质的优雅生活。"茶壶送进书房来时，房间里立即弥漫着沁人心脾的芳香。一杯茶落肚后，整个身心得到了极好的慰藉。绵绵细雨中散步归来，一杯热茶所提供的温馨美妙得难以形容"。①这是中西文明的伟大合作。

此外中国的香料、中药、家具、银器、漆器、珐琅器、雕刻品、扇子等商品，也无不通过广州出口世界，带来广泛深远的影响。商贸历来是双向互惠的，海上丝绸之路也通过广州将世界近代精神文明与物质文明传入中国。西方科技改变了中国认识世界的方式，西方钟表改变了中国传统的计时方法，西方医药改变了中国的传统中医，西方食品改变了中国的饮食结构。凡此种种，不胜枚举。

---

① 艾伦·麦克法学（Alan Macfarlan）：《绿金：茶叶帝国》，杨淑玲、沈桂凤译，汕头大学出版社，2006，第163页。

广州十三行与海上丝绸之路加强了世界文化交流。广州将中国丝绸、瓷器、茶叶传入西方社会，不仅引发了西方社会"中国热"文化潮流，也催生了中国广绣、广彩、广式钟表等文化交流的产物。通过广州，中国的文学、哲学、医学、戏剧、文字，广东的荔枝、凉茶传入世界，成为外国认识中国传统文化的平台。广州也成为西方文化进入中国的通道，西方传教士通过广州来华传教，西方的近代报刊在广州发行，西方的语言通过广州进入中国，交流创造出"广东葡语"和"广东英语"，造就了中国最早的翻译人才。中国的"人痘术"传入西方，再以"牛痘术"传回中国，解除了天花的威胁。西方医学、西方医院通过广州传入中国，改善了中国传统医学体系，有益于中国人民的健康。西洋绘画艺术从广州传入中国，产生了油画"东方蒙娜丽莎"和铜版画《平定西域战图》等杰出作品。

西洋音乐、西洋乐器和西洋乐理从广州传入中国，有利于中国音乐事业的发展。西方赛马、赛艇、击剑等体育项目从广州传入中国，有利于中国体育事业的发展。正是中外文化交流，使广州成为中外闻名的世界名城。

广州十三行与海上丝绸之路谱写了和平友谊篇章。和平、合作、友谊是中国海上丝绸之路的主旋律，在广州成为中外商贸中心的几个世纪里，吸引着来自世界各国的商船和人士，他们评价十三行商是笃守信用、忠实可靠的；广州市民是友好善良的。外国友人品尝着"食在广州"的美味佳肴；欣赏着"美在花城"的良辰美景。外国人士居住的十三行商馆区是当时中国最富有活力和特色的城市街区，成为享有世界声誉的广州城市地标。为纪念瑞典与广州的贸易和文化交流，在哥德堡号商船远航广州260周年之际，瑞典仿造古船重返广州黄埔，瑞典国王亲临现场，盛况空前。1784年，刚刚独立的美国派"中国皇后号"商船首航广州，开启了中美贸易大门，返航后带回一只绘有中国飞龙图案的茶壶，被美国开国总统华盛顿珍藏。19世纪初期，从广州出发的商船装载着名贵的中国月季花，为了保证这批珍贵的月季花运到欧洲，英法两国为此达成临时停战协议。这都成为和平友谊的见证。

广州十三行与海上丝绸之路奠定了城市发展基石。海上丝绸之路是沟通世界经济贸易、文化交流、人员流动、信息传递的体系和网络，作为枢纽和节点的城市获益匪浅。以广州为例，海上丝绸之路为广州引入中国最早的西方建筑，中外商贸强化了城市的商业功能，为广州城市发展和功能提升注入新鲜血液和动力。海上丝绸之路培养锻炼了十三行商，使之成为清代粤商的核心主体,代表了粤商发展过程中的重要环节和辉煌阶段。海上丝绸之路凝练了广州的城市风格,其开放、重商、兼容、创新、务实、多元等基本特征都与海上丝绸之路密不可分。海上丝绸之路丰富了广州的城市生活,广交会、美在花城、食在广州、南国红豆粤剧、岭南音乐、岭南美术、岭南园林等广州名片都与海上丝绸之路有着基因传承。以美国为例,纽约中央公园的设计灵感来源于广州的秀美风光和行商园林,世界闻名的美国牛仔裤来源于广州出口的南京布。

广州十三行与海上丝绸之路凝练了粤商集团。将十三行商历练为清代著名的封建商业资本集团,具有浓厚的官商性质,浮沉更受'夷务'的牵制,具有既显赫又悲凉的独特面貌。潘振承、潘有度、潘仕成、潘正炜、伍秉鉴、伍崇曜、卢观恒等代表人物及历年中外文献所载行商39家,成为粤商发展史上重要的阶段。

16世纪进入海洋时代,西方国家对中国经济需求与殖民主义威胁交织在一起,巩固发展多民族统一国家成为中国不可避免的历史使命。自给自足的封建经济、中华文化的自诩、广州悠久贸易传统、独特地理环境和军事考量成为清朝中央决策的综合因素。在西方商欠钳制和清朝官府桎梏下,行商出现资金周转不灵、债台高筑、累遭破产、抄家、下狱、充军的厄运。对于鸦片贸易及随之而来的鸦片战争,行商也不能独善其身,在交织着家运、国运、世运的历史巨变之中,十三行从繁荣走向终结。"行商衰落,买办兴起",十三行人才、资金、经验扩散到香港、上海等地,继续影响着中国近代社会变迁。行商与买办在清代对外关系史乃至中国对外关系史上都扮演过非常重要的角色,成为民族资本家和官僚资本家的前身。

三 广州十三行与海上丝绸之路的研究队伍

在中国学术史的发展过程中,形成的诸多学派大体上可归为三类:即"师承性学派"、"地域性学派"和"问题性学派",十三行与海上丝绸之路研究与三个方面均有密切联系,争鸣和研究推动了相关学术的发展,已经在中国学界占有一席之地。

(一) 广州学界

十三行研究领域最主要的力量当属广州学界,核心基地为中山大学和广州大学。20世纪广州学界的旗手应为梁嘉彬先生,身为十三行商的后代,有着对祖先显赫历史的关注热诚和占有资料的独特优势;加之清华大学治学经历和中山大学工作经历所奠定的严谨学风和扎实功力;辅以海外求学所拓宽的学术视野和丰富资料的积累,还有终一生之力进行深入研究的学术持续;梁嘉彬先生正是集所有这些条件于一身,方成为20世纪十三行研究的领军人物。

梁嘉彬先生一生著作等身,对澳门、中外交通等领域都深有研究,但只有十三行为其整个学术生涯始终关注并且努力探索的学术领域。梁嘉彬先生赴台湾后,仍坚持对十三行的研究,与中山大学保持着密切联系,有着联合研究十三行的强烈愿望。1959年得到美国哈佛燕京学社的资助,对《广东十三行考》进行修订补充,扩充为30万字,1960年由台中东海大学出版增订本。其后,《广东十三行考》由中山大学章文钦教授校订,内容更加翔实,1999年由广东人民出版社再版,成为十三行研究领域标志性成果。而包括梁嘉彬尚有未出版的十三行研究成果的《梁嘉彬文集》将于近年由章文钦教授编辑出版,预期会促进十三行的研究。

1949年新中国成立至"文化大革命"期间,国内学者对十三行研究几乎处于沉寂的状态,学术成果屈指可数,而十三行商的后代、梁嘉彬先生的胞兄中山大学的梁方仲先生还坚持着十三行的研究,对广州十三行的名称及相关组织形式进行了探讨。

黄启臣教授作为梁方仲先生的高足,毕业并工作于中山大学历史系,长期关注十三行研究,在其多部学术专著中,对十三行多有研究。在他的影响和积极参与下,得以出版《梁经国天宝行史迹》[①]和《潘同文(孚)行》[②]两部较有影响的著作,向世人展现了两部较为完整的行商家族发展的来龙去脉,对十三行研究产生了重要影响。

中山大学蔡鸿生先生是新中国成立后中山大学中外关系及十三行研究的领军人物,他撰写了《航向珠江:荷兰人在华南(1600-2000年)》[③]、《文献解读与文化研究》[④]、《清代广州的毛皮贸易》[⑤]、《清代广州行商的西

---

① 广东高等教育出版社,2003。
② 华南理工大学出版社,2006。
③ 广州出版社,2004。
④ 《广东社会科学》2004年第5期。
⑤ 《学术研究》1986年第5期。

洋观》①，从文化心态方面考察广州行商的西洋观，其全新角度为以往研究十三行学者所未见。更重要的是，蔡鸿生先生认为："十三行的历史是在朝贡体制向条约体制转变的过程中展开的"，"十三行是定位在经济、社会和文化的交叉点上"，从方法和范式的高度提出对十三行的研究需要在世界进入"海洋时代"后，在区域、国家、海洋的相互关系中加以考察。他指导开展的海上文明史研究涌现出一批高质量的成果，如《广州与海洋文明丛书》②、《澳门史与中西交通研究》③ 等，为深入开展十三行的研究指明了方向。

蔡鸿生先生所指导的章文钦教授则成为中山大学十三行研究的中生代主力。章文钦教授早在20世纪80年代就开始关注十三行行商的家族个案研究，是十三行行商家族研究的创始者之一。他对怡和行伍家的研究相当深入，在长达近5万字的《从封建官商到买办商人——清代广东行商伍怡和家族剖析》④ 中，全面地论述了伍家由封建官商到买办商人的盛衰史，成为研究怡和行家族的经典作品。他的另一篇论文《从封建官商到买办官僚——吴健彰析论》⑤，较为详细地考察了同顺行行商吴健彰从封建官商到买办官僚的发展历程，有助于我们理解行商在近代中国社会发生巨变过程中进行的角色转换。其《广东十三行与早期中西关系》⑥ 一书，更是近年十三行研究的较有影响的成果，推动了十三行研究的深入。

除章文钦教授，蔡鸿生先生所指导的其他博士也在十三行研究上取得瞩目成绩，如周湘博士出版《广州外洋行商人》⑦，发表《清代广州行商倪秉发事迹》⑧ 等论文。江滢河博士出版《广州口岸与南海航线》⑨、《清代洋画与广州口岸》⑩，江滢河博士还发表了系列十三行外销艺术品的成果，如《清代广州外销画的画家及其画室》⑪、《清代广州外销画的形式与题材》⑫、

---

① 《广东社会科学》2003年第1期等。
② 中山大学出版社，1997。
③ 广东高等教育出版社，1998。
④ 《近代史研究》1984年第3、4期。
⑤ 《广州十三行沧桑》，广东省地图出版社，2001。
⑥ 广东经济出版社，2009。
⑦ 广东人民出版社，2002。
⑧ 《中山大学学报》2001年第5期。
⑨ 广东人民出版社，2002。
⑩ 中华书局，2007。
⑪ 《艺术史研究》第3期。
⑫ 澳门《文化杂志》，2002。

《清代广州外销画中的中荷贸易》①、《清代广州外销画中的瓷器烧造图研究——以瑞典隆德大学图书馆收藏为例》② 等，已经成为中山大学口岸史基地及广州十三行研究新生代主力。

此外中山大学历史系教授吴义雄博士的系列成果，《广州外侨总商会与鸦片战争前夕的中英关系》③、《兴泰行商欠案与鸦片战争前夕的行商体制》④、《条约口岸体制的酝酿——19世纪30年代中英关系研究》⑤、《鸦片战争前的鸦片贸易再研究》⑥ 等高水平的成果，通过大量的外文文献，全面研究考察了十三行在鸦片战争前后的作用和兴衰原因，在学界具有重要影响。吴义雄教授承担的 2014 年国家社科基金重大项目"清代广州口岸历史文献整理与研究"，也将对十三行文献建设具有重要意义。中山大学黄国声教授对十三行行商泰和行颜氏家族盛衰历程的考察，梁碧莹教授以研究鸦片战争前后美国与中国关系著称，雷传远博士《清代广东十三行的儒商传统与中西文化交流》⑦，郭德焱博士《清代广州的巴斯商人》⑧，黄超博士的科技史研究等，都是较有影响的研究成果。值得关注的是，这些成果的共同特点是利用了大量的西文文献，这在以往学者中并不常见，显示了研究者的国际化时代特点。

可见，自梁嘉彬先生开启十三行研究以来，十三行研究已经成为中山大学的传统研究领域，师承清晰连贯，源源不断地培养着接班人，涌现出一代代杰出的研究学者，并延伸到广州其他学校和科研机构。

2009 年成立的广州大学广州十三行研究中心为校级科研机构，也是广州市"广州十三行重点研究基地"，是国内外唯一以十三行为研究领域的科研平台。首届主任赵春晨教授，第二、三届主任冷东教授，2017 年广州大学实行的"百人计划"从暨南大学引进的学术带头人王元林教授，不仅完成学术带头人的顺利接替，而且形成了年富力强的中青年梯队。在外国专家层面，引进广州大学首位外籍教授、美国海洋史专家 Robert Antony 教授，

---

① 《航向珠江》，广州出版社，2003。
② 《故宫博物院院刊》2008 年 3 期。
③ 《近代史研究》2004 年第 2 期。
④ 《近代史研究》2007 年第 1 期。
⑤ 中华书局，2009。
⑥ 《近代史研究》2002 年第 2 期。
⑦ 2004 年中山大学博士学位论文。
⑧ 中华书局，2005。

有利于国际合作与交流。

中心现有校内人员总数26人，其中：具有正高级职称10人，副高级职称7人，中级职称9人；拥有博士学位20人，拥有硕士学位5人，学士学位1人；50岁及以上11人，40~49岁5人，25~39岁10人。中心还得到社会各界及行商后裔的大力协助，构建了学校和地方政府联合研究的模式，体现了理论研究与开发利用相结合的方式。此处，中心还聘任了诸多国内外知名专家和各界人士。

中心凝练出三个特色鲜明、互相联系、得以整合广州大学相关人员资源的三个研究方向：一是十三行与海上丝绸之路。广州十三行将传统海上丝绸之路推向高峰，与国家一带一路倡议、广州城市特点及广州大学学科建设高度契合。二是十三行商馆区与广州城市发展。在历史文化名城广州两千多年的发展基础上，十三行商馆区是海外交通、世界贸易、中外关系、人员流动的交汇点，蕴含世界性城市地标的丰富内容。三是十三行文化资源开发利用。促进十三行文化资源经济效益和社会效益良性循环，与建设中国21世纪"一带一路"建设和社会服务有机结合起来。

在研究生培养层面，在广州大学的大力支持下，自2010年起设立了国内唯一的十三行硕士培养方向，效果良好，已有八人获得研究生国家奖学金，二人考取博士，在核心刊物发表十余篇论文，毕业后在各自工作单位成为十三行研究的骨干和后续力量。在社会资源层面，已经完成高等学校、政府部门、海内外科研力量、十三行后裔有机组合。在广州大学图书馆设立了"广州十三行文献资源中心"和广州十三行重点研究基地工作室。与荔湾区档案馆合作，建立"广州十三行档案文献及研究中心"网站HTTP：//Hongmerchant.net。在荔湾区建立本科生实习基地，在广州文仕博物档案馆建立研究生培养基地，与广州海关、荔湾区委宣传部、广州港集团签订合作协议。

中心成立以来出版专著数十部，发表论文数百篇，成功申报2017年国家社会科学基金重点项目"广州十三行与海上丝绸之路发展变化研究"。中心成员承担国家社科基金重点项目3项，国家社科基金一般项目3项，省部级项目7项，市级项目9项，横向合作项目8项，总经费568万元。获得省部级奖4项，其中一等奖1项，二等奖1项，三等奖2项；省社科联奖10项，其中一等奖2项，二等奖2项，三等奖7项；市级奖励1项。

在国外举行国际学术研讨会两次：2014年在美国塞勒姆大学举行"塞勒姆驶向广州：从早期中美贸易到新型中美关系"国际研讨会；2016年在葡萄

牙科英布拉大学举行"丝绸之路背景下的中国与葡萄牙历史关系"国际学术研讨会。在国内主办二次国际学术研讨会和十多次国内学术研讨会。中心成员以出国访问、学术考察、高端论坛、学术会议等方式赴法国、英国、美国、意大利、葡萄牙等国家参加学术交流，特别是2017年出访英国，与剑桥大学、大英图书馆、国家档案馆建立了合作关系，搜集到大批宝贵原始资料。

广州大学"十三行研究基地"与中山大学"广州口岸史重点研究基地"互相配合，合作密切。还与华南师范大学的"岭南文化研究基地"，广州大学的"广州人文历史研究基地""俗文化研究基地"，广东省社科院的"海洋文化研究中心"，佛山科技学院的"广府文化研究基地"密切合作，为加强包括十三行在内的岭南文化的研究构建了更加广阔的学术交流平台和研究网络。

广州作为十三行的发源地，自然显现"师承性""地域性"和"问题性"的特征，吸引了广东诸多学者加入研究队伍，汇集了目前国内研究十三行的主要学者。除上述提及的学者和成员，同为梁方仲先生高足的李龙潜教授，中山大学历史系毕业后在暨南大学任教，长期从事明清社会经济史研究，在十三行起源研究上成绩斐然。而黄启臣教授的高足刘正刚教授亦在暨南大学任教，在粤商及十三行研究上成绩突出。毕业于中山大学的陈伟明教授也在指导以十三行研究为题目的博士生，薪火相传，使十三行研究在暨南大学得以发展。另外，华南师范大学、广州大学等其他高校，越来越多的研究生选择十三行作为学位论文题目，使十三行研究在中山大学以外得到更广泛的发展。梁方仲先生的入室弟子叶显恩研究员已成为研究明清史的著名学者，也非常关注十三行的研究，提出以更广阔的视野探索研究十三行的新思路和研究方向，即以海洋文化的角度审视中国的命运和发展道路。

广东省社科院的蒋祖缘研究员、赵立人研究员、李庆新研究员，广州市地方志办公室的陈泽泓研究员、胡文中研究员、胡巧利研究员，暨南大学王元林教授，华南农业大学的吴建雍教授，毕业于中山大学、现为广州市委宣传部干部的郭德焱博士，华南理工大学谭元亨教授，广州大学赵春晨教授、冷东教授、杨宏烈教授都在积极参与十三行的研究。

广州学派还有十三行后裔的积极支持。广东聚集着众多十三行商的后裔，他们对先祖的历史十分关注，保存有不少家族的史料，参与十三行的研究，也成为十三行研究的重要力量。近年来，十三行后裔发挥着重要作用。如十三行同文行潘家后裔、华南理工大学潘刚儿教授，十三行天宝行梁家后裔、中科院华南植物研究所梁承邺研究员，十三行伍怡和家族后裔、深圳伍凌立工程师等，从关注十三行研究、提供研究资料和研究线索的层面而上升到积极参与研究，对十三行研究也做出了贡献。

潘刚儿教授和梁承邺研究员与其他学者联手挖掘资料，出版了《梁经国天宝行史迹》和《潘同文（孚）行》，向世人展现了两部较为完整的行商家族发展的来龙去脉，对带动十三行其他家族研究有了促进作用。潘刚儿教授退休后，更将主要精力投身十三行的研究，发表了《十三行行商潘正炜》《与全球化经济接轨的中国杰出商人潘振承》《漱珠涌与潘家大院》等多篇论文，并积极提供族谱、文集等资料，对十三行研究做出贡献。伍凌立工程师虽然从事工科专业，近年来也积极参加十三行的学术会议，开始撰写其家族的相关文章，并献出宝贵的《伍氏莆田房广州十三行支脉族引谱》。十三行谭康官家后裔华南理工大学谭元亨教授身为广东省政府参事，提交的《十三行文化资源的保护与开发》报告得到省市领导的高度重视，广东省委书记汪洋、广州市委书记朱小丹及相关领导都相继做出加强研究的批示，成为开展十三行研究的重要动力。谭元亨教授本身也是十三行研究的学者，主编了《十三行新论》，还发表了诸多论文和文学作品。

从更广泛的社会范围看，广州学界还得到广东省、广州市有关部门的大力支持，社会及学术活动日益活跃，体现了理论研究与开发利用相结合的正确方向，平面、电波、网络、文学影视、博物馆、档案馆共同参与十三行的宣传和推广，使广州学界拥有广泛雄厚的社会基础。

可见，广州学界在各个层次全面发展，集"师承性""地域性"和"问题性"的优势于一身，在学科建设上取得了突出成绩。

（二）福建学界

国内研究十三行的另一个中心是福建省，因为福建省与广东省的共同点很多。海洋性环境使福建在中国历史发展进程中也一直是海外交通和贸易的中心之一，泉州、漳州、厦门等港口在历史上也是中外贸易和文化交流的中心，甚至是阶段性的唯一通道。明清时期，福建省在向海洋发展过程中的成就和曲折也与广东相似。在清朝广州一口通商期间，福建的茶叶及其他商品成为十三行贸易网络中的重要环节，而一半以上的行商来自福建，因此福建学界对十三行研究的兴趣和关注也是非常自然的。

福建省研究十三行的中心厦门大学，杨国桢教授作为厦门大学乃至国内知名学者，长期关注十三行的研究，不仅有《道光前期中西贸易的变化及其影响》①、《洋商与大班：广州十三行文书初探》②、《洋商与澳门：广州十三行文书续探》③ 等具体的研究成果，更重要的是杨国桢教授所关注的海洋文化的研究，与广东省学界所倡导和进行的海洋文化研究一致，共同为十三行研究的深入指明了方向和研究方法。

杨国桢教授在海洋文化的研究上已经取得突出成绩，其主编的《海洋与中国丛书》与《海洋中国与世界丛书》，目前已经出版20多册，取得较大的社会反响，获得第十二届中国图书奖。这两套丛书的目的，正如杨国桢教授在《总序》中所说，"以中国海洋社会经济史和海洋社会人文的视野，从不同的角度展示先人向海洋发展的努力、成败和荣辱，在吸收消化已有研究成果的基础上，挖掘民间和海上的各种中国海洋社会人文资料和信息，探索运用多学科整合的研究架构，重新审视中国海洋经济、海洋社会、海洋人文的价值"，"为中国海洋人文社会科学的建设做基础性的学术积累"。这套丛书也为研究十三行的历史地位和作用提供了重要理论参考，而丛书中的诸多成果例如《走向海洋贸易带——近代世界市场互动中的中国东南商人行为》（陈东有著）、《海洋迷思—中国海洋观的传统与变迁》（黄顺力著）、《天子南库——清前期广州制度下的中西贸易》（张晓宁著），更是直接或间接研究十三行的重要成果。

福建大学李金明教授长期从事十三行的研究，有着众多的研究成果，如《1757年广州一口通商与洪任辉事件》④、《广州十三行：清代封建外贸制度的牺牲品》⑤、《清代经营海外贸易的行商》⑥ 等论文，都在学术界有较大影响。福建的其他学者如庄国土教授、黄福才教授，也从不同角度对十三行进行了研究。

总体而言，福建省在十三行的研究上，无论是成果的数量还是人员的规模和组织结构，与广东省相比还有较大差距。而一个值得重视的问题是，虽然在十三行的课题研究上福建与广东有很多共同点，但是在研究的结论上却大相径庭，广东省学界基本上持肯定态度，而福建学者则基本持否定

---

① 《中国社会经济史研究》1989年第1期。
② 《近代史研究》1996年第3期。
③ 《中国社会经济史研究》2001年第2期
④ 《南洋问题研究》1993年第2期。
⑤ 《广东社会科学》，2010年第2期。
⑥ 《海交史研究》1993年第2期。

态度。例如李金明教授认为十三行是闭关锁国的产物，也是清代封建外贸制度的牺牲品（见《广州十三行：清代封建外贸制度的牺牲品》[①]），杨国桢教授则将林则徐之死与十三行联系起来等。

本应成为闽广两省共同历史文化遗产的十三行，为何在研究的结论上却大相径庭？除了研究方法和角度的不同，不能不说学派的争鸣与所处区域社会不同有关。中国幅员广大，区域间发展不平衡，历史进程不仅在时间序列上有快慢之分，与地理环境密切相关的中央集权关键性决策又加速或延缓了某些区域的发展。广州取代了泉州，十三行依靠一口通商的地位也必然会影响到福建区域经济的发展，也必然制约着学界研究的基本趋向。

福建学界是十三行研究的重要组成部分，没有福建学界的参加和支持，就不可能够全面客观地研究十三行，今后要深入进行十三行的研究，闽广两省学界一定要更加密切的联合，福建学界可以在十三行商家族史研究、贸易网络等方面做出更多的贡献，闽广两省更需要在海洋文化研究的框架体系中共同研究十三行的历史地位，研究福建广东在中国近代化和海洋化中的作用。同时闽广两省的学者都要避免学术地方主义的倾向，在学术争鸣中客观公正，方可促进十三行的研究。

（三）北京学界

北京地区高等院校、科研机构及文史部门从事十三行研究的有关人员，在十三行研究上也发挥了重要作用。

北京学界发挥重要作用的关键因素是得天独厚的资料优势。国内所存十三行档案文献资料，以中国第一历史档案馆所藏清宫档案最为集中，也最有价值。北京学界的首要贡献就是整理出版了一系列档案资料，如《清宫内务府造办处档案总汇》《明清皇宫黄埔秘档图鉴》（上、下册）、《清宫广州十三行档案精选》《明清时期澳门问题档案文献汇编》《清宫粤港澳商贸档案全集》等，为深入开展十三行的研究提供了条件。

在20世纪80年代为数不多的十三行研究成果中，北京学者有关十三行考证研究的成果代表了国内的最高水平。如中国社科院彭泽益先生《清代广东洋行制度的起源》[②]、《广州十三行续探》[③]、《清初四榷关地点和贸易量

[①]《广东社会科学》2010年第2期。
[②]《历史研究》1957年第1期。
[③]《历史研究》1981年第4期。

的考察》①，中国社科院汪宗衍（汪敬虞）的《十三行与屈大均〈广州竹枝词〉》②、汪敬虞《是住冬还是住夏——关于鸦片战争前广州外国商人的"住冬"问题》③等论文，在十三行起源等专题考证上做出了贡献。

进入21世纪后，北京地区的学者充分利用政治中心和文化中心的独特地位，从中国历史发展宏观整体的研究十三行，较为客观公正地研究和肯定十三行的历史作用。比如北京大学经济学院萧国亮教授《清代广州行商制度研究》④的论文，深入研究了十三行制度的特征，以及中国传统社会里专制国家与经济制度变迁的关系。其后萧国亮教授指导的博士、任职中国社会科学院经济研究所的隋福民教授发表的《清代"广东十三行"贸易制度演化》⑤的论文，以新制度经济学理论的视角对十三行贸易制度衍化历史进行了研究，认为十三行完成了朝贡体制到国与国对等贸易体制的变迁，都是较有理论深度的论文。

随着十三行研究的升温，北京地区档案部门的学者也将精力从档案的整理出版转移到研究上来，如第一历史档案馆的邢永福、李国荣、覃波等学者，近年来都发表了诸多研究成果，丰富深化了十三行研究。

此外，中国国内其他地区也不乏研究十三行的知名专家，例如上海复旦大学周振鹤教授在研究十三行与历史地理、十三行文化交流等方面成果卓著，徐新吾、张简《"十三行"名称由来考》⑥在十三行名称考证上很有功力，山东大学陈尚胜教授在澳门研究、明清海外贸易等领域也成绩斐然。国内还有更多学校的博士硕士选择广州十三行作为论文题目，呈现出多地区多学科融合的可喜局面。

（四）海外学界

海外学界指中国大陆以外研究十三行的学者和研究人员，包括香港、澳门和台湾地区，虽然他们人数不多，但从影响上看仍可被称为"海外学界"，成为十三行研究不可或缺的一部分。

---

① 《社会科学战线》1984年第3期。
② 《历史研究》1957年第6期。
③ 《近代史研究》1980年第4期。
④ 《清史研究》2007年第1期。
⑤ 《社会科学战线》2007年第1期。
⑥ 《学术月刊》1981年第3期。

首先，海外学界的研究成果在十三行研究领域中占有重要的地位。姑且不说最早从事十三行研究的就是外国学者，1964年法国路易·德尔米尼（Louis Dermigny）的博士论文《中国与西方，18世纪广州的对外贸易》（计有5卷、400万言），还有在十三行中西文化交流和外销艺术品研究的成果。

重要的学者包括：美国范岱克教授（Paul von Dyke）、南加州大学卫思韩教授（John Wills）、美国杜克大学穆素洁教授、美国皮博迪·艾塞克斯博物馆亚洲外销艺术部主任沙进（William Sargent）、美国西肯塔基大学历史系安乐博（Robert J. Antony）教授、美国普林斯顿大学科大卫教授，英国马丁·格里高利画廊孔佩特先生（Patrick Conner），荷兰莱顿大学中国研究中心包乐史教授，葡萄牙里斯本大学澳门研究中心主任金国平教授，德国慕尼黑大学汉学研究所普塔克教授，日本关西大学亚洲文化交流研究中心主任松浦章教授、日本东京大学羽田正教授、日本爱知大学田崎哲郎教授，印度孟买大学历史系主任莎莉莉教授，中国台湾学者陈国栋教授、苏精教授，中国香港大学赵令扬教授、马楚坚教授、钱江教授、张荣洋教授（W. E. Cheong），香港中文大学丁新豹教授，这些学者都是国际上知名的研究十三行以及相关领域的学者。特别是范岱克教授2012年已经被中山大学聘为教授，今后将在十三行的研究和交流中发挥更大作用。

其次，海外学界在外文和国外原始档案的利用上具有国内学者无法比拟的优势。如美国的范岱克博士精通英语和中文，还在欧洲各国居住学习了八年，掌握多种国家语言，收集利用了中国国内没有的中文和外文档案资料，进行十三行的研究。陈国栋教授利用大量原始材料，主要有英国东印度公司档案、中国清代档案和美国的商业文书及账册，从而对十三行进行了较为详细的研究。苏精教授在国外留学多年，辨认着那些令人头痛的传教士手写档案，完成了资料扎实的研究成果。香港原博物馆总馆长丁新豹博士也是依靠香港博物馆在国际上的地位和便利条件，在研究有关十三行的文物图片等方面有所造诣。

再次，海外学界越来越多的学位论文以十三行为研究方向，不仅培养了十三行研究的后备力量，其学术影响和学术水平也值得称道。1967年，美国人怀特以广州十三行商为题目，完成了她的硕士论文《广州的行商》，她详细研究了美国国会图书馆中的相关文献，并将其和高第、马士、梁嘉彬所发现的信息进行了对比，这是第一项使用美国的资料来鉴别和理解行商的严肃的研究。再如在海外研究十三行很有影响的学者陈国栋，就是在

1980 年将与十三行密切关联的《清代前期的粤海关（1683 – 1842）》作为他的硕士论文，并产生了一系列的相关成果，近年来陈国栋教授更是将研究方向延伸到海洋文化的领域，是十三行研究符合逻辑的更高层次。中国台湾中国文化大学史学研究所牛道慧也以《鸦片战争前在广州的美国商人（1784 – 1844）》为博士论文，深入研究了美国商人与十三行的商贸关系，以及对双方的广泛影响。中国台湾清华大学苏精教授不仅本人长期从事与十三行关系密切的传教士研究，他指导的博士生也以传教士或者东印度公司为研究题目，一定会从不同角度深化十三行的研究。

最后，海外学界是将"广州十三行"成为具有世界意义历史文化遗产的重要组成部分，通过他们搭建一个国际性的学术平台，联系更多的从事十三行相关领域的外国学者，在研究领域和研究方法上深化研究。特别是在资料发掘利用上，还有无数的英文、法文、葡萄牙文、荷兰文、西班牙文、日文等多种图书和档案史料、图片资料和实物资料流散在国外，通过海外学派去收集整理和利用，是一条事半功倍的捷径。可见，今后如何加强与海外学派的联系和合作，是我们工作的重点。

四 广州十三行与海上丝绸之路的研究趋势

广州是传统海上丝绸之路的重镇，广州十三行在国际商贸和文化交流活动中扮演了不可替代的角色，是具有国际影响的学术领域、建设一带一路的重要支撑以及富有广州特色的文化资源，也为十三行研究指明了方向，今后将在以下几个方面开展工作，推进十三行研究。

（一）十三行研究的理论层面还有待提高

如何将十三行在区域社会文化研究的层面上升到中国近代社会发展乃至世界局势发展的高度，意味着要将十三行与中国近代化研究和海洋文化研究结合起来，将十三行纳入世界历史发展的宏观视野，而且要通过严谨科学的研究成果得到国内外学界的共识，这是对广州学界的一个挑战。

广州十三行研究总体上服从于中国近代历史发展的普遍规律，但由于以广州为中心的岭南社会变迁有其自身的特殊性，应以直接推动岭南社会近代化历程的具体事实作为研究的主要依据，研究岭南社会近代化历程的特殊性，更有助于历史脉络的把握，避免以政治史替代社会变迁的局限。

笔者的观点是将十三行纳入岭南社会从古代到近代变迁的社会进程中，认为十三行是岭南社会鸦片战争前后社会变迁中的重要节点和过渡阶段。正如当前中国近代史在"现代化范式"和"革命史范式"的探讨争鸣一样①，岭南社会变迁中"近代化"的认识也开始出现新变化的可能，十三行则为这种变化提供了实证。罗荣渠教授提出：

> 现代化作为世界历史进程的中心内容是从前现代的传统农业社会向现代工业社会的大转变（或大过渡）。从这个新视角来看，鸦片战争前后中国发生的极为错综复杂的变革都是围绕着从传统向现代过渡这个中心主题进行的，这是不以人们意志为转移的历史大趋势。有了这个中心主题，纲举目张，就不难探索近百年中国巨变的脉络和把握中国近现代史的复杂线索。以现代化为中心来研究中国近现代史，不同于以革命为中心来研究中国近现代史，必须重新建立一个包括革命在内而不是排斥革命的新的综合分析框架，必须以现代生产力、经济发展、政治民主、社会进步、国际性整合等综合标志对近一个半世纪的中国大变革给予新的客观历史定位。②

笔者同意罗荣渠教授的观点，同时认为应将"鸦片战争以来"变成"鸦片战争前后"，如日本绪形康教授指出：只有结合"漫长的16世纪"的视野，关于"近代"的研究和分析方法才真正有创意。因为"近代"不是"现代"，它是古代和现代的过渡，如果把它计入古代的话，鸦片战争也可以计入古代；反过来。鸦片战争也可以计入现代……实际上"近代"始于何时并不重要，近代是一种可能性，是一种不同于西方的现代的可能性。③正如有学者指出：明清时期的"闭关锁国"政策虽使中国在近代化最关键

---

① "革命史范式"历史观的主要基点是：在阶级社会里，阶级斗争是社会变革、历史发展的动力；斗争不可调和，暴力是社会前进必须使用的手段；革命是历史的火车头，是正视中国的时代基调。"现代化范式"历史观的主要基点是：生产力的发展是社会变革的根本动力；历史上的是非功过要以是否有利于生产力发展，社会进步，人民生活幸福为最高衡量准则；注重历史实践的客观效果，而非胶着于阶级属性的划分。

② 罗荣渠：《现代化新论续篇：东亚与中国的现代化进程》，北京大学出版社，1997，第100~102页。

③ 〔日〕绪形康：《世界历史的结构与再认识——评五百年来谁著史》，《中国社会科学报》，2011年6月5日。参见韩毓海《五百年来谁著史：1500年以来的中国与世界》，九州出版社，2010。

的时刻隔绝于世界之外，无缘于工业革命，无缘于近代化转型，却使偏在华南一隅的广东获得了封闭中的中国"唯一"与世界沟通的机会。从1757年至1840年鸦片战争爆发，在这段近百年的时光中，广东获得了当时中国唯一的对外通商的特殊政策。"一口"意味着独占性，意味着唯一性，作为当时中国唯一的对外通商口岸的广东（岭南）几乎由此获得了输入西方文化与迈向近代化的垄断权，整个中国只有广东（岭南）跨入了近代化的进程。论及中国的近代化历程时，学者们都以1840年发生的鸦片战争为起点。如果以此为标准进行衡量，广东（岭南）较其他地区几乎提前一百年"启动"了近代化步伐，具有启动早、步伐快的特征。不管是"一口通商"之地的特殊历史还是作为鸦片战争的主战场，都迫使广东（岭南）摆脱开了对近代化的漫长思考与争论而迅速开启了近代化的伟大航程。

2012年12月14日，"人文岭南·学术圆桌"2012年终论坛在广州市荔湾区沙面会馆举行，论坛主题为"十三行与世界文化名城培育"。中国社会科学院副秘书长、中国社会科学杂志社总编辑高翔教授出席论坛并在致辞中指出：应在历史视阈中考察研究十三行，十三行不仅是一个简单的经济现象，而且本质上也是一个文化现象和历史现象。近年来，国内外学术界越来越关注大城市的城市化进程，其实现在讲的近代化可概括为"三化"：一是城市化，就是从乡村向城市的转变；二是工业化，就是从农业向现代制造业的转变；三是世俗化，就是要摆脱传统的、宗教的、神秘主义的、专制主义的束缚，使人文主义与理性主义逐渐成为社会精神的主导性的力量。今天我们研究十三行与世界文化名城的培育，应将其置于历史视阈中进行全面考察研究。高翔表示，开展十三行研究应坚持三个观点：第一，坚持长时段的观点，即任何一个历史现象必须把它置于人类历史长河中加以考察，而且对这一历史现象本身的兴起、渊源、流变也要有准确的把握。第二，坚持全面的观点，就是要和当时特定的历史环境结合，要避免历史研究中的"碎片化"。第三，坚持发展的观点。没有事物是绝对不变的，要用发展的眼光来看待问题。同时，三者也是从事人文社会科学研究所必须遵循的观点。在此基础上，还要坚持科学精神和严谨学风，只有这样才能做出经得起历史和实践检验的成果。

以同样的视角考察17~19世纪十三行与岭南社会变迁的作用，可以看到如下脉络：作为起点，十三行在1840年前揭开了岭南社会近代化的序幕；作为中间阶段，十三行是鸦片战争的起爆点，开启了中国近代化的重要转折;虽然十三行在鸦片战争后退出历史舞台,但后十三行时代也成为岭南社会近代化的扩展和延伸。

(二) 在综合研究和专题研究方面仍有待全面系统和深入

从研究成果分析,80年前梁嘉彬《广东十三行考》主要考证行商沿革,为研究十三行奠基性代表作,虽有缺陷但迄今无人超越。20世纪80年代前少数成果集中在起源、名称等专题考证。其后研究成果增加,多为评述介绍,诸如运行体制、起源、名称仍众说纷纭,缺少高质量的学术成果。少数人物及家族研究限于一般性介绍,缺少十三行行商全面学术研究。海外研究成果(包括港澳台)在外文资料和原始档案利用上具有优势,专题考证颇具功力,与海洋文化研究结合的方法值得借鉴,但主要集中在经贸、传教士及外销艺术品研究等领域,而且多未翻译成中文,影响有限。可见,虽然十三行研究取得了一定成绩,但与建设目标仍有很大差距,任重而道远。

综合研究的水平是以专题个案研究为基础的,首先需要通过立项等政策性的管理系统全面开展有关的专题研究,如对所有行商开展较为详细的学术研究,对十三行起源、十三行名称由来、十三行运行机制、十三行三缘(地缘、血缘、业缘)研究,行商的文化心态、生活理念、建筑文化乃至十三行经济文化对广东社会乃至中国和世界所产生的影响等,都要进行详尽深入的研究。

在专题研究中,应注重学术水平和学术影响,不能满足于一般的论述和普通刊物的发表数量,应重点以标志性的成果在核心刊物特别是权威刊物上发表,同时争取十三行研究在国家社科基金项目和省部级立项,方可提高十三行的学术影响和学术地位。

广州大学"十三行研究中心"成立后,重要工作之一就是编辑出版有关十三行的学术丛书,致力于组织和出版十三行的学术研究成果和资料编辑与翻译等,在经费支持、质量审核等方面加强工作,为十三行研究打下坚实的基础。同时争取得到广东省、广州市等政府部门的支持,争取多渠道、多层次出版学术专著,多出精品。

在专题研究的基础上,应该将《十三行史》列入未来五年规划中,编写一部新颖、巨型的专著。

（三）资料建设亟待加强

学术的生命在于原创，学术的原创离不开原始资料的积累和充分占有，十三行研究资料信息中心的建设是最为重要的基础性工作，失却这一基础，任何有学术性意义的工作都无法开展。而资料建设仍是制约十三行研究与海上丝绸之路深入开展的瓶颈和障碍，需要在以下几个方面进行改变。

其一，尽快解决《18世纪广州的对外贸易》的翻译难题。中国中外关系史学会原会长、中国社科院历史研究所中外关系史研究室原主任、国内著名法文翻译家耿昇研究员，已经同意担任此书的翻译工作，并已译出了少量样稿，译作版权问题也已由他与原著者谈妥。广东人民出版社已经同意负责提供本书的翻译和出版费用，希望本书早日问世。今年耿昇不幸逝世，本书的翻译和使用不知何时能够解决。

其二，搜集整理出版梁嘉彬先生遗稿。根据章文钦教授提供线索，梁嘉彬先生赴台湾后对《广东十三行考》又补充二十万字，改正多处。尚有未出版之原稿及在台湾发表之论文，皆有关广东十三行之源起、沿革及行商事迹、制度名称变迁等事之考证，全部约有三十万字，并有在国内出版的愿望。章文钦教授利用2011年在台湾的访学，不仅在资料收集上大有进展，而且与台湾有关方面协商解决了相关手续，将在近几年里集中力量从事这个项目，我们期待《梁嘉彬全集》早日问世，将是十三行研究的重大进展。

其三，进一步收集整理出版中文典籍包括地方志中有关十三行的中文文献资料，进一步收集整理出版行商家族族谱、文集、笔记、诗歌、书画、契约、私人信件等文献，与中国第一历史档案馆合作，继续整理出版其余有关十三行的档案文献，进一步收集整理出版近代中西报刊中有关十三行的资料。

其四，较为全面地掌握外国有关十三行资料的分布情况，熟悉获取外文资料的有效途径，并组织力量进行翻译出版，以便能全面客观地使用外文资料开展新的研究。加强口述史学研究，广泛进行实地采访，除文字的记载以外，从行商的后人和父老的传说中采访遗事，和文字的记载互相印证比较，都是需要认真计划和具体实施的领域。

结　语

在中国海上丝绸之路的发展过程和走向世界历史的道路中，"十三行"

是一个重要的节点。"十三行"不仅是广东的世袭研究领地，更是一项具有世界意义的历史文化遗产，一个具有国际意义的学术研究领域。因此对十三行的研究就不能仅仅依靠广东和广州，应该属于中国的和世界的，为此要加强国内外的合作交流，得到十三行后裔的广泛支持。避免地方学术主义的倾向，与其他研究十三行地区的学者加强合作，任重而道远。

图书在版编目(CIP)数据

广州十三行与海上丝绸之路研究/王元林主编. ——
北京：社会科学文献出版社，2019.11
　ISBN 978 - 7 - 5201 - 5484 - 0

　Ⅰ.①广… Ⅱ.①王… Ⅲ.①十三行-研究-广州②
海上运输-丝绸之路-研究-广州 Ⅳ.①F752.949
②K296.51

中国版本图书馆 CIP 数据核字（2019）第 201613 号

广州十三行与海上丝绸之路研究

主　　编／王元林

出 版 人／谢寿光
组稿编辑／宋月华　杨春花
责任编辑／周志宽

出　　版／社会科学文献出版社·人文分社（010）59367215
　　　　　　地址：北京市北三环中路甲29号院华龙大厦　邮编：100029
　　　　　　网址：www.ssap.com.cn
发　　行／市场营销中心（010）59367081　59367083
印　　装／三河市尚艺印装有限公司

规　　格／开　本：787mm×1092mm　1/16
　　　　　　印　张：16.75　字　数：283千字
版　　次／2019年11月第1版　2019年11月第1次印刷
书　　号／ISBN 978 - 7 - 5201 - 5484 - 0
定　　价／148.00元

本书如有印装质量问题，请与读者服务中心（010-59367028）联系

▲ 版权所有 翻印必究